Abhandlungen zur Literaturwissenschaft

In dieser Reihe erscheinen Monographien und Sammelbände zur Literaturwissenschaft einschließlich aller Nationalphilologien.

Jana Kittelmann · Stephan Pabst · Mike Rottmann
Hrsg.

Verwurzelungen. Sarah Kirsch (wieder) lesen

J.B. METZLER

Jana Kittelmann
Germanistisches Institut
Martin-Luther-Universität Halle-Wittenberg
Halle (Saale), Deutschland

Stephan Pabst
Germanistisches Institut
Martin-Luther-Universität Halle-Wittenberg
Halle (Saale), Deutschland

Mike Rottmann
Institut für Germanistik
Heinrich-Heine-Universität Düsseldorf
Düsseldorf, Deutschland

ISSN 2520-8381   ISSN 2520-839X   (electronic)
Abhandlungen zur Literaturwissenschaft
ISBN 978-3-662-69224-0   ISBN 978-3-662-69225-7   (eBook)
https://doi.org/10.1007/978-3-662-69225-7

Die Deutsche Nationalbibliothek verzeichnet diese Publikation in der DeutschenNationalbibliografie; detaillierte bibliografische Daten sind im Internet über https://portal.dnb.de abrufbar.

Planung/Lektorat: Oliver Schuetze
J.B. Metzler ist ein Imprint der eingetragenen Gesellschaft Springer-Verlag GmbH, DE und ist ein Teil von Springer Nature.

Die Anschrift der Gesellschaft ist: Heidelberger Platz 3, 14197 Berlin, Germany

Wenn Sie dieses Produkt entsorgen, geben Sie das Papier bitte zum Recycling.

Inhaltsverzeichnis

Zur Einführung

Jana Kittelmann, Stephan Pabst und Mike Rottmann

In einem Interview mit den *Stuttgarter Nachrichten* aus dem Jahr 1996 bat Sarah Kirsch einmal darum, dass man ihre Gedichte lesen, sie persönlich aber doch bitte in Ruhe lassen solle: „Was ist das Wichtigste? Gute Texte, die auch gelesen werden. Die Leute sollen meine Gedichte gern haben und mich möglichst in Ruhe lassen." In den Worten der Dichterin, die seit 1983 in der alten Schule im Holsteinischen Tielenhemme direkt hinter dem Eiderdeich, zwischen „Moorgeschrey und Lerchengedröhn" und fernab der großen Metropolen lebte, gibt sich nicht mehr und nicht weniger als eine Aufforderung zum Lesen, zum Wieder- oder Neu-Lesen ihres vielfältigen literarischen Werkes zu erkennen. Diese Aufforderung, die zugleich als Einladung verstanden werden kann, hat das Symposium aufgegriffen, aus dem die hier versammelten Beiträge hervorgegangen sind. Den Anlass bildete der Todestag Sarah Kirschs, der sich am 5. Mai 2023 zum 10. Mal jährte. Wie das Symposium ist auch der hier vorliegende Band mit dem Begriff „Verwurzelungen" überschrieben, ein Begriff/Motiv, das sich als durchaus zentral für Kirschs Gesamtwerk erweisen könnte und nicht nur für den 1984 publizierten Gedichtband *Katzenleben* gilt, in dem sich ein Gedicht mit dem Titel *Vorläufige Verwurzelung*

J. Kittelmann (✉) · S. Pabst
Germanistisches Institut, Martin-Luther-Universität Halle-Wittenberg, Halle (Saale),
Deutschland
E-Mail: jana.kittelmann@izea.uni-halle.de

S. Pabst
E-Mail: stephan.pabst@germanistik.uni-halle.de

M. Rottmann
Institut für Germanistik, Heinrich-Heine-Universität Düsseldorf, Düsseldorf, Deutschland
E-Mail: mike.rottmann@hhu.de

J. Kittelmann et al. (Hrsg.), *Verwurzelungen. Sarah Kirsch (wieder) lesen*, Abhandlungen
zur Literaturwissenschaft, https://doi.org/10.1007/978-3-662-69225-7_1

findet. Zunächst einmal ist da die feste Verwurzelung der Dichterin in der deutsch-sprachigen Literaturlandschaft – aber auch in der internationalen, das zeigen die hier zu findenden Beiträge französischer Kolleginnen und Kollegen sowie viele Texte über Kirsch, die in Italien, Polen, Großbritannien, Skandinavien und in den USA geschrieben wurden und werden. Deutsche, europäische und bald globale, historische und immer auch gegenwärtige Literaturlandschaften, mit diesem komplexen, mehrdimensionalen Ensemble können wir zum Vorschein bringen, abbilden, beschreiben und erklären, was allen Leserinnen und Lesern von Sarah Kirsch als Lektüreerfahrung gut vertraut ist. In ihrem Werk ist nahezu alles enthalten, was es überhaupt gibt – Natur, Umwelt, Liebe, Politik, nicht nur im Großen, auch im Alltäglichen, Kleinen –, gebändigt, verarbeitet und zum Ausdruck gebracht durch ein Ich. Früh haben sich Literaturkritik und Literaturwissenschaft in den 1970er Jahren darauf festgelegt, dass sich Kirschs Dichtung „durch eine starke Intensität der Ich-Aussage" auszeichne. Bereits auf dem 6. Deutschen Schriftstellerkongress 1969 wurde Kirsch allerdings auch wegen der „erhöhten Subjektivität und Privatisierung ihrer Dichtung" gerügt, vorgeführt am Gedicht *Schwarze Bohnen*.

Die Frage, ob und wie sich dabei die DDR in die Texte von Sarah Kirsch einschreibt – eine Frage der unter anderem der Beitrag von Carola Hähnel-Mesnard nachgeht – zielt insofern nicht positiv auf den Nachweis, ob und wie sie das tut, sondern eigentlich auf die Erkenntnis, dass eine solche Einschreibung bei Kirsch oft nur schwer nachzuweisen ist. Das hat unterschiedliche, aber miteinander zusammenhängende Gründe. Kirsch schreibt in einer Tradition, die weit vor die DDR zurückgreift. Sie bedient sich phantastischer Elemente, die die realistische Referenzierung ihrer lyrischen Texte erschwert, sie arbeitet an Sujets der Naturdichtung, die den Eintrag der Geschichte abschwächen, sie bedient sich leicht anachronistischer Momente, die die historische Zuordnung nicht leicht machen. Die Gedichte sind in einem Maß mit der Position des Subjekts befasst, das die Auseinandersetzung mit Gesellschaft in die Abgrenzung von ihr verlegt. Es ist eher die Geste, mit der das Ich, dass wie vermerkt gar keine Schwierigkeiten hat, Ich zu sagen, eine Ausnahme macht, die man politisieren kann oder eben auch nicht. Das wäre dann mit Adorno gesprochen die Dialektik des Gedichts, das gesellschaftlich ist in der Art, in der es nicht dazugehören möchte, außer zu denen, die nicht dazugehören möchten: „Und wenn ich gewaltiger Tiger heule/ verstehn sie: ich meine es müßte hier/ noch andere Tiger geben", heißt es im Gedicht *Trauriger Tag*.

Wie Kirsch gelesen wird, wie politisch, wie eskapistisch, wie ein-, zwei- oder dreideutig, war deshalb schon immer eine zentrale Frage ihrer Rezeption und zwar angefangen von der Kritik an Kirsch im Forum, den von den Verlagen beauftragten Gutachterinnen und Gutachtern ihrer Bücher in der DDR, bis zu den Kritikern und Kritikerinnen, den Literaturwissenschaftlern und Literaturwissenschaftlerinnen und den Studierenden, die in Deutschland von Ihren Dozentinnen und Dozenten ermuntert werden sich nach den Einschreibungen der DDR zu erkundigen oder die in Frankreich Sarah Kirsch als Stoffe der Aggregation, der Prüfung fürs höhere Lehramt bewältigen müssen. Die Bedingungen dieser Lektüre unterlagen allerdings starken Veränderungen. Das galt schon zu Lebzeiten Kirschs, als noch

Rückkopplungen mit ihrem Werk möglich waren, das galt danach, nicht nur weil Natur, Ökologie bis in die Literatur und die Literaturwissenschaft hinein noch einmal andere Aufmerksamkeit erfahren, sondern auch weil die tote Sarah Kirsch auch die archivierte Autorin ist, deren Briefe etwa und deren Tagebücher in die Lektüre eingehen.

Wer – oder was – aber verbirgt sich hinter diesem Ich, das als prüfend, nachdenkend, oft ergebnislos suchend dargestellt wird, sich all dem zuwendet oder von all dem herausgefordert wird, was Welt und Umwelt, Natur und Natürlichkeit aufzubieten haben? Wiederum ist es Kirsch selbst, die darum bittet und davor warnt, nicht in jedem – wenn auch gut belegten – „biographischen Sachverhalt" den Beweis dafür zu sehen, die Dichterin spreche durch das Ich immerfort über sich selbst. „Diskret abgedeckt oder maskiert", so seien ihre Texte selbst dann, wenn das Biographische durchzuschimmern scheint, stellte Wolfgang Heidenreich 1993 fest – in ihrer anschließenden „Selbstauskunft" warnte Kirsch dann noch eindrücklicher: Da finden sich Mystifikationen, Erfindungen, Vermischungen neben Biographischem, die Autorin bringt das Material einfach so zusammen, „wie man es gerade braucht".

Landschaft und Literatur: Das ist, am Anfang, zunächst die Grafschaft Hohenstein in der preußischen Provinz Sachsen. In dieser Landschaft steht das Pfarrhaus von Limlingerode, dort wird Ingrid Bernstein am 16. April 1935 geboren. Limlingerode, am Rand des Südharzes gelegen, ist religiös, oder besser: kirchlicher geprägt als andere Regionen Sachsens. Limlingerode ist ein Kulturort, und literarische Kultur prägt auch das Pfarrhaus, in dem sie das erste Lebensjahr verbringt. Sarah Kirschs Großvater, der Pfarrer Paul Bernstein, sammelt Literatur und dichtet selbst vielstrophige Kirchenlieder. Im „elterlichen Bücherschrank" findet sie Stifter und Storm, Keller, Kleist und Raabe. „[W]ie da über Naturdinge gesprochen wurde, es war ein romantisches Naturverständnis, das mir damals sehr, sehr nah war." Unter anderem in der Erzählung *Kuckuckslichtnelken*, die der Beitrag von Moritz Bense thematisiert, hat Kirsch, die ihre Kindheit in Halberstadt verbrachte, diese frühen und prägenden Natur- und Lektüreeindrücke literarisch verarbeitet und reflektiert.

Landschaft meint aber nicht nur Naturschönheit oder Provinzidylle. Mit und durch Sarah Kirsch können wir Landschaft unterschiedlich aufblättern, darin feste Wurzeln und loses Wurzelwerk unterscheiden, lernen außerdem, Schönes und Schlechtes nebeneinanderstehend zu sehen, begreifen, wie Geschichte und Gegenwart aufeinander bezogen sind. Bei Kirsch finden sich Natur-, Umwelt-, Liebes- und Politgedichte nebeneinander, aufeinander bezogen und überblendet.

Landschaft, Natur, Umwelt, ihre Darstellung, das ist auch bei Kirsch nicht bloß, auch nicht vor allem anmutig, beschaulich, friedlich, lieblich oder malerisch. In der Landschaft stehen immer auch Menschen, die etwas machen – machen müssen. Da ist Gewalt in der Natur, nicht nur Naturgewalt. Wer in Kirschs Jugendzeit von Limlingerode nach Halberstadt wanderte, dem eigentlichen Ort ihrer Kindheit und Jugend, der sah auf den Feldern Zwangsarbeiter aus den vielen Außenlagern des Konzentrationslagers Buchenwald. Für die Literaturlandschaft, das Literatursystem jener Jahre verfasst 1937 im nahen Leipzig Sarah Kirschs späterer

Schwiegervater Edgar Kirsch eine ideologische Rechtfertigung, untersuchte als Germanist den völkischen Autor Hermann Grimm. Gegen die Verfolgung und Massenvernichtung der Juden während der Zeit des Nationalsozialismus protestiert 1960 die 25-jährige Ingrid Bernstein und nennt sich fortan Sarah. 1966 schreibt sie das Gedicht *Legende über Lilja*.

Mit überaus erfolgreichen Lyrikbänden wie *Zaubersprüche*, *Landaufenthalt*, *Erdreich*, *Erlkönigs Tochter*, der reportageartigen Interviewsammlung *Die Pantherfrau*, der Erzählung *Allerlei-Rauh*, dem Prosaband *Die Ungeheuren bergehohen Wellen auf See*, Tagebüchern wie *Krähengeschwätz* oder dem noch kurz vor ihrem Tod erschienen Band *Märzveilchen* gehörte Kirsch, die 1976 als eine der Ersten die Petition gegen die Ausbürgerung Wolf Biermanns unterzeichnete und mit ihrem Sohn Moritz Kirsch die DDR ein Jahr später verließ, bald zu den meistgelesenen Autorinnen in Ost und West sowie nach 1990 im vereinten Deutschland. Auch wenn viele von Kirschs Werken mittlerweile nur noch antiquarisch zu haben sind, gehört sie doch zu den unbestrittenen ‚Klassikerinnen‘ der Literatur. Ihre meist in reimfreier und versloser Form verfasste Lyrik, der unverwechselbare und nonkonformistische Ton ihrer Dichtung – der „Sarah-Sound", den Peter Hacks der Dichterin mit durchaus ironischem Unterton in einem Beitrag in der Zeitschrift *Neue deutsche Literatur* attestiert hat (Kirsch mochte den Begriff zunächst nicht) – zieht bis heute Leserinnen und Leser in seinen Bann.

Durch posthume Editionen von Briefwechseln etwa mit Christoph Meckel, den der Beitrag von Marit Heuß hier erstmals zugänglich macht, bislang ungelesenen und nicht ausgewerteten Tagebüchern, die Roland Berbig in den Blick nimmt, sowie reiseliterarischen Texten und poetologischen Reflexionen Kirschs, denen Sylvie Arlaud und Wolfgang Bunzel nachspüren, werden zudem neue und unbekannte Materialien erschlossen und präsentiert, die das Nachdenken, den Dialog über und die (nicht nur literaturwissenschaftliche) Beschäftigung mit Kirsch weiter befördern dürften.

Das Thema der Verwurzelung ist programmatisch für Kirschs Poetik, Sprache, Motivik und Metaphorik, die vor allem die Natur – Natur in einem weiten, nichtsdestoweniger konkreten Sinn – in all ihren Facetten, Erscheinungsformen, Reflexionspotentialen und Gefährdungen zum Thema hat. In *Krähengeschwätz* z. B. findet sich ein knapper, aber poetisch eindrücklicher Eintrag, in dem beschrieben wird, wie ein Spaten im Tielenhemmer Garten, den Kirsch selbst bewirtschaftete, aufgrund des erschreckend nassen Sommerwetters Wurzeln schlägt. Lyrik und Prosa der studierten Biologin Kirsch sind durchzogen von botanischem Wissen, von Pflanzenwissen und Pflanzenamen. Die sach- und fachkundige Benennung und Auseinandersetzung mit der Natur, die man heute wohl mit *Nature Writing* überschreiben würde, bildet nicht selten die Voraussetzung für deren poetische Erschließung und lyrische Spiegelung, die im Beitrag von Urte Stobbe Thema sind. Verwurzelung bedeutet auch verankert, lebendig und präsent zu sein. Tatsächlich bestechen Kirschs Texte sowohl durch einen hohen Grad an sprachlicher und bildlicher Präzision, und es ist diese künstlerische Leistung, die sowohl die erstaunliche Brisanz als auch verblüffende Aktualität tragen. Ihre seismographische, präzise, klare und zugleich dichterisch anverwandelte Wahrnehmung der Natur, ihre

Warnungen vor Umwelt- und Naturkatastrophen, ihre Angst vor der Aggressivität und zerstörerischen Kraft des Menschen künden von einer beinahe zärtlichen und unerschütterlichen Liebe zu diesem „beknackten Planeten", den sie in und mit ihrem Werk zu behüten und zu schützen suchte. Schon früh und geradezu prophetisch machte Kirsch, die in ihren Tagebüchern akribisch das Wetter bzw. Wetterphänomene verzeichnete, auf den Klimawandel und dessen apokalyptische Folgen aufmerksam. In dem Band *Spreu* aus dem Jahr 1991 steht zu lesen: „Es verändert sich alles, wir stecken in einer geräumigen Klimaverschiebung drin. Und wenn das Wasser weiterhin steigt, tauchen die Inseln bald weg oder ich lebe auf dem Boden des Meeres. Fühlte jedenfalls auf dem Rückweg meine Kiemen ordentlich wachsen." Dieser ökokritischen Haltung, die Kirsch einmal selbst mit ‚Moorphilosophie' umschrieb, geht Calann Heurtier in seinem Beitrag nach.

Kirschs selbst gewählte Zurückgezogenheit bedeutete allerdings keine Abkehr von der Welt, die sie, die Vielgereiste, ja gut kannte: „Ich sehe lieber ne Handvoll Moos als beliebige Menschen", heißt es ebenfalls in *Spreu*. Die in den Tagebüchern geradezu mantra-artig vorgetragene plattdeutsche Zeile „let me tofreden" („Laß mich zufrieden") kann nicht darüber hinwegtäuschen, dass Kirsch zeitlebens fest verwurzelt in der Gesellschaft und ihren Debatten war. In ihren Landschafts- und Naturbeschreibungen sowie ihren Alltagsbeobachtungen spiegelte sich das Politische im Poetischen. Nicht nur in Erzählungen wie *Blitz aus heiterem Himmel*, die den Geschlechtertausch zum Thema hat, sondern auch in zahlreichen Lebenszeugnissen kommentierte Kirsch schonungslos und mitunter bezaubernd frech die aktuellen politischen, sozialen und kulturellen Entwicklungen, Ereignisse und Diskussionen ihrer Zeit. Ihr Werk ist durchzogen vom unerschütterlichen Glauben an die eigene Sprache, die Kraft und den Zauber des dichterischen Wortes. Sätze wie der folgende aus dem 2022 erschienenen Tagebuch aus den Jahren 1989/90 lesen sich wie die Gegenantwort auf Entwicklungen wie ChatGPT und Co.: „Iss aber nichts mit Mechanisieren Automatisieren Computerisieren beim Dichten und es ist wunderbar deshalb."

Darüber hinaus thematisiert Kirsch in ihrem Werk wiederholt die eigene Verwurzelung in der deutschen Literatur, entwirft Traditionslinien und intertextuelle Bezüge, stellt sich ganz bewusst in eine Genealogie weiblicher Dichtung, die vor allem zu Annette von Droste-Hülshoff und Bettine von Arnim zurückführt, und der der Beitrag von Jana Kittelmann nachgeht. In *Krähengeschwätz* findet sich eine Passage, in der berichtet wird, dass die Verwalterin der Droste-Hülshoff-Dichterstätte in Meersburg Kirsch ein Stück vom Gewürzstrauch aus dem Garten der Dichterin schenkte, die die „Spätgeborene" in ihren Tielenhemmer Garten einpflanzte. Die Pflanze der Droste sollte Wurzeln schlagen im Garten Kirschs, die Marcel Reich-Ranicki, der in den Tagebüchern meist als „Marcello" auftaucht, einmal als „der Droste jüngere Schwester" bezeichnet hat (seine Kritik an *Schwarze Bohnen* hat sie im trotzdem nie verziehen). Tatsächlich kann die kleine Passage aus *Krähengeschwätz* als eine von vielen Metaphern einer von Kirsch ganz bewusst assoziierten und intendierten poetischen ‚Schwesternschaft' gelesen werden, die sie auch in Gedichten wie *Der Droste würde ich gern Wasser reichen*, in der Erzählung *Geschenk des Himmels* oder im *Wiepersdorf*-Zyklus, in dem das lyrische Ich in einen Dialog mit Bettina von Arnim tritt, verarbeitete.

Freilich las und rezipierte die Vielleserin Kirsch nicht nur Literatur von Frauen. Adalbert Stifter, Halldór Laxness, Arno Schmidt, Günter Eich, Johannes Bobrowski, für den sie das Gedicht *Mit einer Schlehe im Mund komm ich übers Feld* schrieb, Theodor Storm, die Gebrüder Grimm, Ewald Christian von Kleist oder Klopstock, aus dessen Werk ausführlich in *Allerlei-Rauh* zitiert wird, gehörten nach eigener dichterischer Selbstauskunft, die Kirsch anlässlich der Verleihung des Peter-Huchel-Preises 1993 gab, zu ihren Favoriten, einige davon schon während der frühen Jahre in Halle. Womit sich eine weitere Form von Verwurzelung eröffnet: Kirschs Spuren und ihre Beziehungen zu Halle, die in einigen der Beiträgen mitschwingt. Noch unter ihrem Mädchennamen Ingrid Bernstein war Kirsch zwischen 1954 und 1959 an der Universität Halle im Fach Biologie immatrikuliert. In der schon erwähnten „Dichterischen Selbstauskunft" hat Kirsch die an „der alten Salzstraße" gelegene Saalestadt als zentrale Station beim Übergang in ihr dichterisches Leben skizziert. Zugleich finden sich darin Aussagen zu ihrem Studium an der Martin-Luther-Universität, das Kirsch als Diplom-Biologin mit „Untersuchungen über Ektoparasiten bei Muriden in der Umgebung von Halle" abschloss. Zu den wichtigsten Orten ihrer Studienzeit zählte für Kirsch, die ursprünglich Forstwissenschaft und nicht Biologie studieren wollte, allerdings der Botanische Garten, den sie einmal als „meinen Garten" bezeichnete. Hier fand Kirsch nicht nur einen schattigen Lese- und Arbeitsplatz, wenn ihr wieder einmal die „schöne Stuckdecke" ihrer nahegelegenen Wohnung auf den Kopf fiel, sondern sie dürfte zudem die grundlegenden botanischen Kenntnisse erlangt haben, von denen schon die Rede war und die ihr dichterisches Werk konsequent durchziehen. In einem von Gerhard Wolf geleiteten Literaturzirkel lernte Kirsch andere junge Menschen kennen, die wie sie Gedichte schrieben. Unter ihnen war Rainer Kirsch – in Erzählungen zuweilen „Prins Herzlos" genannt –, den sie bald darauf heiratete und mit dem sie 1965 den preisgekrönten Gedichtband *Gespräch mit dem Saurier* publizierte. In die Hallenser Zeit fallen auch frühe Texte wie die Reportage *Schule der guten Laune*, für die Kirsch den Chor und den Chorleiter einer Wernigeroder Schule porträtierte. Kirsch hat die frühen Jahre in Halle nie vergessen und pflegte weiterhin Kontakt zu einigen „Hallotris", wie sie ihre Hallenser Bekannten in ihren Tagebüchern nannte. Christian Eger, Redakteur und Kritiker der Mitteldeutschen Zeitung, hat es sogar in Kirschs Tagebuch *Juninovember* geschafft. Anlässlich einer Rezension zu der Erzählung *Tatarenhochzeit* am 15. „Nerz" 2003 heißt es dort: „Eine hübsche Besprechung von der Tatarenhochzeit von Herrn Eger in der Mitteldeutschen Zeitung. Ja der hat allet verstanden." Vor allem in den Tagebüchern tauchen immer wieder Erinnerungsspuren an ihre Studienzeit, an Lehrer wie den Ornithologen Rudolf Piechocki oder an ihre Wohnorte auf. Wichtig und nachhaltig waren für Kirsch auch Beziehungen wie jene zu dem Hallenser Maler Albert Ebert, die Sophia Wege zum Thema ihres Beitrages macht.

Dieser Kirsch gewidmete Band will die auf dem Hallenser Symposium geführten Gespräche dokumentieren, aufgreifen und fortführen. Es sollen Blicke geschärft, neue Perspektiven sowie Einblicke in aktuelle Editions- und Forschungsprojekte eröffnet, Diskussionen angeregt und nicht zuletzt Spuren nachgegangen werden, die bislang kaum im Fokus literaturwissenschaftlichen Interesses standen. Obwohl Kirschs Lyrik seit den 1970er Jahren bis heute immer wieder Thema auch in Fachzeitschriften war und ist – als eine der ersten beschäftigte sich Sigrid Damm 1973 in den *Weimarer Beiträgen* mit Kirschs Band *Rückenwind* –, präsentiert sich die Forschungslandschaft zu Kirsch doch erstaunlich überschaubar. An wissenschaftlichen Sammelbänden existieren bislang lediglich der von Heinz Ludwig Arnold in der Reihe *Text & Kritik* herausgegebene von 1989 sowie der 2021 von Bernard Banoun und Maryse Staiber publizierte Band *L'oeuvre poétique de Sarah Kirsch*.

Zu Kirsch und ihrem Werk, das neben literarischen Texten auch eine nicht unerhebliche Zahl an bildkünstlerischen Objekten (vornehmlich Aquarelle) und Übersetzungen umfasst, ist also längst nicht alles gesagt und es gilt noch vieles herauszufinden über die große Dichterin, die über sich selbst vermerkte: „Weshalb ich schreibe, weshalb ich lebe, fällt ja zusammen. Weil ich herausfinden will, was ich hier soll. Auf diesem seltsamen Planeten."

Spätestens bei der Verleihung des Georg-Büchner-Preises im Jahr 1996, bei der die Jury Kirsch als „Poetin der Schönheit und der Bedrohtheit des Lebens" feierte, wurde klar, dass die Dichterin keine Dankesreden mochte und stattdessen lieber ihre Gedichte sprechen ließ. Abschließend seien hier dennoch ein paar Worte des Dankes erlaubt. Unser Dank gilt vor allem den Beiträgerinnen und Beiträgern des Bandes, die mit uns ihre Ideen, Gedanken und Reflexionen über Sarah Kirsch geteilt und diese schließlich in schriftlicher Form zur Verfügung gestellt haben. Der Deutschen Forschungsgemeinschaft (DFG) danken wir für die Förderung des Symposiums. Dem Literaturhaus Halle sei dafür gedankt, dass wir das Symposium im Mai 2023 dort ausrichten konnten. Moritz Kirsch danken wir für viele Gespräche, Hinweise, Erinnerungen und die Erlaubnis, unpublizierte Texte aus dem Nachlass Sarah Kirschs in diesem Band abdrucken und auswerten zu dürfen. Melanie Zimmermann sei für die sorgfältige Redaktion der Beiträge sehr herzlich gedankt.

Durch das Leben schreiben. Sarah Kirschs Tagebuchweisen

Roland Berbig

1

Als 2006 die erste Dauerausstellung im Literaturmuseum der Moderne eröffnet wurde, lag unter den vielen Sehenswürdigkeiten auch eines der Tagebücher von Sarah Kirsch, ein frühes. Ich notierte mir zwei, drei reizvolle Stichworte. Sie bezogen sich, entsinne ich mich recht, auf eine Lesung Kirschs Mitte der sechziger Jahre im Westberliner *Siegmunds Hof*. Es waren deutsch-deutsche Literaturkontakte, die mich interessierten, dieses Interesse gab ich weiter. Eine junge Kollegin bastelte aus dem, was sich Sarah Kirsch als Studentin des Leipziger Literaturinstituts zwischen 1965 und 1967 notiert hatte, eine erste kleine Studie.[1] Das Mitgeteilte ließ keinen Zweifel über den Wert des Gesamtbestandes. Über den Wert – und dessen Verwertung.

Wir wissen heute, dass sich Kirsch in den letzten Arbeitsjahren ihre Tagebücher vornahm, deren partielle Drucktauglichkeit prüfte, ja mehr noch: dass das Tagebuchschreiben selbst ihr zu unmittelbarer Manuskriptarbeit wurde. Die ursprünglich gesonderten Schreibpraktiken schmolzen in eine – die des Diariums – zusammen. Mit positivem Resultat: Die Gattung lag ihr und kam ihr doppelt gelegen – als poetischer Text in Worten und als poetologische Textur von Leben. 2002 veröffentlichte sie *Islandhoch. Tagebuchbruchstücke*, 2007 das lyrische Tagebuch *Regenkatze*, 2010 *Krähengeschwätz*, *Märzveilchen* 2012 und, kurz nach ihrem Tod 2013, folgte 2014 noch *Juninovember*.[2]

---

[1] Jaspers 2018.

[2] Alle in der Deutschen Verlags-Anstalt, München.

R. Berbig (✉)
Humboldt-Universität zu Berlin, Berlin, Deutschland
E-Mail: roland.berbig@hu-berlin.de

© Der/die Autor(en), exklusiv lizenziert an Springer-Verlag GmbH, DE, ein Teil von Springer Nature 2024
J. Kittelmann et al. (Hrsg.), *Verwurzelungen. Sarah Kirsch (wieder) lesen*, Abhandlungen zur Literaturwissenschaft, https://doi.org/10.1007/978-3-662-69225-7_2

Alle diese Bände geben sich unübersehbar als Diarien. Tag, Monat und Jahr sind jeweils ausgewiesen, der Druck jedes Tageseintrags auf einer Einzelseite signalisiert allerdings deren Kunstcharakter. Er nivelliert die Bedeutung der Textträger, der Gestaltung, der Handschrift (zuweilen mit der linken Hand!), der Zeichnungen und Verzierungen. Bearbeitungs- oder Quellenverweise fehlen. Alles vorwurfsfrei: Die Dichterin ließ ihr Recht walten und nahm das Vorrecht in Anspruch, über ihr Geschriebenes frei zu verfügen. *Krähengeschwätz* bediente sich aus den Tagesaufzeichnungen der achtziger Jahre, *Märzveilchen* aus den Notaten 2001 bis Herbst 2002 und *Juninovember* schließt daran an mit dem Rückgriff auf das Tagebuch der Jahre 2003/2004. Wie sich das Gedruckte zum tatsächlichen Tageseintrag verhielt, war ihr keine Mitteilung wert. Warum auch, und wer wollte es ihr verdenken?

Anders verhält es sich für die Forschung. Ihr geht es nicht um buchhändlerische Verwertung, sondern um wissenschaftlichen Wert und philologische Auswertung. Ihr steht Autopsie über Autorisation, die ihr nicht zusteht. Der Umfang des Überlieferten gebietet umsichtige Beschränkung. Stichhaltiges ist vorerst nur aus Stichproben zu gewinnen. Zeitschnitte, grobschlächtig ausgewählt, ziehen Schneisen und hoffen, am Konkreten Exemplarisches zu zeigen. Sie geben Antworten, wir werden es sehen, und stellen Fragen, auch das werden wir sehen.

2

Beginnen wir mit der Zeit zwischen 1964 und 1967, also den frühesten Beständen. Schon da setzen erste Schwierigkeiten ein: Die Aufzeichnungen jener Jahre finden sich (1) in einem dicken A5-Band, dessen Deckel aus grünfarbigem Plastikmaterial ist und dessen weißes, unliniertes Papier hohe Qualität besitzt[3], und (2) einem A5-Notizbuch, liniert.[4] (1) und (2) sind sowohl von vorne als auch von hinten beschrieben. (1) ist in einer regelmäßigen Schrift mit unterschiedlichen Schreibgeräten (Füller, Kugelschreiber, Fineliner) verfasst, ergänzt um Zeichnungen (siehe Abb. 1 und 2). In (2) sind nicht alle Einträge datiert, das Heft weist wesentlich mehr Zeichnungen auf, daneben eingeklebte Zeitungsausschnitte (siehe Abb. 5). In (1) dominiert sauber und klar strukturierter Text, der datiert ist und wenig Korrekturen etc. aufweist, in (2) sind unterschiedliche Textsorten vereint: persönliche Notizen, Mitschriften von Literatur-Vorlesungen (etwa zu Goethes *Faust*), literarische Notizen, Exzerpte von Gelesenem, Reiseaufzeichnungen (Bukarest). Nicht alle Einträge sind datiert. Ist bei (2) der Notizbuchcharakter augenfällig – etwa durch eine Liste „Was Völker uns sandte" oder rasch festgehaltene Adressen, Buchtipps und Musikempfehlungen[5], denen unregelmäßig datierte Tagesnotizen beigemischt

---

[3] DLA-NL Sarah Kirsch, Journal 001. Auf diesen Band fußt der Beitrag von Anke Jaspers. Vgl. dort die vertiefende Beschreibung.

[4] Kirsch, Journal 002.

[5] Kirsch, Journal 002, hinten. Jedes Teil der Liste ist sorgsam mit dem jeweiligen Anschaffungspreis ausgewiesen. Das Ehepaar Sarah und Rainer Kirsch war mit dem in Westberlin lebenden Klaus Völker (*1938), der sie regelmäßig besuchte, befreundet. Völker war damals freier Literatur- und Theaterkritiker und ging später ans Zürcher Theater.

sind –, handelt es sich bei (1) um ein kontinuierlich nach Inhalt und Form geführtes Tagebuch (Abb. 2).

Dies müsste hier nicht derart umständlich aufgeführt werden, berührte es nicht einen problematischen Punkt. Die archivarische Analyse lässt keinen Zweifel

11.10.66

Ich war in der Hauptstadt da stand ich ganz weit am Rande des Bahnsteigs, die Luft war voller Rauch und die Sonne oval und die Möven dort auf dem Kanal sahen sehr sauber aus. Ich war sehr froh und die Züge machten einen Bogen um mich. Auf der Rückfahrt las ich Rimbaud auch das trunkene Schiff. Ich hatte sehr verschiedene Übersetzungen, aber ich weiß nun wo Brecht seine Ballade von den Seeräubern herhat. In Halle ist immer Nebel man sieht nichts und die Autos humpeln. Aber ich gehe einfach durch und finde Post, die ist so schön daß mein Zimmer blaue Wände hat. Ich kann den Winter jetzt überstehen wenn der auch hart wird für die Dichter hier in diesem Land, es gibt Zeichen dafür. Ich habe überhaupt keine Streichhölzer. Ich kaufe mir solche jetzt in der Kneipe. Ich bin so froh daß ich noch allein bin. Rainer auf Reisen.

13.10.66

Das Leben ist schön in der DDR wenn man in der DDR nachts aus Helsinki angerufen wird. Halle liegt doch mitten in der Welt. Ich dachte es immer. Morgen gehe ich in das neue

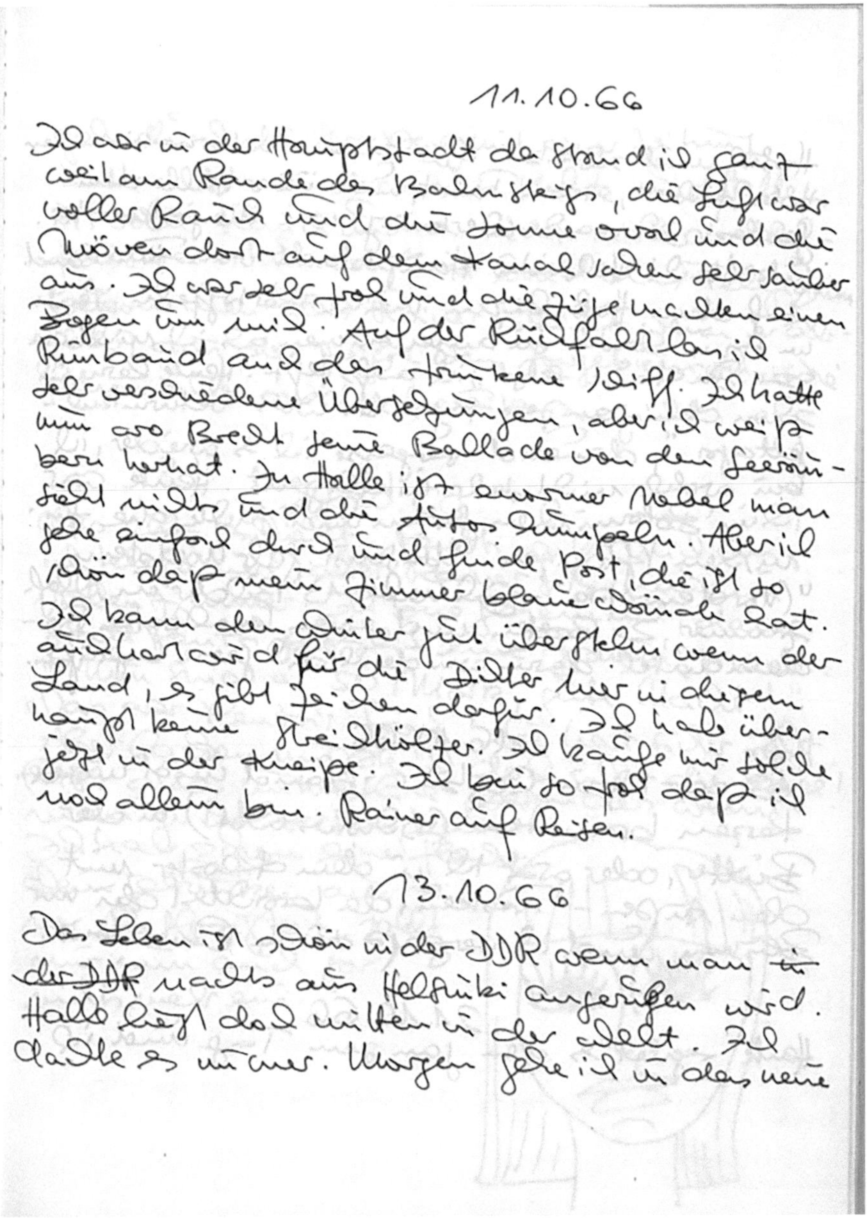

Abb. 1 Sarah Kirsch, Journal, Deutsches Literaturarchiv Marbach

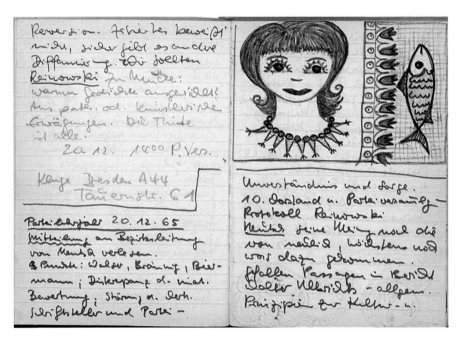

Abb. 1 (Fortsetzung)

Abb. 2 Sarah Kirsch, Journal, Deutsches Literaturarchiv Marbach

Abb. 2 (Fortsetzung)

daran, dass es sich bei (1) um eine Abschrift und nicht um das Originaltagebuch aus den sechziger Jahren handelt. Die Abschrift ist von Sarah Kirsch angefertigt worden, offenbar in weitaus späteren Jahren. Der Befund stellt das Inhaltliche der Einträge nicht grundsätzlich in Frage, bedarf indes der Analyse. Bei (2) bezeugen sowohl der Textträger als auch die wechselvolle Weise der Einträge das historisch authentische Dokument. Um die Schreibmixtur anzudeuten: Dem undatierten Eintrag „Informationsästhetik MAX BENSE: Ästhetik I-III, IV 1960 / BENSE: Philosoph von Haus aus. Auf Hegel eingeschworen. Glaubt an Großmacht Vernunft. [...] Gegner des Marxismus, dennoch in Westdeutschland nicht gut angeschrieben [...]" folgt eine längere Notierung unter der Überschrift „Parteiversammlung 6.12.65"[6]. Auf ihr hatte der Schriftsteller Erik Neutsch offenbar über eine „Zusammenkunft mit / Schriftstellern 25.11.65" berichtet und auf das bevorstehende 11. Plenum des ZK der SED (16.–18.12.1965) eingestimmt. Die Notierende ist bemüht, das Mitgeteilte wörtlich festzuhalten: „Sexualität+Brutalität in Filmen+Fernsehen [...] Es gibt Szenen in Filmen und Ferns. die geeignet sind, Jugendliche auf falschen Weg zu bringen. Marianne Lange sprach als 1. Sagte ich

---

[6] Dieses Plenum ging als ‚Kahlschlag-Plenum‘ in die Kulturgeschichte der DDR ein, Kirschs Notierung gewinnt dadurch einen eigenen historischen Wert.

verstehe nicht Züge in der Literatur und in der Lyrik. Züge nicht vom soz. Standpunkt geschrieben […].“[7]

Eigene Kommentare beschränken sich auf „Es ging ziemlich abstrakt vor sich“ und „Joho hätte es sein lassen sollen [gemeint: dessen Wortmeldung]. Koch war auch nicht gut […].“[8] Die Zeilen unterbrechen Zeichnungen. Sie zeigen Frauenköpfe, Fische, Schlangen, Blumen und Gespenster, im Strich klar, beinahe graphisch – und zeigen nonverbal, was das Wort zurückhält. Zurückhaltung ist ein Zug dieses Heftes und ein Ausprobieren, wie sich etwas formulieren lässt, ohne es durch Formeln zu beschädigen. Auf einer internationalen Schriftstellerbegegnung hat sich Kirsch in den finnischen Dichter Pentti Saarikoski[9] verliebt. Im Notizheft hielt sie den Moment der Heimkehr fest, real und überhöht, ironisch und schwermütig. Ein Tonfall, der vorausweist auf zukünftiges Schreiben:

> Nun ist die Reise zuende. Wir verließen Bukarest bei strahlender Sonne in Berlin aber war es trüb. Im Flugzeug hatten alle ein Neues Deutschland, es empfing mich mit einem entzückenden Artikel über ernste Erscheinungen in der Lyrik, und man zitierte dauernd beide Kirschs und Mickel. Nun sehe ich mein nächstes Buch aber nicht mehr erscheinen.[10]

Legt man (1) daneben, und liest es von vorn, bekommt man mustergültige Tagebucheinträge, auch Zeichnungen sind dabei. Wäre nicht der irritierende Textträger und die regelmäßige Schrift, dann wäre dieses Dokument nachgerade eine Einladung zur Edition. Von Zurückhaltung kann hier nicht mehr die Rede sein, frisch und frech kommen die Einträge daher, die Personnage ist exklusiv, die literarische Ereigniswelt aufregend. Da wird die Bilderwelt der Ausstellung *Unser Zeitgenosse* im Herbst 1964 abgefertigt mit „[t]eilweise reine Nazikunst“ und „widerliches Geschmiere“[11], da wird Heinz Sachs, Leiter des Mitteldeutschen Verlags, als ‚Anschmierer‘ deklariert und bemerkt, „Halle ist ne komische Stadt und wir sind in ihr verdammt in alle Ewigkeit“[12]; da werden Lesungen im Westberliner Siegmundshof und im Münchner Komma-Club ausführlich beplaudert – „Ein hübscher Albtraum: In Siegmundshof lesen sollen und völlig betrunken sein. Mein Gott, darauf schnell einen Mastika [*ein aus Südeuropa stammender Anisschnaps*] heute und hier. Very lustik das Ganze!“[13], und dieses „verdammte Hilfsschulinstitut“ –

[7] Kirsch, Journal 002, 6.12.1965.

[8] Kirsch, Journal 002, 6.12.1965.

[9] Saarikoski (1937–1983) hatte zu diesem Zeitpunkt bereits mehrere Gedichtbände veröffentlicht. In seiner Lyrik verwob er antikes Material mit Umgangssprachlichem. Innerhalb der linken Bewegung seines Landes hatte er sich besonderes Ansehen erworben. Er gab in den Jahren 1964/65 die Zeitschrift *Aikalainen* heraus.

[10] Kirsch, Journal 002, undatierter Eintrag.

[11] Kirsch, Journal 001, 5.10.1964.

[12] Kirsch, Journal 001, 5.10.1964.

[13] Kirsch, Journal 001, 18.11.1964.

gemeint ist das Leipziger Literaturinstitut – „soll es die Pleiße doch überschwemmen"[14]. Und die grenzüberschreitende Liebe zu Saarikoski wächst sich aus zu Sätzen wie diesen: „Ich glaube nicht mehr, daß ich nach Finnland gelange. Sie veralbern mich. Sie bescheißen mich. Sie spielen Schicksal bei mir. Das finde ich unerhört. Was nehmen die sich heraus. Aber Krethi und Plethi fährt nach Finnland."[15] Wäre nicht die fragwürdige Überlieferung, hätten wir fraglos das Muster eines Tagebuchs jener Lebensperiode Kirschs vor uns.

Damit nicht genug. Dreht man das Dokument um, und liest es von hinten, sieht man sich unversehens vor die nächste Deutungshürde gestellt. Ohne ein erklärendes Wort beginnt – jeweils auf der rechten Seite – ein datierter Text, der auf den ersten Blick nichts mit einem Tagebuch zu tun hat:

> 26. Dezember 1966. Halle | S. / I. Der Vater meines Vaters war ev. Landpfarrer im Polnischen, in der damaligen Provinz Posen, einem Landstrich, der manchmal zu Deutschland, dann wieder zu Polen gehörte. […] Mein Vater war ein merkwürdiger Mensch. Früh wurde er Vegetarier. […] Er hat einige kleine Erfindungen gemacht und mir seit frühen Zeiten den Aufbau des Universums mittels Lampen und anderen Gegenständen erklärt. […] Die Erklärungen meines Vaters waren mir viel zu langwierig, […]. Stattdessen saß ich lieber irgendwo allein und starrte in die Luft, bis die Lampen oder die Sonne Strahlenkränze bekamen […] Meine Mutter verstand das, sie erlöste mich […].[16]

Dieser sonderbare Tageseintrag endete mit den Sätzen: „Und wir hatten wahrhaftig eine Weltkarte an der Wand, auf welcher der Vormarsch der Hitlerarmee abgesteckt wurde. Das muß man sich mal vorstellen bei einem Anthroposophen."[17] Die Anfangsvermutung, es handele sich hier um den Auftakt eines Erinnerungstextes oder beginnender Memoiren, scheint sich zu bestätigen, wenn das Ich erzählt, dass der kirchliche Vorfahr Mitglied des „Stahlhelm"[18] gewesen sei und, da sein Name Paul Bernstein war, mit Eifer Ahnenforschung betrieben habe. „Ein Abstammungsschriftstück trägt die Handschrift meines Großvaters und den Verweis auf eine Bibelstelle. Daß er zweifelt, daß Gott gemeint haben könne, Judas Stamm sei schlechter als irgendein anderer."[19] Nichts verweist auf den konkreten Tag, alles auf lebensgeschichtlichen Herkunftsbericht. Wenn da nicht, unvermittelt wie der Auftakt, der 4. Abschnitt so begänne:

---

[14] Kirsch, Journal 001, 13.12.1964.

[15] Kirsch, Journal 001, 18.9.1967.

[16] Kirsch, Journal 001.

[17] Kirsch, Journal 001, 26.12.1966.

[18] Und es handelt sich in der Tat um Passagen eines autobiographischen Textes. Vgl. Sarah Kirsch: Kuckuckslichtnelken. Mit Zeichnungen von Siegfried Klapper. Göttingen: Steidl 2006. Die Organisation ‚Stahlhelm' war eine Vereinigung ehemaliger Weltkriegsteilnehmer, die 1918 gegründet wurde und sich für die Wertschätzung der Frontkämpfer einsetzte. Sie stand in entschiedener Opposition zur Weimarer Republik, lehnte den Versailler Vertrag ab und forderte ein nach Osten erweitertes deutsches Großreich. Frontsoldaten jüdischer Herkunft und Konfession waren ausgeschlossen.

[19] Kirsch, Journal 001, 29.12.1966.

> Gestern Mittag, als ich Kognak trank weil mir schlecht war, kamen immer mehr Leute zu
> uns. Auf dem Fahrrad Czechowski, ein etwas anstrengender Zeitgenosse und Kollege. Er,
> Rainer und ich sind beim Schriftstellerverband hier in Halle an der Saale diejenigen, die
> von falschen ideologischen Auffassungen geheilt werden müssen.[20]

Diesem diaristischen Eintragseinstieg folgt nicht – wie zu vermuten wäre – die Schilderung einer geselligen Begegnung, sondern ein launisches, ja maliziöses Porträt des Dichters Heinz Czechowski. Nur um das Maliziöse anzudeuten:

> […] warum sollen Rainer und Sarah den Preis bekommen und nicht ich, der ich doch viel
> bessere Gedichte verfasse als sie? Fortwährend der selbe Neid. Ich denke mir, er ist nicht
> glücklich verheiratet und hat dieses lächerliche Gesicht – höchstens 168 groß und voller
> Ehrgeiz und Komplexe – lassen wir ihm was durchgehen!

Erst nach dieser Porträtskizze bedient die Verfasserin die Gattung: „Wir alle redeten ein paar Stunden. Immer über den gegenwärtigen Staat hier."[21] Autobiographisches mischt sich mit Augenblickswahrnehmung, Porträts anderer mit Persönlichstem ihrer Liebe zu Saarikoski. Hatte der Geliebte im Notizheft seine Adresse eigenhändig eingetragen, variierte die Liebende in diesem Tagebuch, ob im von vorne oder von hinten Geschriebenen, eigene Reflexe des rumänischen Ausflugs. Die sie beobachteten und „hier das Sagen haben", würden die erhoffte Finnlandreise gewiss verhindern. „Herr Joho"[22] habe „bestimmt ein kleines Meisterwerk für den Verband und die Stasi verfaßt", heißt es da und: „Macht nix."[23]

Im weiteren Verlauf löst sich auf, was das Potential zu origineller Prosa zu haben schien, in der Tagesereignisse mit Kindheitserinnerungen und literarischen Porträts sich mischten. Gedichtentwürfe finden Eingang – etwa Leichtfüßiges über Wolf Biermann[24] oder Schwergewichtiges wie *Der Droste würde ich gern Wasser reichen* –, dazu ein eingeklebter Brief des finnischen Freundes und Splitternotizen. Aber das alles verschafft dem Experiment mit der Gattung Tagebuch keinen glückenden Ausgang.

Festzuhalten bleibt: Sarah Kirsch benutzt die Tagebuchform von Beginn an auf produktive Weise und in verschiedenen Weisen. Sie fixiert Tageserlebnisse, fertigt Varianten an, mischt sie mit anderen Textsorten und ahnt früh den produktiven Materialwert, den Notate dieser Art besitzen. Die Niederschriften zeitparalleler, ja

---

[20] Kirsch, Journal 001, 30.12.1966.

[21] Kirsch, Journal 001, 30.12.1966.

[22] Gemeint war der Schriftsteller Wolfgang Joho (1908–1991). Als Kommunist aktiv im Widerstand war Joho während der NS-Zeit mehrere Jahre im Zuchthaus inhaftiert gewesen und 1946 aus britischer Kriegsgefangenschaft zurück nach Deutschland gekommen. Nach dem 11. Plenum wurde er als Chefredakteur der Zeitschrift *Neue Deutsche Literatur* entlassen, weil er dort Auszüge aus Werner Bräunigs Roman *Rummelplatz* veröffentlicht hatte.

[23] Kirsch, Journal 001, 17.2.1967.

[24] Die Zeilen lauten: „Biermann / Vorsicht Vorsicht ist geboten / wenn ein Bärtger mit der / Flöte auftaucht und man weiß nicht / spielt er Ratten oder Kinder / scharenweise hinter sich". (Kirsch, Journal 001).

identischer Ereignisse, deren genaue Bestimmung eine editorische Herausforderung sind, haben gleichermaßen korrespondierenden wie abweichenden Charakter.

3

Tagebuchweisen – das klingt verschroben. Aber welcher Sammelbegriff fasst Kirschs Art, Erlebtes in Notiertes zu überführen, angemessen? Die Mixtur der frühen Aufzeichnungen jedenfalls verweigerte einen Nenner. Versuchen wir es mit einer zweiten Stichprobe: Der Marbacher Katalog zeichnet sie (1) mit „Journal 003" und dem Zeitraum „01.01.1968–31.12.1968" sowie mit „Journal 004" und dem Zeitraum „03.01.1968–26.05.1970" aus. Die zunehmende Hürde scheint mit Blick auf die Archivalien niedriger. Hinter dem „Journal 003" verbirgt sich ein kleiner Hermes Taschenkalender. In ihn ist die Adresse: „Sarah Kirsch / 402 Halle/S. Rathausstr. 7 / Fernruf 21.900" eingetragen. Alle Tage des Jahres sind vorgedruckt, die Eintragungen, mal rückschauend, mal vorausgreifend – in der Regel Verabredungstermine oder Reisezeiten – knapp mit wechselnden Schreibgeräten. Schwieriger liegt es bei „Journal 004": In dem dunkelgelben, gebundenen und unlinierten A5-Buch hat Kirsch mit unterschiedlichen Stiften Eintragungen vorgenommen, neben Tages- und Reiseerlebnissen auch Gedichtentwürfe, einen Auszug aus einem Brigadetagebuch und der Erzählidee, die sie auf dem Weg zum Scheidungstermin in Halle hatte. Das Auffälligste: Was die Auswahl dieser Stichprobe beeinflusst hat – der ‚Prager Frühling' und seine Folgen –, es kommt hier nahezu überhaupt nicht vor. Einmal allerdings markant: „21. August 1969 / Historisches Datum – 2 Tote gab es schon in Prag.[25] Was zählt da mein Privatleben?"[26]

Doch gerade dieses Privatleben zwingt dem Buch offensichtlich seine Zweckbestimmung auf. Ab Juni des Jahres 1969 wird aus dem Tage- ein Klagebuch, ein „Seufzerbuch"[27]. Herzensnot ist Ursache und Verursacher Karl Mickel. Der bewunderte Dichter, der zum Liebeswunder wird, schlägt als Geliebter mit Frau, Kind und Kegel Wunden. Was in das Büchlein kommt, schildert Sekundenglück, entwirft Eroberungsstrategien und verewigt Charakterkümmerlichkeiten. Aus Friedrichshagen, wo Mickel mit seiner Familie wohnte, wird „Scheißhagen"[28], und aus dem Geliebten ein Muster seines Rollenfachs, changierend zwischen Tragik und Trivialität.

> Ich habe nicht so weiche Sessel (gar keinen), kein Fernsehen, kein separates Schlafzimmer, nicht so gute Luft in diesem Steinmeer. Und eine Familie ist was Feines, ich hab nur ein uneheliches Kind, und keinen neuen Sommermantel. Ich könnte mich totheulen und alles hinwerfen, weiß, daß er heute nichts hören läßt.[29]

---

[25] Am 20. und 21. August 1969 kam es in der Tschechoslowakei bei Zusammenstößen zwischen Demonstranten und der Polizei zu mindestens fünf Todesfällen, drei in Prag und zwei in Brno.

[26] Kirsch, Journal 004.

[27] Kirsch, Journal 004, 23.5.1970.

[28] U. a. Kirsch, Journal 004, 1.1.1970 u. 6.5.1970.

[29] Kirsch, Journal 004, 6.5.1970.

So unoriginell das Auf-und-Ab von Betrug und Beteuerung war, so originell ge-
staltet sich die Weise, mit der die Schreibende den Halt zurückgewinnt, den der
Liebenden tagtäglich entzogen wurde. Dem ironiefrei erlittenen Tag kontert die
Chronistin ihres Liebesunglücks ironisch:

> Schon ist Mittag & ich hörte keyn Lebenswörtchen von ihm. Ich glaube, ich muß ihm mal
> sagen daß wir a) das hervorragendste Paar der DDR sind (wenigstens) und b) daß ich auch
> anders leben kann, daß mir 1 mal in 14 Tagen sehen wirklich zu wenig ist, wenn er schon
> mit mir zusammenleben (!) will wie er sagte. […] Na, wenn heute Scheidung ist, freß ich
> mein leeres Sparschwein! –[30]

Der quälend Überlegene im tatsächlichen Leben, dem die Liebende ausgelie-
fert war, unterliegt im Tagebuch: auf immer und ewig. Dass diese Instanz ihren
Schiedsspruch in ein Bild voller Komik kleidet, nimmt nichts von dessen Klarheit:

> Heute bin ich stark beschäftigt: ich übe mit Moritz aufs Töpfchen gehen. Beim 1. Mal
> brüllte er, beim 2. und 3. Mal nicht mehr, aber das Töpfchen blieb leer. Den Spaß aller
> 2 Stunden, und über 10 Minuten probieren wirs. Das ging 1 ¼ Stunde, wo ich rulle rulle
> rulle psch psch sage, ich Dichterin. Ach Charlie Du tust nichts für Deinen Sohn.[31]

Wie sehr dieses Buch mit dem Leben zusammenhing, signalisieren Bemerkungen,
als fast alle Seiten beschrieben sind. „[W]o nehme ich ein neues her?"[32], heißt es da,
und wenig später, wünschenswert pointiert: „Das Buch ist voll, die Liebe aus."[33]

4

Stichproben und Tagebuchweisen – sie erlauben Sprünge, ja verlangen sie. Ein
Blick auf das Jahr 1976 bedarf nicht der Begründung: Wolf Biermanns Ausbürgerung leitete das Ende von Kirschs Leben in der DDR ein. Kirsch war 41 Jahre
alt, als Lyrikerin in der DDR und der Bundesrepublik etabliert und hatte eine Beziehung zu dem in Westberlin und Freiburg lebenden Dichter Christoph Meckel.
Es existieren ein unliniertes Schulheft mit Beschriftung „Sarah / Kirsch / Fischerinsel", das den Zeitraum vom 22. April 1974 bis zum 7. Oktober 1976 umfasst,[34]
ein dickes A5-Schulheft, liniert, von vorne und von hinten beschrieben und mit
dem Vermerk „Drispeth & drumherum" versehen,[35] und ein Hermes-Kalender
mit vorgedruckten Tagen durch das Jahr.[36] Während das dickere Schulheft ein
Textgemisch enthält, das kaum noch als Tagesnotierungen zu klassifizieren und
in der Regel undatiert ist (eingeschlossen etwa auch Briefentwürfe an Christoph

---

[30] Kirsch, Journal 004, 20.3.1970.

[31] Kirsch, Journal 004, 23.5.1970.

[32] Kirsch, Journal 004, 23.5.1970.

[33] Kirsch, Journal 004, 26.5.1970. Hier kann nur am Rande erwähnt werden, dass dieses Tagebuch u. a. – neben Listen verborgter Bücher etwa an Fritz Mierau, Karl Mickel, Endlers – auch
einen durchgestrichenen „Versuch / f. Vera / ein posit. / Lied zu / machen. / Zu schwer!" enthält.

[34] Kirsch, Journal 012.

[35] Kirsch, Journal 015. Es ist im Marbacher Katalog mit der Datierung „1976 ca." versehen.

[36] Kirsch, Journal 014.

Meckel), werden die beiden anderen Dokumente ihrem Charakter gerecht: Das Journal bis zum 7. Oktober 1976 bietet ausformulierte Eintragungen unter konkretem Datum, der Taschenkalender Notizen unter den jeweiligen Tagesseiten. Das Journal zeichnet verwandte Züge wie das Mickel-Seufzerbuch aus, fast gleicht es einem Déjà-vu-Erleben. „Ich weiß nicht so recht wo mir das Messer steckt. Mal im Zwerchfell, mal im Herzen. Die Luft ist weiß und mein Haus schwankt"[37], lautet ein Selbstkommentar zu Versen auf Meckels Geburtstag. „Gehet mir schlecht", schreibt sie und „Mein Kreislauf geht kreuz und quer."[38] Durchbrochen wird diese Liebesleidgeschichte von Lebensnachrichten: Tod und Beerdigung des Vaters, Begegnungen in Westberlin, vom Licht über Drispeth,[39] der mecklenburgischen Künstlerkolonie, Sommerlandsitz des befreundeten Ehepaars Wolf und Veröffentlichungserfolgen. „,Petrarca'[40] stand sogar hier in der Zeitung. Das gab es noch nicht. Hat ein Musikwissenschaftler der Ab und zu ADN-Meldungen macht, in diese gegeben. Ist das Politbüro selber drauf reingefallen: Hager hat mir ein Telegramm mit feinsten Wünschen geschickt."[41] Eingestreute Verse, solche der Gelegenheit und solche von Gewicht, setzen fort und bauen diese Tagebuchweise Kirschs aus.

Ein Anschlusstagebuch nach dem 7. Oktober 1976 fehlt – im Marbacher Nachlass oder überhaupt.[42] Der Taschenkalender 1976 entschädigt. Er entschädigt deshalb, weil Kirsch in ihm die Ereignisse in gebotener Knappheit festhielt, ergänzt um minimalistische Kurzkommentare. Um das in ihrer Tagebuchweise zu demonstrieren, wenigstens komprimiert Belege, die sich auf die Ausbürgerung Biermanns beziehen

Dienstag 16. November 1976
[Rot:] Lesung W[est] B[erlin]
[Blau:] Nachm. über ADN: Biermann ist ausgebürgert! Völlig fertig. Mit Christoph [Meckel] telefoniert. [...]
Mittwoch 17. November 1976

---

[37] Kirsch, Journal 012, 12.6.1976.

[38] Kirsch, Journal 012, 10.8.1976.

[39] Vgl. Steiner 2021. Auszug aus Steiners Dissertationsschrift: „Dichter-Dichte" auf dem platten Land: die Künstlerkolonie Drispeth als Modellfall informeller Autorengruppen in der DDR der 1970er und 1980er Jahre. Dissertation, Universität Rostock 1922.

[40] 1976 hatte Kirsch zusammen mit Ernst Meister den Petrarca-Preis erhalten, der von Zeitschriftenverleger Hubert Burda seit 1975 (für den befristeten Zeitraum von fünf Jahren) an zeitgenössische Dichter*innen verliehen und am 26. Juni 1976 in Arqua Petrarca, einer südwestlich von Padua gelegenen Gemeinde, dem Todesort des Dichters, übergeben wurde. *Die Zeit* berichtete darüber in ihrer Ausgabe vom 2. Juli 1976. Vgl. Petrarca-Preis 1975–1979. München: Autorenbuchhandlung 1980.

[41] Kirsch, Journal 012, 20.7.1976.

[42] Im Katalog wird das Jahr 1976 als Einzelnennung aufgeführt, aber ohne eine Vollanzeige. Vgl. https://www.dla-marbach.de/katalog/handschriften/ (24.4.2023).

[Blau:] ⟋ nicht gelesen fürs Radio. Vorm. bei [Stephan] Hermlin, 1 Brief gemacht. Zu 13 unterschrieben. Kam abends im TV
Donnerstag 18. November 1976
[Hellblau:] 9³⁰ Int. Buch
[Blau:] Vorm. Gäste, Kartoffeln gekocht etc. Anrufe und 1 Drohung hier ausm Haus schon gestern […]
Montag 22. November 1976
Abends bei Hermlin, der vorher bei Honecker war. Verwirrung um [Volker] Brauns Text.[43]
Zurück mit Heiner [Müller]. Zeitungen wieder voll.
[…]
Montag 29. November 1976
Immer nur Leute und ich bin schon völlig zerredet.
[…]
Montag 6. Dezember 1976
[Grün:] S. Damm
[Blau:] Dagewesen [Bezug auf Termin mit Sigrid Damm]. Nachm. zu Einzelaussprache. Ulkige Erklärung von Hermlin lag vor.[44] […]
Dienstag 7. Dezember 1976
Ausgeschlafen, dann kamen Wolfs, nochmal zu Hermlin. Nachm. Parteivers. und blitzschnelle Parteistrafen. Hermlin + Braun blieben drinnen, wir nicht.
[…]
Freitag 10. Dezember 1976
Nachm. Kreisleitung, 2 Unterschriften + Parteibuch weg. Hinterher zu Thomas [Brasch] bis zum späten Abend. Abschied.[45]

Der historische Dokumentwert, den diese Notizen aus dem Taschenkalender haben, ist angesichts der Forschungslage nicht mehr übermäßig groß, unbestritten aber der diaristische. Unter der Oberflächenstruktur der Kurznotizen verbirgt sich ein Subtext. Die Notierende sucht mit wechselnden Farbstiften und Zeichen ein Gedächtniskomprimat zu erzeugen, dessen Entfaltungspotential allein in ihrer Hand liegt. So sparsam Wertungen und Stimmungen einfließen, so signifikant sind sie und so originell: „[I]ch bin schon völlig zerredet."

5
Eine gewichtige Veröffentlichung aus jüngster Zeit steht am Schluss der Stichproben. Sie fällt aus dem bisherigen Rahmen und ist, das vorweggenommen, so

---

[43] Am 22. November 1976 hatte Braun, gemeinsam mit dem Schriftsteller Karl-Heinz Jakobs, einen Brief an Kurt Hager, Mitglied des Politbüros, und Ursula Ragwitz, Leiterin der Abteilung Kultur des ZK der SED, geschrieben, dem eine Presseerklärung beigefügt war. Das *Neue Deutschland* druckte unter der Überschrift „Volker Braun: Rat an Freund und Feind" am 25. November 1976 eine davon stark abweichende Fassung. Beide Dokumente sind abgedruckt in Berbig. u. a. 1994, S. 247 u. 102. (Fußnote 58).

[44] Möglicherweise ist Hermlins Erklärung vom 4. Dezember 1976 gemeint. Sie ist abgedruckt in Berbig u. a. 1994, S. 261–262.

[45] Kirsch, Journal 014.

Abb. 3 Sarah Kirsch, Journal, Deutsches Literaturarchiv Marbach

reizvoll wie rätselhaft. 2022 gab Moritz Kirsch das *Tagebuch aus der Wendezeit*[46] seiner Mutter heraus. Unter dem Zitat ‚Ich will nicht mehr höflich sein' edierte er Tagesnotizen vom 31. August 1989 bis zum 18. März 1990.

Ein Freund, mit der Familie vertraut, steuerte einen Essay bei. Den gewählten Zeitausschnitt bestimmte die historische, nicht die persönliche Geschichte. Sarah Kirsch lebte seit langem im dithmarschen Tielenhemme, unweit der Eider. Näher als die Mauer war ihr die Marsch, die DDR ferner als das Deichland. Auf Angaben zur Edition wie auch auf Stellenkommentare hat der Herausgeber verzichtet. Hilfreich ist ein mit kurzen Erklärungen versehenes Personenverzeichnis (ohne Seitenverweis) und eine Übersicht zu den „tierischen Mitbewohnern im Zeitraum des Tagebuchs"[47]. So weit, so gut und erfreulich – wäre da nicht Ungeklärtes. Inwiefern und was?

---

[46] Hg. und mit einem Nachwort versehen von Moritz Kirsch und einem Essay von Frank Trende. Gammelby 2022. Es stellte sich bei der Tagung heraus, dass tatsächlich eine augenscheinlich noch von Sarah Kirsch bearbeitete Fassung existierte, die die Grundlage für diese Nachlassedition gewesen ist.

[47] Kirsch 2022, S. 254. Das Personenverzeichnis findet sich auf den Seiten 255 bis 263.

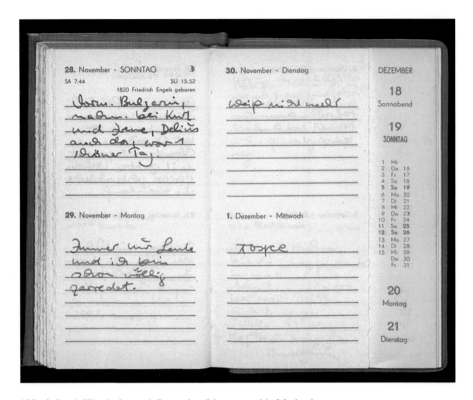

Abb. 4 Sarah Kirsch, Journal, Deutsches Literaturarchiv Marbach

Für die Arbeit an diesem Beitrag waren Recherchen im Marbacher Nachlass von Kirsch unerlässlich. Wie für Moritz Kirsch waren die Aufzeichnungen aus den Jahren 1989/90 verlockend. Da ich dessen Edition zu jenem Zeitpunkt noch nicht kannte, galt es, sich einen Überblick zum Bestand zu verschaffen. Aus dem Umkreis dieser Jahre, die das Schicksal der DDR besiegelten, existierten verschiedene Hefte und Kladden. Sie bestimmend auseinanderzuhalten ist kein Leichtes. Kirschs Tagebuchschreibpraxis hatte zu sich gefunden, in Parallelität und sich differenzierender Dienstbarkeit. Zum Basistagebuch zu Hause gesellten sich Reisebüchlein und Notierhefte, in unbedingter Griffnähe.

„Bin in der Fremde, deshalb auch dieses Buch hier. In T[ielenhemme] ist mein schönes Großes. Dies hier ist dasjenige was in meiner Umhängetasche sich stets befand und immer mitgeführt wurde wenn ich nach Heide mußte oder auf Lesereisen mich begab."[48] Aus dem Zufallsprinzip der frühen Jahre war Methode geworden. Schreibhefte bedeuteten Kirsch Lebensbegleitung, in ihnen kam das sie bedrängende Leben zur Ruhe, war zu bannen und auf Distanz zu bringen. „Ist

---

[48] Kirsch, Journal 035, 28.12.1989.

doch grauenhaft alles was Politik heißt. […] Ich muß das ablehnen. Kann sonst nix schreiben sondern bloß räsonieren. Es verschlägt einem die Sprache wenn man sich länger drauf einläßt.“[49] Alles, nur nicht das: dass es ihr die Sprache verschlägt. „Ich schreib mich so durch das Leben“[50], notierte sie im April 1989 und wurde entschieden, was sie früh zu werden begonnen hatte: ihre beste Gesprächspartnerin. Jede Wahrnehmung musste dafür herhalten, im Sprechen mit sich zu bleiben, und nahe lagen immer die gebundenen weißen Blätter und das Schreibgerät. „Die verschiedenen Tinten zahlen sich aus wie man sieht erleichtern sie die Lage.“[51] Registriert wurden überblätterte Seiten und erklärt, wie die Lücken zu schließen seien: „einfach vollgeschrieben nichts ist leichter als das die beiden Seiten erledige ich doch flink mit dem Waterman-Füller der strömt und zieht gut da brauch man sich gar keinen Kopp zu machen.“[52]

Als die DDR ins Wanken und Stürzen geriet, standen für Kirsch Lesereisen an: erst Lust, dann Last. Sie begünstigten einen fast zwanghaften Schreibfluss, der alle aufgewühlten, strudelnden und schäumenden deutsch-deutschen Partikel in Willkür mit sich riss. Im Nirgendwo zwischen Festland und Föhr fokussierte sich alles auf ein Ich, das mit sich redete, Ernstes und Lächerliches, Banales und Reflektiertes atemlos mischend, um sich dabei und darin zu finden. Der Mitteilung, sie trinke nun Gin Tonic, folgt die Erinnerungssequenz, sie habe das schon auf ihren früheren Westreisen zu DDR-Zeiten so gehalten, um gleich mit einem – nur dem Anschein nach – Kalauer fortzufahren: „Sehr gut daß ich im Westwind [*der Name des Cafés*] bin da gehöre ich hin im Ostwind wär ich verkommen. Wenn Sie wissen, was ich meine.“[53] Was erzeugt wurde, glich einem stream of consciousness. Alles Wahrgenommene legitimierte das Notat, das Ich, ohne diese Absicht und ohne ein Ziel, trat hervor und blieb bei sich, wo allein sie sein wollte. Diese mobilen Tageshefte erweitern das Spektrum diaristischen Schreibens von Kirsch. Die in ihnen gepflegte Weise, Tägliches im Wort niederzuschreiben, unterscheidet sich von den Basisbüchern. So stellt sich die Frage, wie denn das ,eigentliche‘ Tagebuch der Wendezeit beschaffen ist (Abb. 5).

Deren Beantwortung scheint leicht, liegt es doch als gedrucktes Buch vor. Wer wollte bezweifeln, dass der Text, den Moritz Kirsch 2022 herausgegeben hat, die Wende-Aufzeichnungen seiner Mutter enthält. Niemand, warum auch. Die Lektüre lässt keine Bedenken aufkommen, die Integrität des Herausgebers genauso wenig. Wer sich das „Journal 037“, hinter dem sich das Tagebuch Kirschs vom 15. Juli 1988 bis zum 31. Dezember 1991 verbirgt, im Marbacher Literaturarchiv aus dem Magazin kommen lässt, erhält eine A4-Kladde. Handelt es sich, wie zu vermuten wäre, bei diesem Dokument um die Druckvorlage für das edierte Wende-Tagebuch? Doch schon ein flüchtiger Textabgleich zwischen gedrucktem Text und Handschrift

---

[49] Kirsch, Journal 035, 28.12.1989.

[50] Kirsch, Journal 035, 27.4.1989.

[51] Kirsch, Journal 035, 10.3.1989.

[52] Kirsch, Journal 035, 10.3.1989.

[53] Kirsch, Journal 035, 10.3.1989.

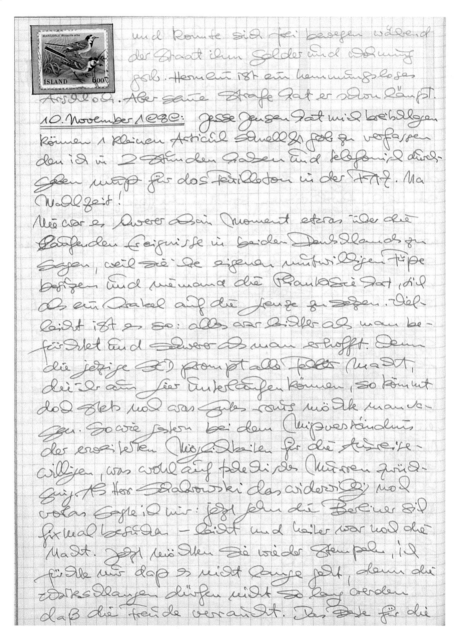

Abb. 5 Sarah Kirsch, Journal, Deutsches Literaturarchiv Marbach

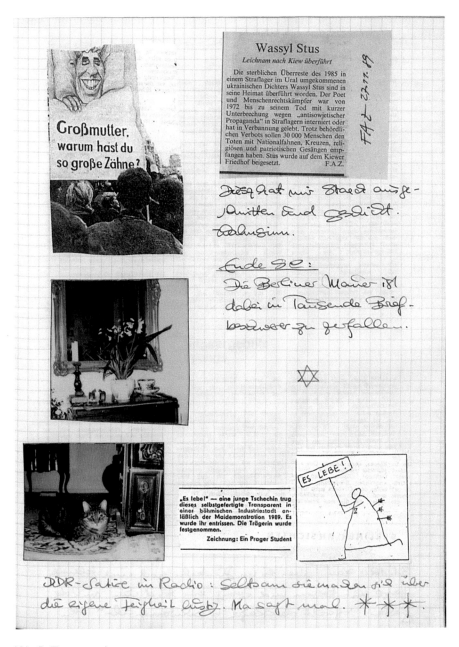

Abb. 5 (Fortsetzung)

bringt einen irritierenden Befund. Hier nur wenige Beispiele – zuerst die Handschrift, dann das Gedruckte:

> 7. Oktober 1989: Tag der Replik oder so ähnlich. Erich sagt jedenfalls so. Beliebte zu
> scherzen gestern bei seiner Rede. Gorbi der sog. erging sich in dunklen Andeutungen.
> Alles war voller Stasi. Am Checkpoint haben sie Barrieren aufgebaut um ihre dummen
> Theorien zu untermalen. […][54]

> **7. Oktober 1989**
>
> **4⁰⁰h, ich bin schon auf dem Plan.**
>
> **Sie haben Barrikaden errichtet an den Grenzübergängen – um ihre Theorien zu il-
> lustrieren. Höherer Blödsinn. […][55]**

> 11. Oktober 1989: […] Ich loch müch krank. Politik ist beschissen kann ich bloß sagen.
> Tränen lachend! Ein primitives Metier. Langweilig, langweilig. […][56]

> **11. Oktober 1989**
>
> **[…] Diese winzigen langsamen Schritte nun in der DDR wenn alles gut geht – wie
> langweilig das wäre, wenn ich mich dort noch befände und irgendwie teilnehmen
> müßte. […][57]**

> 25. Oktober 1989: So nun überlasse ich das Ländchen seinem weiteren Schicksal, will
> meine Seele nicht mehr abzappeln und mir mein Labyrinth verrenken beim Nachrichten
> hören – nachdem Herr Krenz nun noch die zwei anderen Ämter hat wird sich erst mal
> nicht mehr viel bewegen. […][58]

> **25. Oktober 1989**
>
> **10 000 Menscher waren es in Berlin, die gegen Krenz demonstrierten. Na nun wird
> es dort wie früher weitergehen bloß etwas neumodisch aufgemacht. […] Was bin ich
> froh da nicht zu sein. Ich würde vor Ungeduld platzen. Alles Quatsch und Sherry
> Brandy. […][59]**

> 6. November 1989: […] Hermlin sagt die Flüchtlinge seien hemmungslose Egoisten – er
> selbst machte aber jedes Jahr in Tessin Urlaub und konnte sich frei bewegen während der
> Staat ihm die Gelder und die Wohnung gab. Hermlin ist ein hemmungsloses Arschloch.
> Aber seine Strafe hat er schon längst.[60]

> **6. November 1989**
>
> **[…] Hermlin gegen Führungsanspruch, aber die Flichtlinge seien hemmungslose
> Egoisten. Wendehals. […][61]**

---

[54] Kirsch, Journal 037.

[55] Kirsch 2022, S. 34.

[56] Kirsch, Journal 037.

[57] Kirsch 2022, S. 36.

[58] Kirsch, Journal 037.

[59] Kirsch 2022, S. 49.

[60] Kirsch, Journal 037.

[61] Kirsch 2022, S. 55–56.

<u>10. November 1989:</u> Jesse Jensen hat mich breitschlagen können 1 kleinen Articul schnell & grob zu verfassen den ich in 2 Stunden haben und telefonisch durchgeben muß für das Feuilleton in der FAZ. Na Mahlzeit. [...][62]

10. *November 1989*
[...] Jesse Jensen hat mich bewegen können, einen kleinen Artikul über die Lage zu machen. Muß das gleich durchgeben. Habe es, hoffentlich verständlich. Na macht nix. Ich war aber tüchtig. Hab netten Zauber gemacht. [...][63]

Dieser kleinen Liste von Abweichungen, die getrost eklatant zu nennen sind, lässt sich eine Liste mit makellos Übereinstimmendem zur Seite stellen.[64] Die entscheidende Frage: Auf welcher Vorlage basiert Moritz Kirschs Edition? Ich vermochte sie mir nicht zu beantworten – erst die Tagung mit freundlichen Auskünften des Sohns brachte Licht in das Dunkel.

6

Kommen wir zum Schluss und zurück zum Anfang. Reichen die Fundstücke für eine Bestandsaufnahme, vielleicht sogar für einen Befund? Handelt es sich bei diesen Tagebüchern und -heften um einen Werkteil, der der editorischen Aufbereitung bedarf, um in seiner Eigenständigkeit erkannt zu werden? Oder haben wir es mit einem immensen Reservoir zu tun, aus dem die Dichterin ihr poetisches Werk herausformte, gewissermaßen um dessen Vorstufen? Vermutlich ist das ‚oder‘ falsch. Diese Tagebuchweisen sind weder das eine noch das andere bzw. sie sind sowohl das eine wie das andere. Feststeht deren essentieller Gehalt. Sie haben Anteil an der poetischen Stimmbildung Kirschs und sind bereits Teil davon. Was an Ereignissen diese verschiedenartigen Notierungen in sich aufnehmen, unverdaut, halbverdaut und zubereitet, das hat den Status von gültigen Äußerungsformen – auch wenn deren Rahmen außerhalb des Geltungsbereichs von Drucklegung bleiben muss. Hier entdeckte Kirsch ihre Sprache, die dem Lebensleid zu begegnen vermochte, unerwartet, distanzschaffend und bald unverwechselbar. Diese Sprache ist dem Sprechen verschwistert, sie zielt nicht auf Zitierbarkeit, legt es nicht auf Literarizität an, vor den Banalitäten des Alltags hat sie keine Scheu, Triviales bringt sie nicht aus dem Tritt. Indem sie den Tag distanzlos mitschreibt, erschreibt sie sich die Distanz, die ihr fehlt. Schreibend gewinnt sie, die gerade im Leben unterlag, Oberhand. ‚Leben‘ bestimmt die Form der Tagesnotizen, und deren sich einstellende Sprache stimmt die Idee eines anderen Lebens an – jenseits des gelebten und zu lebenden Tages und doch ganz in ihm. Ihrem Lebenston auf die Spur kommen, das ist das Wesenselement des Diarien-Baus. Die Gattung gebietet nicht, Formeln werden nicht verlangt. Sie ist Kirsch kein Beichtstuhl, übt keinerlei Zwang aus, verlangt nicht Rechenschaft. Nicht als Rechtfertigungsinstanz gibt sie sich und erteilt nicht Absolution. In ihr tönt kein Hall von Ewigkeit, hier klingt allein das Jetzt, der Augenblick. Und am Ende steht ein Satz von Sarah Kirsch,

---

[62] Kirsch, Journal 037.

[63] Kirsch 2022, S. 59.

[64] Im Dezember 1989 mehren sich die übereinstimmenden Einträge in der Handschrift und im Druck.

ohne Gnade. Er verstellt jede Hintertür, aus dem diaristischen Labyrinth zu finden: „Alles verworfen wie vieles in diesen Büchern mir Selbstverständigung ist und nicht autorisiert werte Finder oder ich schmeiße selbst alles noch weg bevor ich gehe. Only for Moritz."[65] Ein Warn- und Richtspruch schlechthin. Nur eins mildert: das Jahr – 1985.

Weiterführende Literatur

Berbig, Roland/Born, Arne/Judersleben, Jörg/Karlson, Holger Jens/Krusche, Dorit/Martinkat, Christoph/ Wruck, Peter (Hg.): *In Sachen Biermann. Protokolle, Berichte und Briefe zu den Folgen einer Ausbürgerung.* Berlin: Ch. Links 1994.
DLA Marbach, A: Kirsch. Kirsch, Sarah. Verschiedenes Autobiographisches. Journal 001 (TvB). 07.1964–17.02.1967.
DLA-NL Sarah Kirsch, Journal 002. 31.05.1965–28.11.1966.
DLA-NL Sarah Kirsch, Journal 004. 03.05.1968–26.05.1970
DLA-NL Sarah Kirsch, Journal 012. 22.04.1974–07.10.1976.
DLA-NL Sarah Kirsch, Journal 014. 01.01.1976–31.12.1976
DLA-NL Sarah Kirsch, Journal 015. ca 1976.
DLA-NL Sarah Kirsch, Journal 025. 12.02.1985–31.12.1986.
DLA-NL Sarah Kirsch, Journal 035. 08.06.1988–02.01.1990.
DLA-NL Sarah Kirsch, Journal 037. 15.07.1988–31.12.1991.
Jaspers, Anke: „Ich male stets vor mich hin und dichte Verschen". Auszüge aus Sarah Kirschs Tagebuch 1964–1967. In: Roland Berbig (Hg.): *Auslaufmodell „DDR-Literatur". Essays und Dokumente.* Berlin 2018, S. 355–367.
Kirsch, Sarah: *,Ich will nicht mehr höflich sein.' Tagebuch aus der Wendezeit.* Hg. v. Moritz Kirsch. Eckernförde 2022.
Steiner, Johanna: *„Dichter-Dichte" auf dem platten Land: die Künstlerkolonie Drispeth als Modellfall informeller Autorengruppen in der DDR der 1970er und 1980er Jahre.* Dissertation, Universität Rostock 2022.
Steiner, Johanna: „Ich glaube, wir müßten anders leben. Ganz anders.": (Literarische) Imaginationen eines ‚anderen' Lebens auf dem Land in der Künstlerkolonie Drispeth (DDR). In: Werner Nell u. Marc Weiland (Hg.): *Gutes Leben auf dem Land? Imaginationen und Projektionen vom 18. Jahrhundert bis zur Gegenwart.* Bielefeld 2021, S. 507–518.

---

[65] Kirsch, Journal 025, undatiert.

Sozialistische Welten in Sarah Kirschs früher Lyrik

Carola Hähnel-Mesnard

Anlässlich des 40. Jahrestages der DDR veröffentlichte die kulturpolitische Wochenzeitung *Sonntag* im Jahr 1989 in unregelmäßigen Abständen die Rubrik „Made in GDR", in der wichtige Persönlichkeiten aus dem künstlerischen Bereich vorgestellt wurden. Was als Jubiläumsjahr gedacht war, endete abrupt mit dem Mauerfall, und so konnte nach Hermann Henselmann, Hermann Kant, Corinna Harfouch, Willi Sitte und vielen anderen in der letzten Nummer des Jahres auch ein Artikel über Sarah Kirsch erscheinen. Seit ihrer Ausreise 1977 kam ihr Name in der DDR-Presse nicht mehr vor, 1989 änderte sich dies langsam und der *Sonntag* unternimmt – sich auf eine Aussage Adolf Endlers beziehend – den Versuch einer Wiedereinbürgerung: „[…] die jetzt in Tielenhemme an der Eider in Schleswig–Holstein lebt und arbeitet, ist eigentlich eine DDR-Dichterin, die derzeit bestimmt bedeutendste im deutschen Sprachraum. Genauer: Ihre Dichtung sei ohne die Bedingungen der DDR natürlich kaum denkbar."[1]

Im Folgenden soll es nicht um die Frage gehen, ob Sarah Kirsch eine „DDR-Dichterin" war und inwiefern ihr Werk der „DDR-Literatur" zuzurechnen sei,[2] sondern wie sich die Autorin mit den „Bedingungen der DDR" auseinandersetzte, wie sie sich mittels des Textsubjekts ihrer Gedichte gegenüber den Ansprüchen, Idealen und Deformationen des Projekts Sozialismus verhielt, wie

---

[1] Krumbholz 1989, S. 9.
[2] Zu diesen Fragen siehe Berbig 2014, 2018.

C. Hähnel-Mesnard (✉)
Université de Lille, Lille, Frankreich
E-Mail: carola.hahnel-mesnard@univ-lille.fr

J. Kittelmann et al. (Hrsg.), *Verwurzelungen. Sarah Kirsch (wieder) lesen*, Abhandlungen zur Literaturwissenschaft, https://doi.org/10.1007/978-3-662-69225-7_3

unterschiedliche Facetten der sozialistischen Welt und Wertvorstellungen Eingang in ihre Dichtung fanden und wie Zugehörigkeit, aber auch Reibungen reflektiert wurden, bevor es zum vollständigen Bruch mit dem System kam. Roland Berbig spricht in diesem Zusammenhang von einem „DDR-Bindungspotenzial", welches u. a. „als Gegenstand, genauer: als Zielpunkt literarischer Arbeit und [...] als politischer Bekenntnisraum, dessen Bedingung nicht das Parteibuch sein muss", „Aussagewert" besitze.[3]

Als Sarah Kirsch 2013a, b starb, war nicht nur der zeitliche Abstand zu ihrem Leben in der DDR groß. Sie selbst hatte sich zunehmend von dem Staat distanziert, der Jahrzehnte vorher in ihrem ersten eigenen Gedichtband *Landaufenthalt* affektiv als „mein kleines wärmendes Land"[4] bezeichnet wurde. Die Nachrufe gingen kaum noch auf ihr Frühwerk ein, erinnerten vor allem an die „Erneuerin deutscher Naturlyrik"[5]. Wenige Kritiker reagierten im Rückblick wie der französische Literaturwissenschaftler und Sarah-Kirsch-Übersetzer Jean-Paul Barbe, der zugab, bereits seit den 1960er Jahren und seit *Gespräch mit dem Saurier* von ihren Texten fasziniert gewesen zu sein.[6]

Sarah Kirschs frühe Texte bilden sowohl sprachlich als auch motivisch die Grundlage ihres späteren Werkes, klingen in verschiedenen Werkphasen nach. Auch wenn sich die Autorin später von dem gemeinsamen, mit Rainer Kirsch gestalteten Gedichtband *Gespräch mit dem Saurier* distanzierte und die dort veröffentlichten Texte nicht in die Werkausgabe der *Sämtlichen Gedichte* aufnahm,[7] zeugen diese bereits von einem Eigensinn, der sich durch das ganze Werk zieht. Natürlich beziehen sich diese Gedichte bis in die Wahl der Sprache hinein auch am explizitesten auf DDR-Realien. Gleiches gilt für viele Gedichte des Bandes *Landaufenthalt*. Im Folgenden soll gefragt werden, wie sich an diesen frühen Texten das „Bindungspotenzial" der Autorin in Bezug auf die DDR fassen lässt. Nach einem Fokus auf ihre ersten Gedichte möchte ich in einem kurzen Gang durch einige repräsentative Titel der DDR-Presse nachvollziehen, wie Sarah Kirsch in den 1960er Jahren einem breiten Publikum vorgestellt wurde und wie sich der Diskurs über die Autorin entwickelt und ändert.[8] Abschließend kommt die Verarbeitung bestimmter ‚sozialistischer' Themen und Motive in den Blick.

---

[3] Berbig 2014, S. 234.

[4] *Fahrt II* (Kirsch 1967, S. 6).

[5] Paradigmatisch dafür Kämmerlings 2013.

[6] Barbe 2021, S. 33. Für die Anthologie *Dix-sept poètes de la R.D.A.* (Honfleur 1967) übersetzte Barbe die beiden Gedichte *Hierzulande* und *Der Saurier*.

[7] Kirsch 2013a, b.

[8] Zur Rezeption seitens des ‚Expertendiskurses' vgl. Brohm 2001, S. 154–179.

1 Anfänge

Im April 1960 erscheint Sarah Kirschs erstes Gedicht *Eine Seite Dorfchronik* in der Hallenser Tageszeitung *Freiheit*,[9] im August wird es noch einmal im *Neuen Deutschland* abgedruckt.[10] Die Dichterin macht sich zur Chronistin und lässt ein kollektives Textsubjekt darüber berichten, wie der Bürgermeister ihres Dorfs versucht, den Bildungsanspruch des neuen Staates an die Bevölkerung zu vermitteln und sie dazu anhält, sich in der „Dorfakademie" weiterzubilden. Trotz anfänglicher Einwände – „Wir sind zu alt. / Und abends müde. / Wir haben keine Zeit, / Sagten wir." – gehen sie dem Bürgermeister zuliebe zu einem Vortrag, werden vom Redner mitgerissen. Zum Schluss erfährt man, dass die Dorfakademie inzwischen mehr als einhundert begeisterte Hörer hat, die an diesem Ort die Unannehmlichkeiten des Alltags vergessen: „Der Saal ist hell, / Und man vergißt / Den Nebel draußen / Und die Krähen."

Bei ihrer Analyse von Reportageformen in Sarah Kirschs Gesamtwerk hat Bénédicte Terrisse daran erinnert, dass zahlreiche Gedichte des Bandes *Landaufenthalt* mit Reportagetechniken arbeiten, wie dem Wechsel von Präteritum und Präsens und dem Einsatz von direkter Rede, welche Unmittelbarkeit suggeriert und zum „performativen Charakter"[11] der Texte beiträgt. Ähnliches gilt bereits für dieses erste veröffentlichte Gedicht der Lyrikerin, die offenbar den Anspruch des Staates, Wissen und Bildung zu demokratisieren, begrüßt und dies mittels eines ‚operativen' Gedichts kundtut.

Kirschs Gedicht liest sich wie eine sozialistische Erfolgsgeschichte, wenn es in der letzten Strophe heißt: „In unserer Dorfakademie / Sind wir jetzt Hundertzwölf. / Oft kommen wir her, / Und manchmal / Sprechen wir selbst dort vorn." Doch ist es weder formal noch inhaltlich ein ungebrochen enthusiastisches Loblied auf den neuen Staat. Das Präsens der letzten Strophe verortet das Gedicht in der Gegenwart, zu Beginn herrschen Dunkelheit und Nebel, Krähen bevölkern das Gedicht und verweisen auf die Tristesse des Alltags: „Als Dämmrung und Nebel sich stritten / Und schwarze Vögel / An kahlen Bäumen klebten" – Motive, die auch in Kirschs späterer Lyrik immer wieder präsent sind. Auch spätere stilistische und formale Eigenheiten kommen bereits in diesem Gedicht zum Tragen, wie das Spiel mit der Polysemie der Sprache,[12] der „optische Einfall",[13] die freien Rhythmen,

---

[9] Kirsch/Wolf 2019, S. 379.

[10] Kirsch 1960.

[11] Terrisse 2023, S. 236–238. Terrisse bezieht sich u. a. auf Analysen von Marianne Schwarz-Scherer.

[12] In der dritten Strophe legt der Bürgermeister „[e]ine kleine gelbe Karte" als Einladung für die Dorfakademie auf den Tisch, zum Schluss heißt es: „Die gelben Karten / Sind aufgegangen."

[13] Kirsch 1981, S. 14. Im „Gespräch mit Schülern" erklärt Kirsch die Bedeutung von Momentaufnahmen und Bildern, die in ihre Gedichte eingehen. Im Zentrum von *Eine Seite Dorfchronik* steht die stark visuell gestaltete Beschreibung eines Details, das an den Barthschen Realitätseffekt erinnert: ein Stillleben mit einem Apfel, den man auf die gelbe Karte gelegt hatte: „Jeden Abend, / Wenn wir vom Stall kamen, / Sahen wir den Apfel, / Den wir daraufgelegt hatten. / Der Apfel schimmerte, / Und an seinem Stiel / Hing noch ein kleines Blatt."

unterschiedlich lange Strophen und zahlreiche Enjambements. Diese sind weniger gewagt als in späteren Texten, doch sollten sie keineswegs ignoriert werden, wie Adolf Endler es 1975 suggeriert, wenn er über Sarah Kirschs Anfänge schreibt, sie seien „dürftiger […] als manche Schüler-Lyrik unserer Tage" und dem Zitat eine Strophe aus der *Dorfchronik* mit dem Kommentar hinzufügt: „[A]uf die Markie- rung der Zeilenbrechung darf man verzichten."[14] Denn die Enjambements haben eine Funktion, sie verlangsamen den Rhythmus und suggerieren damit, dass es einer langwierigen Überzeugungsarbeit bedurfte, bevor sich die Dorfakademie füllte, so wie das Gedicht insgesamt nahelegt, dass es auf die Arbeit und Integri- tät einzelner ankommt, um den Bildungsanspruch des neuen Staates zu vermitteln und propagandistische Parolen nicht ausreichen. Anhand des von Gerhard Wolf beschworenen „kleinen Gegenstands"[15] macht sich die Lyrikerin in *Eine Seite Dorfchronik* zur Chronistin der Gegenwart, eine Auffassung, die sie auch Jahre später noch vertritt: „Der Künstler muß Chronist sein."[16] Die reportageähnliche Schreibweise und der operative Gestus des Gedichts im Sinne eines „Anspruch[s] der Intervention in aktuell laufende Prozesse"[17], aber auch eines Engagements für die Anliegen des Staates, machen es zu einem Beispiel für die von der Autorin akzeptierte Funktion der Literatur in der DDR, die „Heteronomie als Programm" verstand.[18]

Dass die Realität wohl anders aussah, zeigt hingegen Kirschs späteres Gedicht *Aus einer kleinen Stadt* aus dem Band *Landaufenthalt*, welches das Scheitern die- ses Bildungsideals ebenso ankündigt wie die vergebliche Annäherung zwischen Künstlern und Arbeitern. Das Textsubjekt berichtet von seiner Rückkehr

> […]
> aus einer kleinen Stadt da saßen
> vor der Hauptpost mittags die Dichter
> unter kunstvoll geschriebenen Schildern in
> unnachsichtiger Sonne und wollten
> Bücher signieren aber die Leser
> lasen zu Hause auf dem Geranienbalkon Unautografiertes oder
> lasen schon länger nicht, weil sie das
> kannten Erfolg im Betrieb […]
> […] andre
> sahen sich schwitzend im Kino
> Spartacus breitwandverreckend an[19]
> […]

Der Erziehungsanspruch des Staates ist gescheitert, die Literatur des Bitterfelder Wegs, die bei den Arbeitern Interesse für ihre eigenen Anbelange wecken sollte,

---

[14] Endler 1975, S. 142.

[15] Kirsch 1985, S. 125.

[16] Kirsch 1972.

[17] Pabst 2023, S. 80.

[18] Pabst 2023, S. 75.

[19] Kirsch 1967, S. 53.

stößt auf Desinteresse, in ihrer kostbaren Freizeit bevorzugen sie Entspannung und westliche Blockbuster. In dieser Hinsicht war Kirschs erstes Gedicht *Eine Seite Dorfchronik* trotz seiner Grautöne dann doch zu optimistisch und die Korrektur, das Aufzeigen der Widersprüche erfolgte ein paar Jahre später.

Dieses erste, engagierte Gedicht war nicht Kirschs einzige frühe Form dichterischen Ausdrucks und darf auch nicht darüber hinwegtäuschen, dass das Verhältnis zu ‚ihrem' Land nicht ungebrochen war. Spätestens, als Stephan Hermlin ihr vieldeutiges Gedicht *Quergestreiftes* auf dem von ihm im Dezember 1962 organisierten Lyrikabend in der Akademie der Künste vorgetragen hatte, wurde sie mit der Engstirnigkeit der Kulturfunktionäre konfrontiert. In *Quergesteiftes* geht es um „dreißig Streifen", von denen zwei eigensinnig ihre Richtung ändern und von der Gruppe abweichen. Hier der Anfang:

Es waren einmal dreißig Streifen,
Davon konnten zwei nicht begreifen,
Daß sie nur längs zu laufen hatten –
Wie's ewig alle Streifen taten.

Bitte keine Abweichung,
Meine Herren (Streifen)!
[...]

Während das Ausschweifen des einen Streifens gerade noch akzeptiert werden kann, ist dies für den anderen – „Er sprang davon um sechzig Grad" – nicht mehr möglich:

Er wurde schnell herausgeschnitten,
Wegen der Harmonie.[20]

In einem Brief an Christa und Gerhard Wolf vom 18.1.1963 schreibt Kirsch, dass das Gedicht als „gegen den Personenkult interpretiert wird",[21] was zu einer Aussprache im Hallenser Schriftstellerverband und einer teils zensierten Stellungnahme Kirschs in der lokalen Presse führte. Dort schreibt Kirsch, dass es ihre Absicht gewesen sei, „ironisch darzustellen, wie es manchem mitunter ergeht, der – in einem Betrieb oder anderswo – neue Arbeitsmethoden einführen will, den aber die zeitweilige Mehrzahl der Bequemen nicht zum Zuge kommen läßt [...]", sie jedoch einsehe, dass das Gedicht „zu allgemein angelegt" und durch „unexakte Bilder" „mißdeutbar" sei. Deshalb werde sie es „nicht veröffentlichen".[22] Nicht gedruckt wurden Passagen, in denen sich Kirsch dagegen verwehrt, dass bewusst etwas in das Gedicht hineingedeutet wurde und ihr so unterstellt werde, „gegen das Volk [zu] schreiben", aber auch eine Zeile, in der sie deutlich macht, dass es

---

[20] Das Gedicht ist im Briefwechsel mit Christa Wolf vollständig abgedruckt. Zitiert nach Kirsch/ Wolf 2019, S. 16.

[21] Kirsch/Wolf, S. 12.

[22] Kirsch/Wolf, S. 14.

„keine Kluft gibt zwischen der Partei und uns jungen Lyrikern"[23]. Das Beispiel zeigt, dass spielerische Abstraktion und Mehrdeutigkeit in der Literatur mit harten Konsequenzen rechnen mussten. Doch noch geht die junge Autorin auf die geforderte rituale Selbstkritik ein.

2   Frühe Gedichte im Spiegel der Presse

Paradoxerweise wird diese scharfe Kritik Sarah Kirsch nicht daran hindern, im selben Jahr 1963 mit ihren Gedichten in der Tagespresse der DDR als Vertreterin der sogenannten ‚Lyrikwelle' gelegentlich gedruckt und gepriesen zu werden.[24] Denn nachdem Stephan Hermlin für seinen als ideologisch zweifelhaft gewerteten Lyrikabend abgestraft worden war, wurde „die erfolgreiche Veranstaltungsform wiederholt […], nunmehr aber unter veränderten Kontrollverhältnissen", so Holger Brohm.[25] Über einen „Große[n] Abend junger Lyriker zu Ehren des VI. Parteitags" berichtet das *Neue Deutschland* am 9. Januar 1963 auf seiner Titelseite, dieser fand unter der Schirmherrschaft des Zentralrats der FDJ und des Schriftstellerverbandes an der Humboldt-Universität zu Berlin statt und versammelte um die tausend Besucher. Prominent taucht der Name Wolf Biermann auf, genannt werden neben vielen anderen Lyrikern Sarah und Rainer Kirsch. In Berlin fanden in diesem Jahr insgesamt vier solcher „Lyrik-Abende" statt, in anderen Städten kam es zu ähnlichen Veranstaltungen. Anlässlich des „Lyrikabend[s] Nr. 2 im ‚Kosmos'" veröffentlichte die *Berliner Zeitung* im April eine ganze Seite mit Gedichten, darunter Sarah Kirschs später in *Gespräch mit dem Saurier* aufgenommenes Gedicht *Liebes Pferd*, noch als Teil einer Sammlung: „Aus: Briefe an Tiere" präsentiert.[26] Im Dezember berichtet die Zeitung in einem längeren Artikel über

[23] Kirsch/Wolf, S. 15.

[24] Die drei im Zeitungsportal DDR-Presse digitalisierten Zeitungen *Berliner Zeitung*, *Neues Deutschland* und *Neue Zeit* stellen ein zwar eingeschränktes, aber repräsentatives Korpus der Tagespresse dar und bieten so die Möglichkeit, die Präsenz und Frequenz von Autorinnen und Autoren in der allgemeinen DDR-Presse nachzuzeichnen und die Tendenz der Berichterstattung zu verfolgen. Dies ist insofern relevant, als z. B. Sarah Kirsch im Expertendiskurs der Literaturzeitschriften anfangs weniger präsent war. In der Juni-Nnummer 1963 der *neuen deutschen literatur* (*ndl*) werden in der Rubrik „Neue Namen" zwar zwei Gedichte aus dem späteren *Saurier*-Band abgedruckt (*Mond vor meinem Fenster* und *Bekanntschaft*), doch in *Sinn und Form*, die im ersten Heft 1963 über „Junge Lyrik in der DDR" berichtet, kommt die Autorin nicht vor. Anlässlich des 10-jährigen Bestehens des Leipziger Literaturinstituts findet man in der Oktober-Nummer 1965 der *ndl* vier weitere Gedichte Kirschs aus dem späteren Band *Landaufenthalt*, welcher 1968 auch in der November-Nummer der *ndl* kritisch besprochen wird. Erst 1975 erscheint ein Artikel über die Autorin in *Sinn und Form* (Endler 1975).

[25] Brohm 2001, S. 53.

[26] *Berliner Zeitung*, 17.4.1963, S. 7.

den 4. Lyrik-Abend und veröffentlicht in einem Kasten Kirschs *Gleisarbeiter-**,[27] während im sehr parteiischen Bericht zum Abend Rainer Kirsch zu Wort kommt.[28] Auch die *Neue Zeit* berichtet über diesen Abend und druckt insgesamt fünf Gedichte, darunter das ebenfalls durch einen Kasten hervorgehobene Gedicht *In der Altstadt* von Sarah Kirsch, welches thematisch dem später im *Saurier*-Band veröffentlichten Gedicht *Die Stadt* ähnelt. Die Auswahl begründet der Autor mit dem Versuch, „einige typische Ausdrucksformen zu erfassen", aber auch, „diese Probe der jungen Lyrik nicht auf Autoren zu beschränken, die bei den jüngsten Lesungen hervorgetreten sind."[29] In einem weiteren, einen Tag später in der *Neuen Zeit* veröffentlichten Artikel wird Sarah Kirsch zum ersten Mal namentlich erwähnt, und zwar auf der „positive[n] Seite unserer lyrischen Inventur": „Ihre eigenständige Art haben sich die Gedichte Sarah Kirschs und Volker Brauns bewahrt", während von Bernd Jentzsch und Rainer Kirsch „Besseres und vor allem Neueres erwartet" wurde.[30]

Sarah Kirschs Gedichte werden in diesem Jahr der ‚Lyrikwelle' im Gegensatz zu denen ihres Mannes nicht politisch gerahmt, und sie wird als eine besondere Stimme hervorgehoben. Auch im darauffolgenden Jahr 1964 ist die Lyrikerin in der Tagespresse noch präsent, doch werden ihre Texte verstärkt kommentiert. Horst Haase stellt ihr Gedicht *Jetzt schwimmt der Mond im Teiche*,[31] dessen Rhythmus Matthias Claudius' *Abendlied* aufnimmt, in eine Reihe von Texten und Autoren, die die Liebeslyrik optimistisch-sozialistisch erneuerten. Im Gedicht werde „poetisch demonstriert, daß man heute anders dichten muß, wenn man das Empfinden unserer wachen und ihr Leben bewußt anpackenden Jugend treffen will".[32] Nach der Veröffentlichung weiterer Gedichte[33] kommentiert nun der Lyriker Heinz Kahlau den *Gleisarbeiterschutzengel* und attestiert Kirsch, „daß sich hinter ihrem verspielten, leichten Ton oft echte poetische Gedanken befinden", ihr Gedicht trage „Spuren davon". Doch scheine sie „[m]anchmal […] ihre poetischen Fragen der formalen Gefälligkeit zu opfern."[34] Spielerischer Ton und Seriosität schließen sich nicht mehr aus, die besondere Form der Gedichte wird jedoch zum Stein des Anstoßes. Als engagierte Gedichte wurden anlässlich einer Lesung von Sarah und Rainer Kirsch an der Fachschule für Artistik noch einmal *Gleisarbeiter-Schutzengel* sowie *Schornsteinbauer* hervorgehoben, die „viel Zuspruch" gefunden hätten, da sie „von einer ausgezeichneten Beobachtungsgabe der

---

[27] So die erste Schreibung des Titels.

[28] Furmanski 1963.

[29] Ullrich 1963.

[30] Fb 1963.

[31] Am 28.3.1964 in der Kulturbeilage des *ND* veröffentlicht.

[32] Haase 1964.

[33] *Leise zieht durch mein Gezell* (*ND*, 11.4.1964) und erneut *Gleisarbeiterschutzengel* (*ND*, 6.6.1964), diesmal als Teil der *Auswahl 64* (Verlag Neues Leben, Berlin 1964) gekennzeichnet.

[34] Kahlau 1964.

Autorin" zeugten – so, als handle es sich hier um realistische Abbildungen. Andere Gedichte hingegen hätten „die jugendlichen Zuschauer [...] nicht so an[geregt], da es sich vielfach um zarte Stimmungsbilder, die nicht in der realen Wirklichkeit zu finden sind, handelte." Im Gegensatz dazu hätten Gedichte Rainer Kirschs eine starke Diskussion angeregt, da man dort „mit der Wirklichkeit konfrontiert" worden sei und „veranlasst, sich mit ihr auseinanderzusetzen."[35] Schließlich berichtet der spätere Kulturpolitiker Klaus Höpke über eine Lesung der beiden Schriftsteller in West-Berlin, wobei auch hier die Rollenverteilung zwischen – zugespitzt formuliert – verspielter ‚harmloser‘ Dichterin und engagiertem Poeten deutlich gemacht wird: Sarah Kirsch habe zunächst ihre „bekannten kleinen freundlich-ironischen Gedichte" vorgetragen, bevor neuere Texte „das Streben der Lyrikerin nach philosophischer Vertiefung spürbar werden ließen, so z. B. ‚Die Stadt‘ und – in der nachfolgenden Diskussion oft apostrophiert – ‚Schornsteinbauer‘."[36]

Im Jahr 1965 wird es bereits stiller um die Lyrikerin. Im Juli bespricht Jens Gerlach den Band *Gespräch mit dem Saurier* und schreibt zu Sarah Kirschs Gedichten, diese würden sich „scheinbar mühelos" lesen, erst bei genauerem Hinsehen würde man jedoch deren „versteckt[e] Dimension" entdecken. Die Autorin habe „nicht nur ihren ganz eigenen Ton", sondern auch ihre „nicht minder eigenen Gedanken – und das ist in unserer Lyrik doch seltener als mancher Gutwillige vermuten möchte."[37] Als Beispiel nennt Gerlach das Gedicht *Kleine Adresse*, das gemeinhin als ihr kritischster Text dieser Zeit und als Ankündigung des in *Landaufenthalt* dann verstärkt genutzten Reisemotivs interpretiert wird.[38]

Gedichte der Autorin werden von nun an kaum noch veröffentlicht,[39] und 1966 ändert sich der wohlwollende Ton – in diesem Jahr wird der Name Sarah Kirsch in den drei Zeitungen insgesamt nur viermal erwähnt, jedes Mal negativ.[40] Dem vorausgegangen waren das 11. Plenum im Dezember 1965 und die von den SED-Funktionären schnell abgebrochene Lyrik-Debatte im *Forum* im Frühjahr 1966. Auf die dort abgedruckten Gedichte reagiert im September der Schriftsteller Manfred Weinert, der das später in *Landaufenthalt* unter dem Titel *Fahrt I* veröffentlichte Gedicht einem Naturgedicht Helmut Preißlers gegenüberstellt und fragt: „Quo vadis, Sarah Kirsch? Wohin geht die Reise?" Das Gedicht verbindet formal

---

[35] Bré 1964.

[36] Höpke 1964.

[37] Gerlach 1965.

[38] Cosentino 1990, S. 21–22.

[39] 1965 wird lediglich Kirschs Gedicht *Versnobtes Herbstlied* aus dem *Saurier*-Band im *Neuen Deutschland* (29.8.1965) abgedruckt. Erst 1967 erscheinen wieder Gedichte in der *Neuen Zeit*: *Schöner Morgen* (8.4.1967) steht als eine Art Gebrauchslyrik auf der Seite „Für die Frau" zwischen Modetipps und Kochrezepten. Anlässlich des zweiten Todestags von Johannes Bobrowski erschienen ihre drei dem Dichter gewidmeten Gedichte aus *Landaufenthalt* (2.9.1967).

[40] Hier die Vergleichszahlen zu anderen Jahrgängen: 1961: 1, 1962: 0, 1963: 20, 1964: 17, 1965: 8, 1966: 4, 1967: 9, 1968: 8, 1969: 6. Dabei handelt es sich um alle Erwähnungen, nicht nur um Artikel, in denen Sarah Kirschs Gedichte besonders hervorgehoben werden.

anspruchsvoll die Beschreibung einer Landschaft mit dem Wortfeld des Krieges, um auf die Spuren vergangener Gewalt zu verweisen. Weinert kommentiert jedoch, Zeilen aus dem Gedicht aufnehmend: „Wie aber soll sich lohnen, unsere Erde zu bebauen, wenn sie grindig, voll Schorf und voller Narben ist, ja, wenn sie gar übel dran sein soll, wohl übler noch, als in diesem Gedicht die Syntax behandelt wurde?"[41] Schließlich kommt ein hämischer Artikel in der Silvesterausgabe des *ND* noch einmal auf dasselbe Gedicht zurück, wobei der Autor die Lyrikerin als „oftmals mißverstandene Wortmalerin" bezeichnet, sarkastisch deren „revolutionäre Interpunktion" hervorhebt sowie die „Wahl der Bilder in ihrer sorgfältig differenzierten Unbestimmtheit".[42]

Der 1967 erschienene Band *Landaufenthalt* wird in den drei Zeitungen nicht besprochen. Anlässlich des VI. Deutschen Schriftstellerkongresses im Mai 1969 wird die Autorin noch einmal in einem kurzen Artikel von Günther Deicke erwähnt. Dieser hatte in seinem Diskussionsbeitrag auf dem Kongress bereits ihrem Gedicht *Schwarze Bohnen*, das in der stark kritisierten Lyrikanthologie *Saison für Lyrik* erschienen war, „eine spätbürgerliche Position der Aussichtslosigkeit jeglichen Beginnens"[43] vorgeworfen, was dazu führte, dass Sarah Kirsch in den darauffolgenden Jahren in der DDR keine eigenständigen Buchpublikationen mehr haben konnte. In seinen „Empfehlungen an Lyriker" kommt Deicke im *ND* auf den „großen Aufschwung der Lyrik" Anfang der 1960er Jahre zurück, von dem man heute wieder weit entfernt sei, wobei man „bemerkenswerte Fortschritte verzeichnen [konnte] und empfindliche Rückschläge – mitunter bei einem und demselben Dichter…" Auf Sarah Kirsch bezogen heißt es: „Sie zeichnet in einer Reportage mit Begeisterung das Porträt einer Frau aus dem Alltag unserer Landwirtschaft – detailliert, liebevoll. Aber warum, frage ich, hat diese Welt in ihrer Poesie noch keinen Platz?"[44] Deicke spielt auf die Reportage *Große Familie* an, die 1969 im Märzheft der Unterhaltungszeitschrift *Das Magazin* erschienen war.[45] Der Verweis auf die Form der Reportage und die Aufforderung, dort gestaltete Realität in Lyrik zu überführen, erinnern daran, dass die heteronome Funktion der Literatur der unbedingte Maßstab ist. Holger Brohm sieht in der Diskussion um die Anthologie *Saison für Lyrik*, in deren Zuge auch Kirschs Gedicht kritisiert wurde, einen Versuch der Kulturpolitik, „bestimmte Kriterien einer ,sozialistischen Poesie' festzuschreiben".[46] Im Kontext des Prager Frühlings verhärten sich die Fronten erneut, an der Schwelle zum 20. Jahrestag der Gründung der DDR werden die Dichter daran erinnert, dass es ihre Aufgabe sei, „Verse des Preisens und Lobens" zu schreiben, mit „starke[m] sozialistischen Pathos". Man wirft ihnen vor, dass in ihren Gedichten die „Verständlichkeit und Massenverbindung verloren" geht und

---

[41] Weinert 1966.

[42] Häuser 1966.

[43] Zitiert nach Brohm 2001, S. 166.

[44] Deicke 1969.

[45] Vgl. Hähnel-Mesnard 2023, S. 305–311.

[46] Brohm 2001, S. 168.

mahnt sie, „vorzustoßen zum Zentrum des Lebens in unserer Republik und zum neuen Gegenstand der Kunst, dem Bild des sozialistischen Menschen und seiner Gemeinschaft."[47]

Holger Brohm bringt auf den Punkt, was Sarah Kirsch Ende der 1960er Jahre vorgeworfen wurde: die fehlende „Repräsentanz des Gegenstandes", die Darstellung des Privaten anstatt des Öffentlichen und die Affirmation einer neuen „literarische[n] Subjektivität", die den offiziellen Maßstäben entgegenstand.[48] Das Private war schon seit *Gespräch mit dem Saurier* Gegenstand vieler Gedichte,[49] doch fanden sich daneben immer auch Texte, die explizit ‚sozialistische‘ Themen in den Mittelpunkt stellten, was nach der Veröffentlichung von *Landaufenthalt* in Sarah Kirschs Lyrik kaum noch der Fall war.[50]

3   Zustimmung und Widersprüche

Obwohl Sarah Kirsch bereits nach dem von Stephan Hermlin Ende 1962 organisierten Lyrikabend zum ersten Mal öffentlich abgemahnt wurde, zeugen zahlreiche frühe Gedichte in *Gespräch mit dem Saurier* und *Landaufenthalt* davon, dass sie sich mit den gesellschaftlichen Themen ihrer Zeit auseinandersetzt und ganz freiwillig versucht, das „Bild des sozialistischen Menschen" darzustellen, ohne dass dies, wie oben zitiert, kulturpolitisch drohend eingefordert werden musste. Dabei schwanken die Texte zwischen der offensichtlichen Akzeptanz eines sozialistischen Weltverständnisses, das sich in der Aufnahme und Diskussion bestimmter Motive aus dem Bereich der Arbeitswelt, des technischen Fortschritts, des Antikapitalismus etc. widerspiegelt, und einem Ausloten von sichtbar werdenden Widersprüchen. Dies hat Kirsch mit anderen, zu Beginn der 1960er Jahre debütierenden jungen Lyrikern gemeinsam: „Obwohl diese avantgardistische Lyrik-Gruppe eine überzeugte Bindung an die DDR zum Ausdruck bringt, will sie keine harmonisierende Geschichts- und Gesellschaftsbeobachtung schreiben, sondern Widersprüche in sich selbst und der entstehenden sozialistischen Gesellschaft aufdecken."[51]

---

[47] Alle Zitate Beer 1969. Holger Brohm verweist in seiner Studie auf die Bedeutung dieses *ND*-Artikels von Frank Beer bei der Demontage der Anthologie *Saison für Lyrik* und die Desavouierung der jüngeren Lyrikergeneration, die auf dem VI. Schriftstellerkongress ihren Höhepunkt erreicht. Vgl. Brohm 2001, S. 168–170.

[48] Brohm 2001, S. 174.

[49] So verweist Endler (1975, S. 143) auf die Nähe bestimmter Themen und Motive des Bandes *Zaubersprüche* mit den frühen Gedichten.

[50] Die Auseinandersetzung mit gesellschaftlichen und ‚sozialistischen‘ Themen fand weiterhin in der Prosa statt, in Reportagen und fiktionalen Texten für Zeitschriften wie *Das Magazin* (Hähnel-Mesnard 2023), in den 1973 veröffentlichten Reportagen der *Pantherfrau* und den in *Die ungeheuren bergehohen Wellen auf See* versammelten Erzählungen.

[51] Mabee 1989, S. 22 f.

Obwohl Sarah Kirsch ihre Gedichte aus dem Band *Gespräch mit dem Saurier* später verworfen und nicht in *Sämtliche Gedichte* aufgenommen hat,[52] spiegeln sich diese Widersprüche dort bereits. Auf der einen Seite findet man einen freundlich-vertrauten, und doch ironischen Umgang mit bestimmten Ideologemen, so in der Tierfabel *Känguruh und Laus*, in der ein Känguruh in der „Prärie" gelangweilt Engels „‚Dialektik der Natur' / auf dem Kopf und eine Stunde" las und sich dann, dem Rat der Laus folgend, als „Professor [...] / für Philosophie / in der Akademie" bewerben sprang.[53] Ähnliches gilt für die Verwendung eines DDR-spezifischen Vokabulars, welches die Gedichte einerseits im ideologischen Kontext der Zeit situiert, andererseits durch Wortkombinationen oder den Verwendungszusammenhang im Gedicht aber auch lyrisch verfremdet wird, wie z. B. das „Wolkenkombinat" über der Stadt Halle (*Die Stadt*), der „kollegial[e] Gruß" des Tausendfuß in *Hierzulande* oder Taubenfüße, die auf dem Marktplatz „[...] den rußigen Schnee [programmiern]" (*Dies sind die Vorbereitungen:*).[54]

Während in der DDR-Presse durchaus unterschiedliche Texte aus dem späteren *Saurier*-Band vorveröffentlicht wurden, die sowohl ‚Privates' als auch ‚Öffentliches' zum Ausdruck brachten, wurden vor allem zwei Gedichte hervorgehoben: *Schornsteinbauer* und der mehrmals abgedruckte *Gleisarbeiterschutzengel*. Beide handeln von der Arbeitswelt, einem prominenten Thema der DDR-Literatur, zumal Anfang der 1960er Jahre, die im Zeichen des Bitterfelder Wegs standen. Das 1964 entstandene Gedicht *Schornsteinbauer* greift auf das in den 1950/1960er Jahren in der Literatur und im Film typische Motiv der Baustelle zurück, das metaphorisch auf den Aufbau der neuen Gesellschaftsordnung verweist[55]: „[...] der Schornstein wird höher", „die Stadt / jeden Tag kleiner", auf den Chausseen ganz unten „ziehen / Zementwolken und Kipperdschunken mit Steinen heran."[56] Das Gedicht arbeitet mit verfremdenden Exotismen und ungewöhnlichen Bildern, die auf dem bereits erwähnten „optischen Einfall" beruhen: die Arbeiter „mauern dem Wind eine Flöte", „dem Rauch ein Loch". Doch wenn am Ende die Vogel- in die Froschperspektive wechselt, erscheinen die Arbeiter trotz unkonventioneller Bilder als die Wegbereiter der Zukunft, dank ihnen wird nun endlich der Blick auf sie frei:

---

[52] Bereits in ihrer „Poetischen Konfession" *Im Spiegel*, der Abschlussarbeit am Literaturinstitut, distanziert sich Kirsch 1965 von ihren bisher geschriebenen Gedichten, wobei sie sich in dem imaginären Dialog, den der Text darstellt, selbst auch zu viel Radikalität und Selbstkritik vorwirft (Kirsch 2013a, b, S. 854).

[53] Kirsch 1965, S. 28–29.

[54] Kirsch 1965, S. 18, 26–27, 33.

[55] Barbe 2020, S. 208.

[56] Kirsch 1965, S. 34. Inwiefern das thematisch sozialismuskonforme Gedicht ein Kassiber für den persona non grata gewordenen Peter Huchel enthält, dessen Gedichtband *Chausseen Chausseen* 1963 in der Bundesrepublik erschien, muss reine Spekulation bleiben. Doch nimmt Kirsch in ein- und derselben Strophe zwei bei Huchel wesentliche Motive auf, die Chaussee und die Pappel, für letztere werden „Sympathien" bekundet: „Sie [die Schornsteinbauer] grüßen den Wald, Sympathien / kommen auf Pappeln, schnellwüchsig fast wie Schornsteine / markiern sie Chausseen [...]".

Die Schornsteinbauer über der Stadt
Ummauern den Rauch, da sehn wir weiter, da sehn
wir sie steigen, da werden sie
kleiner, und der Schornstein wächst höher.

Bereits ein Jahr vor diesem Gedicht veröffentlichte Kirsch den *Gleisarbeiter-schutzengel*. Der Engel namens Angela warnt die Arbeiter vor herannahenden Zügen: „DAMIT UNS NICHTS ÜBERROLLT".[57] Trotz ihres manchmal exzentrisch wirkenden Äußeren (mit lila Lippenstift und Schwanenfedermütze) reiht sich Angela in das Kollektiv ein, auf tatsächliche Widersprüche stößt man auch hier nicht, es sei denn, man sieht in der Figur des Engels eine diskrete Kritik an der Realität, die eines überirdischen Wesens bedarf, um Arbeitsunfälle zu vermeiden. In beiden Gedichten werden Arbeit und sozialistischer Aufbau noch zustimmend beschrieben. Während Adolf Endler die *Schornsteinbauer* als „intellektuell ‚beschränkt'" abwertete und im *Gleisarbeiterschutzengel* eine Form der „damals oft gefordert[en] [...] Poetisierung des Alltags"[58] vorfand, liest Elke Erb die Gedichte als eine Etappe auf Kirschs künstlerischem Weg, „weil ihr Gedicht heute ihr (unser) Gedicht war und morgen nicht mehr ihre (unsere) Wahrheit auf der landweiten Breite ihres Weges".[59]

Widersprüchlicher wird es erst im Band *Landaufenthalt*. Ähnlich dem Engel Angela, der „direkt aus dem Himmel [kommt]", wird sich das Textsubjekt in *Ausflug* auf einem „Nylonmantel" in den „maßlosen Schornsteinruß" schwingen und über das Land fliegen:

[...]
ich häng überm Land, seh nichts vor Nebel und Rauch
fort reißt's mich über den Fluß, die aufrechten Bäume, den Tagebau
Hier werf ich scheppernd Ersatzteile ab – bloß so, die
brauchen sie immer [...][60]

Das Textsubjekt eignet sich fliegend die Welt an, die sich der Mensch zunutze macht. In synthetische Nylonfasern gehüllt – auch hier ein Symbol des technischen Fortschritts – sieht es den Rauch als Zeichen der Betriebsamkeit und der Produktion. Diese muss jedoch mit Ersatzteilen unterstützt werden, welche das Ich herbeizaubert – ein Verweis auf die endlosen materiellen Probleme der Planwirtschaft. Zum Schluss landet sie, „schwarz von der Arbeit des Fliegens" bei ihrem „Freund, [dem] Schmied aus dem Rauchkombinat", der ihr „ein duftendes Seifenstück" reicht. Selbst die von der Kulturpolitik seit Bitterfeld angemahnte Symbiose von Arbeitern und Künstlern – für sie steht das fliegende und zaubernde Textsubjekt – wird sehr konkret ins Gedicht geholt, doch wird das Ideologische hier privatisiert, die Realität durch die Zauber- und Flugfantasie gebrochen.

---

[57] Kirsch 1965, S. 36.
[58] Endler 1975, S. 153, 151.
[59] Erb 1981, S. 51–52.
[60] Kirsch 1967, S. 9. In *Sämtliche Gedichte* wurden alle Versanfänge großgeschrieben.

Auch im Gedicht *Angeln* in *Landaufenthalt* wird das Thema Arbeit durch die Selbstreflexion des Textsubjekts ironisch gebrochen, welches selbstkritisch feststellt, zu viele ‚Seegedichte' geschrieben und sich dadurch vom eigentlichen Leben entfernt zu haben, denn – so der Subtext – der Künstler müsse im Dienste des Volkes stehen, seine Kunst solle nützlich sein. Anders als beim Schreiben ist das Ich beim Angeln nun, „[…] Teil dieses Lands nicht nur / Gast, alles / nützlich vom Augenblick als ich / tätig war",[61] doch erst der Übergang vom ‚Ich' zum ‚Wir', die Arbeit im Angler-Kollektiv zeitigt tatsächlich Erfolg: Nunmehr ist der See nicht mehr nur Gegenstand dichterischer Anschauung und der Naturlyrik, sondern „[…] der See / wurde zur Produktion der Kahn Gebrauchsgegenstand […]".[62] Dass hinter dieser vordergründig kritisch-ironischen Auseinandersetzung mit den ideologischen Prämissen der sozialistischen Auffassung von Arbeit auch poetologische Bedeutungsschichten liegen, hat Sylvie Arlaud gezeigt.[63]

Die Gedichte in *Landaufenthalt* wirken vielschichtiger als die früheren Texte, oft kritischer, doch gibt es auch Beispiele, in denen die Aussagen der *Saurier*-Gedichte stärker auf Distanz zum offiziellen Diskurs gehen. Dies betrifft den Blick auf Fortschritt und technische Entwicklungen. In *Der Wels ein Fisch der am Grund lebt*, das den Band *Landaufenthalt* eröffnet, gehen Natur und Technik bildlich ineinander über, die Form des am Boden des Flusses lebenden Fischs spiegelt sich im Flugzeug, der Sand wird „von den Wellen des Wassers gewalzt"[64] – Wortwahl und Alliteration unterstreichen sprachlich die Symbiose von Technik und Natur. Das Ich nimmt die Welt aus der Vogelperspektive wahr, das Flugzeug suggeriert als Bild des technischen Fortschritts „Kontrolle und Lenkbarkeit";[65] Sylvia Volckmann zufolge fungieren Verkehrsmittel und Technik „als Medien der Aneignung von Welt und der grenzenlosen Entfaltung des Subjekts", welches „zum allsehenden und damit potentiell allmächtigen Herrscher über die Welt" wird.[66]

Den positiv-optimistischen Bildern dieses Eingangsgedichts steht eine Reihe früher Gedichte aus dem *Saurier*-Band gegenüber, die Fortschritt und Technik auch in ihren negativen Konsequenzen reflektieren.[67] So das Gedicht *Bootsfahrt*, in dem der technische Fortschritt – in „Labors unter Neonstäben / entschlüsseln Mädchen verästelte Formeln."[68] – von Bildern gerahmt wird, die auf eine zerstörte Natur verweisen. Anders als im *Wels*-Gedicht werden hier unter Rückgriff auf ein expressionistisches Sprach- und Bilderreservoir die negativen Konsequenzen von Fortschritt und Technik thematisiert:

---

[61] Kirsch 1967, S. 42.

[62] Kirsch 1967, S. 43.

[63] Arlaud 2021, S. 205–208.

[64] Kirsch 1967, S. 5.

[65] Cosentino 1990, S. 40.

[66] Volckmann 1982, S. 106.

[67] Darauf hatte bereits Barbara Mabee (1989, S. 43) verwiesen.

[68] Kirsch 1965, S. 17.

Fluß, müdes geschändetes Lasttier des Fortschritts,
schwarz schimmert dir die verätzte Haut
zwischen den flachen staubgrünen Ufern.

Blasen schaukeln zum Bug der kiestragenden Kähne,
lösen sich aus dem gärenden Schlamm
und kehren als faulige Süße im Wind
zu den großen Fabriken zurück.

Eine zwiespältige Fortschrittsvision entwickelt auch das stark spielerische Züge
tragende Gedicht *Liebes Pferd*, das 1963 auch in der *Berliner Zeitung* abgedruckt
wurde. Dort wendet sich das Textsubjekt an ein Pferd, dessen Wert durch „elek-
trifizierte Lieferwagen" zu sinken droht, versichert ihm jedoch, dass „gute Zeiten"
kommen:

Meine Enkel werden mit deinen
morgens,
bevor sie eine Rakete nehmen,
ein Stündchen um den Startplatz reiten.[69]

Die Illustration von Ronald Paris, die einen Kosmonauten in vollständiger Ausrüs-
tung wie einen Ritter auf einem Pferd reitend darstellt, bietet eine anachronistische
Zukunftsvision, die die doppeldeutige Botschaft des Gedichts unterstreicht.

Im Gedicht *Die Stadt* wird Halle in seiner ganzen Widersprüchlichkeit zwischen Altem und Neuem dargestellt:

Die Stadt,
dieser Generationsbaukasten,
aus deren geschütztem Fachwerk und Biedermannstil
der Putz bröckelt fast unaufhaltsam,
deren Fluß alt ist und steril,
daß man Fischen nur in Schaufenstern sieht,
deren Brunnen nur sonntags fließen,
die ein eigenes Wolkenkombinat unterhält,
[...][70]

Man fühlt sich an die Fotos von Helga Paris erinnert, auf denen der Putz der Häuser in Halle noch in den 1980er Jahren unweigerlich bröckelt. Bei Kirsch liest man
noch, dass auch auf den „neuen Bauklötzen die Farbe nicht immer hält".[71] Der
Begriff „Wolkenkombinat" assoziiert oxymorisch sozialistisches Alltagsvokabular
mit dem Wortfeld der Natur, doch werden – anders als im *Wels*-Gedicht – die Widersprüche sichtbar.

Im Dezember 1963 veröffentlichte Sarah Kirsch in der *Neuen Zeit* ihr Gedicht
In der Altstadt, das ähnliche Motive enthält, den Fortschritt und die tatsächlichen

---

[69] Kirsch 1965, S. 31.
[70] Kirsch 1965, S. 18.
[71] Kirsch 1965, S. 18.

Veränderungen des Lebens jedoch noch optimistisch in eine nahe Zukunft verlegt. Hier die erste und die dritte Strophe:

> Die Sonne
> piekt mit dem Strahlenfinger
> in bröckelndem Putz
> und überkommenem Schmutz
> rachitischer Häuser,
> die sich eng gegenübersitzen
> und im eigenen Schatten schwitzen.
>
> [...]
>
> Die Sonne und ich
> wissen, wie sich alles bewegt,
> und sehen schon bunte Häuser
> und siebenhunderttausend Grashalme stehn:
> der Mann, der heute Rattengift legt,
> muß sich nach einem neuen Beruf umsehn.

Mit seiner Reimstruktur hätte das Gedicht gut in den Debütband gepasst; dass es nicht aufgenommen wurde, zeigt auch, dass die Auswahl mit mehr Bedacht ausgeführt wurde als manche behaupten mochten. Während Elke Erb erkannte, dass es der Lyrikerin dort nicht nur daran lag, „lustig mit Reimen zu klappern", sondern „dies schelmisch auch mit Pointen zu tun",[72] situiert Endler den Band noch in Kirschs „vorliterarische[r] Zeit": er bilde „so etwas wie die Geschichte der Auseinandersetzung mit naiv-kindlicher Verspieltheit".[73] Dass im Band bereits eine ernsthafte Verarbeitung der jüngeren Vergangenheit zu beobachten war, hatte zuerst Barbara Mabee festgestellt.[74]

Wie bereits dargestellt, wurden Kirschs Gedichte in der DDR-Presse Anfang der 1960er Jahre kaum ideologisch vereinnahmt, im Laufe der Jahre wurden sie Gegenstand der Kritik, ihr Band *Landaufenthalt* wurde in den konsultierten Tageszeitungen nicht besprochen, während man ihr spätestens 1968 das Fehlen eines „prägnanten Punkt[s]" und damit der gesellschaftlichen Repräsentanz der Gedichte vorgeworfen hatte, wie Holger Brohm analysiert.[75] Und dies, obwohl die Lyrikerin in zahlreichen Gedichten Zugehörigkeit bzw. Interesse an den gesellschaftlichen Belangen durch die Teilnahme an bestimmten Diskursen signalisiert. In mehreren Gedichten des Bandes gibt es Passagen, die in Einklang mit offiziellen Positionen stehen, so im Zusammenhang mit der Vergangenheitsbewältigung, wenn in *Lange Reise* die Bundesrepublik als das Land dargestellt wird, das sich mit Kölnisch Wasser von den Verbrechen der NS-Zeit reinwäscht oder wenn in *Legende über Lilja* die „Richter von Frankfurt" angeklagt werden, zu milde Urteile zu

---

[72] Erb 1981, S. 50–51.

[73] Endler 1975, S. 152.

[74] Mabee 1989.

[75] Brohm 2001, S. 172–174.

verkünden.[76] In *Der Wels ein Fisch der am Grund lebt* werden mit Blick auf die kapitalistischen Verhältnisse „Schlächterei Ungleichheit Dummheit" angeprangert, zahlreiche Gedichte (*Lange Reise, Bevor die Sonne aufgeht, Augenblick, Eines Tages, Meine vielgereisten Freunde berichten mir*) thematisieren den Vietnam-Krieg und gehen hier mit der offiziellen Haltung der DDR konform.[77]

Andere Gedichte sind doppeldeutiger. In *Bäume lesen* scheint das Textsubjekt begeistert die Oktoberrevolution zu begrüßen und auch hier seine Zustimmung zum sozialistischen Gesellschaftsprojekt auszudrücken:

> [...]
> Ein Krachen ich fürchte mich nicht, ja.
> das sind Schüsse! jetzt geht es vorwärts.
> Kampfansage nach oben, nieder.
> mit Dummheit Ausbeutung Hunger, rot.
> Leuchtet mein Wort.
> mit mir ein Wald!, Majakowski.
> bläst seiner Wirbelsäule die Flöte.
> ich lese: Aurora.[78]

Aurora ist das Symbol der Revolution, es steht für den Aufbruch in eine neue Zeit, mit dem Namen Majakowski wird an einen Dichter erinnert, der sich den Zielen der Revolution unbedingt verschrieben hatte. Doch der intertextuelle Verweis auf Majakowskis Poem *Wirbelsäulenflöte*, in dem er sich 1915 fragt, ob „man nicht am besten / den Schlußpunkt mit einer Kugel ins Herz?" setzt und er in makabrer Totentanztradition „mal Flöte spielen [will] / auf [s]einer eigenen Wirbelsäule",[79] erinnert nicht nur an die futuristische Phase in vorrevolutionärer Zeit, sondern auch an den späteren Selbstmord und die nicht eingelösten Versprechen der Revolution.

In dem Gedicht *Trauriger Tag* erscheint das sozialistische Ideal nur noch als kaum erkennbare Folie, die utopischen Ideen verschwimmen wortwörtlich angesichts einer trostlosen Realität. Ein Tiger, Symbol einer Außenseiterfigur im sozialistischen Alltag, wandert durch das verregnete Berlin und gelangt zum Alexanderplatz: „Ich brülle am Alex den Regen scharf / das Hochhaus wird naß, verliert seinen Gürtel / (ich knurre: man tut was man kann)".[80] Der Gürtel am Hochhaus lässt an das Wandfries am Haus des Lehrers denken, auf dem Walter Womackas Werk *Unser Leben* den Sozialismus in den schönsten Farben ausmalte. Doch der Regen

---

[76] Kirsch 1967, S. 8, 30–32.

[77] Das Gedicht *Eines Tages* wurde in die Anthologie *Vietnam in dieser Stunde* (1968) aufgenommen. Die drei Gedichte *Bevor die Sonne aufgeht, Augenblick* und *Eines Tages* werden im Inhaltsverzeichnis der Originalausgabe als „Drei Gedichte zu Vietnam" gekennzeichnet.

[78] Kirsch 1967, S. 78. In der Originalausgabe steht das letzte Wort „Aurora" nicht in Großbuchstaben, wie es in *Sämtliche Gedichte* der Fall ist.

[79] Majakowski 1982, S. 233.

[80] Kirsch 1967, S. 10.

verstellt den Blick – anders als bei den *Schornsteinbauern* wird hier keine Perspektive eröffnet – der „Gürtel" mit den Idealen verschwindet, es bleibt der triste und monotone Alltag, die sozialistische Realität.

Zunehmend zeigt Sarah Kirschs Lyrik den Widerspruch zwischen Ideal und Wirklichkeit auf, zunehmend werden individualisierte Textsubjekte dargestellt, die im Konflikt zu ihrer Umwelt stehen. Dies führte am Ende der 1960er Jahre zu den oben dargestellten Urteilen. Während viele ihrer frühen Gedichte bis in den Band *Landaufenthalt* hinein vom Versuch gesellschaftlicher Teilhabe zeugen und sich an ideologischen Schlüsselthemen abarbeiten, vermitteln jedoch ihre privaten Schriften bereits zu dieser Zeit Skepsis und Distanzierung, man denke an das frühe Tagebuch[81] oder den Briefwechsel mit Christa Wolf.

Schon Sarah Kirschs erstes veröffentlichtes Gedicht *Eine Seite Dorfchronik* war von „schwarze[n] Vögel[n]" an „kahlen Bäumen" bevölkert, doch die Versprechen eines neuen Gesellschaftsprojektes ließen diese Symbole der Kälte, der Angst, der Bedrohung und der Hoffnungslosigkeit vergessen. Eines der letzten Gedichte, das die Autorin noch vor ihrer Ausreise in die Bundesrepublik schrieb, trug den Titel *Krähenbaum*. Das Prosagedicht beschreibt den illusionslosen Blick aus dem „siebzehnten Stock" eines Hochhauses auf einen „große[n] kahle[n] Baum", bevölkert von Krähen, ihre Flügel wie „[f]ederleichtes verkohltes Seidenpapier".[82] Anderthalb Jahrzehnte nach den ersten dichterischen Versuchen, die den Glauben an ein sich lohnendes Experiment vermitteln wollten, wurden die optimistischen Bilder vollständig von denen der Entfremdung verdrängt, von stark verdichteten poetischen Bildern der Trostlosigkeit und des Untergangs. Mitte der 1970er hatte sich die versuchte Teilhabe am sozialistischen Projekt als illusorisch erwiesen.

Literaturverzeichnis

Arlaud, Sylvie: Im Netz der Gedichte: Geschichtsschichten und Wasseroberflächen in Sarah Kirschs lyrischem Werk. In: Bernard Banoun/Maryse Staiber (Hg.): *L'œuvre poétique de Sarah Kirsch. Subjectivité, nature, politique.* Paris 2021, 191–217.

Barbe, Diane: Berlin im Kino (1961–1989). Ein Ost-West-Vergleich. In: Dorothee Röseberg/Monika Walter (Hg.): *Die DDR als kulturhistorisches Phänomen zwischen Tradition und Moderne.* Berlin 2020, 201–218.

Barbe, Jean-Paul: Sarah Kirsch, singulière mais apparentée. In: Bernard Banoun/Maryse Staiber (Hg.): L'œuvre *poétique de Sarah Kirsch. Subjectivité, nature, politique.* Paris 2021, 33–48.

Beer, Frank: Viele Wünsche unerfüllt. In: *Neues Deutschland*, 10.03.1969, 4.

Berbig, Roland: Günter Kunert – ein DDR-Schriftsteller? Recherchepfade im Deutschen Literaturarchiv Marbach. In: Ulrich von Bülow/Sabine Wolf (Hg.): *DDR-Literatur. Eine Archivexpedition.* Berlin 2014, 233–253.

---

[81] Jaspers 2018.

[82] Kirsch 2013a, b, S. 170. Das Gedicht ist Teil des 1979 veröffentlichten Bandes *Drachensteigen*.

Berbig, Roland: DDR-Literatur – archiviert. Neues zu einem alten Thema? In: Roland Berbig (Hg.): *Auslaufmodell „DDR-Literatur"*. *Essays und Dokumente*. Berlin 2018, 17–44.

bré: Lyrik und Salto mortale. In: *Berliner Zeitung*, 23.11.1964.

Brohm, Holger: *Die Koordinaten im Kopf: Gutachterwesen und Literaturkritik in der DDR in den 1960er Jahren*. Fallbeispiel Lyrik. Berlin 2001.

Cosentino, Christine: *„Ein Spiegel mit mir darin"*. *Sarah Kirschs Lyrik*. Tübingen 1990.

Deicke, Günther: Empfehlungen an Lyriker. In: *Neues Deutschland*, 31.5.1969, 4

Endler, Adolf: Sarah Kirsch und ihre Kritiker. In: *Sinn und Form* 27/1 (1975), 142–170.

Erb, Elke: Elke Erb über Sarah Kirsch. Nachwort zu einer Gedichtauswahl [Musik auf dem Wasser. Leipzig 1977]. In: Sarah Kirsch: *Erklärung einiger Dinge. Dokumente und Bilder*. Reinbek bei Hamburg 1981, 45–60.

fb: Endstation oder Auftakt? Gedanken zum 4. Berliner Lyrikabend. In: *Neue Zeit*, 8.12.1963, 4.

Furmanski, Isa: Mit dem Gong in die vierte Lyrikrunde. Junge Dichter lasen und diskutierten. In: *Berliner Zeitung*, 4.12.1963, 6.

Gerlach, Jens: Reklame für Kirschgeist. In: *Berliner Zeitung*, 16.7.1965.

Haase, Horst: Gedichte im Frühling. In: *Neues Deutschland*, 29.3.1964.

Hähnel-Mesnard, Carola: Inszenierungsstrategien und Selbstreflexion in *Magazin*-Reportagen der 1960er und 1970er Jahre. In: Stephan Pabst/Andrea Jäger (Hrsg.): *Reportage-Literatur in der DDR* [= Non Fiktion. Arsenal der anderen Gattungen. 18. Jahrgang, Heft 1/2]. Hannover 2023, 295–311.

[Häuser, Otto]: Neues in der Rumpelkammer. Von unserem Ersatzschwaben Otto Häuser. In: Neues Deutschland, 31.12.1966, 9.

Höpke, Klaus: „Marktgang 1964". Streitbare Gespräche zur Lesung von Sarah und Rainer Kirsch in Westberlin. In: *Neues Deutschland*, 10.12.1964, 4.

Jaspers, Anke: „Ich male stets vor mich hin und dichte Verschen". Auszüge aus Sarah Kirschs Tagebuch 1964–1967. In: Roland Berbig (Hg.): *Auslaufmodell „DDR-Literatur"*. *Essays und Dokumente*. Berlin 2018, 355–367.

Kahlau, Heinz: Heinz Kahlau las *Auswahl Vierundsechzig*. In: *Berliner Zeitung*, 2.8.1964, Beilage, 2.

Kämmerlings, Richard: Sarah Kirsch, die Erneuerin der Naturlyrik. In: *Die Welt*, 22.5.2013.

Kirsch Sarah: Eine Seite Dorfchronik. In: *Neues Deutschland*, 20.8.1960.

Kirsch, Sarah und Rainer: *Gespräch mit dem Saurier*. Berlin 1965.

Kirsch, Sarah: *Landaufenthalt*. Gedichte. Berlin und Weimar 1967.

Kirsch, Sarah: Wenn man das in hundert Jahren liest. Sarah Kirsch zu Kunst und Wirklichkeit. In: *Berliner Zeitung*, 8.11.1972, 6.

Kirsch, Sarah: Ein Gespräch mit Schülern. In: Sarah Kirsch: *Erklärung einiger Dinge. Dokumente und Bilder*. Reinbek bei Hamburg 1981, 7–41.

Kirsch, Sarah: Gespräch mit Hans Ester und Dick van Stekelenburg in Amsterdam am 3. Mai 1979. In: Sarah Kirsch: *Hundert Gedichte*, Langenwiesche-Brandt 1985, 125–136.

Kirsch Sarah: *Sämtliche Gedichte* [2005]. München 2013.

Kirsch, Sarah: Im Spiegel. Poetische Konfession. Mit einer Vorbemerkung von Isabelle Lehn, Sascha Macht und Katja Stopka. In: *Sinn und Form* 65/6 (2013), 848–855.

Kirsch, Sarah/Wolf Christa: *„Wir haben uns wirklich an allerhand gewöhnt"*. *Der Briefwechsel*. Hg. v. Sabine Wolf unter Mitarbeit von Heiner Wolf. Berlin 2019.

Krumbholz, Eckart: Made in GDR. Sarah Kirsch. In: *Sonntag* 52/1989 (24. Dezember).

Mabee, Barbara: *Die Poetik von Sarah Kirsch. Erinnerungsarbeit und Geschichtsbewusstsein*. Amsterdam 1989.

Majakowski, Wladimir: *Her mit dem schönen Leben*. Gedichte, Poeme, Aufsätze, Reden, Briefe, Stücke. Ausgewählt von Thomas Brasch. Deutsche Nachdichtung von Hugo Huppert. Frankfurt am Main 1982.

Pabst, Stephan: Heteronomie als Programm. Reportage-Literatur in der DDR. In: Stephan Pabst/Andrea Jäger (Hg.): *Reportage-Literatur in der DDR* [= Non Fiktion. Arsenal der anderen Gattungen. 18. Jahrgang, Heft 1/2]. Hannover 2023, 75–110.

Terrisse, Bénédicte: Praxis und Formen der Reportage im Werk Sarah Kirschs. In: Stephan Pabst/ Andrea Jäger (Hg.): *Reportage-Literatur in der DDR* [= Non Fiktion. Arsenal der anderen Gattungen. 18. Jahrgang, Heft 1/2]. Hannover 2023, 225–239.

Ullrich, Helmut: Handfeste Argumente gegen ein Gespenst. Notizen über die junge Lyrik. In: *Neue Zeit*, 7.12.1963.

Volckmann, Silvia: *,Zeit Der Kirschen'?: Das Naturbild in der deutschen Gegenwartslyrik: Jürgen Becker, Sarah Kirsch, Wolf Biermann, Hans Magnus Enzensberger*. Hanstein 1982.

Weinert, Manfred: Wohin geht es, Dichter? In: *Neues Deutschland*, 28.9.1966, 5.

„Raubvogel suess ist die Luft": Sarah Kirschs Lyrikband *Rückenwind* (1976) im Kontext ihres Briefwechsels mit Christoph Meckel

Marit Heuß

1   „Eine literarische Liebe"

„Im Februar lernte ich Meckel kennen",[1] so lautet der lakonische Eintrag vom 29. April 1974 in Sarah Kirschs Journal, den sie in ihrer Wohnung auf der „Fischerinsel" in Ost-Berlin, einem Neubau-Komplex im Zentrum der Stadt, notiert haben mag. Damals befand sich die 39-jährige Autorin am Beginn einer Liebesbeziehung zu dem Schriftsteller und bildenden Künstler Christoph Meckel, der im Winter in West-Berlin und im Sommer im südfranzösischen Remuzat, nahe bei Nyons lebte, und zwar gemeinsam mit seiner langjährigen Freundin, der Künstlerin Lilo Fromm. Die räumliche Trennung vom Geliebten, den sie doch gerade erst kennengelernt hatte, strapazierte Kirsch aufs Äußerste, hinderte die Dichterin am Schreiben. Anklagend schrieb sie am 19. April 1974 nach Remuzat: „Nichts geht. Ich kann nicht arbeiten. Ich kann nur an Dich denken. Und dabei ~~kann ich~~ nicht mal abwaschen oder Wäsche sortieren, ~~dabei kann ich~~ nur auf dem Sofa liegen und rauchen."[2] Und:

---

[1] Sarah Kirsch, Journal 012, 29.4.1974 (DLA).
[2] Sarah Kirsch an Christoph Meckel, 19.4.1974 (DLA).

M. Heuß (✉)
Universität Leipzig, Leipzig, Deutschland
E-Mail: marit.heuss@uni-leipzig.de

J. Kittelmann et al. (Hrsg.), *Verwurzelungen. Sarah Kirsch (wieder) lesen*, Abhandlungen zur Literaturwissenschaft, https://doi.org/10.1007/978-3-662-69225-7_4

Klagen, Klagen. Ich habe schlechte Laune, ich knalle die Türen, finster blicke ich die Leute an, ich streite mich in der Kaufhalle mit Frauen, die sich vordrängeln wollen, böse gehe ich meiner Betonwege. Du hast es viel besser, unvergleichlich besser. Du bist auf dem freien Lande, Du siehst eine Landschaft, die Du Dir ausgesucht hast, Du bist nicht allein.[3]

Wer könnte diese Vorwürfe nicht verstehen? Gerade hatte Kirsch eine komplizierte Dreiecksbeziehung hinter sich – zu dem Vater ihres Sohnes Moritz, dem verheirateten Schriftsteller Karl Mickel: Und jetzt wieder eine *ménage à trois*, zuzüglich einer Landes- und politischen Systemgrenze?[4] Und Kirsch die Benachteiligte, die Eingesperrte? Im Gedicht *Datum*[5], publiziert im 1976 erschienenen Lyrikband *Rückenwind*, parallelisiert Kirsch in der Rolle der lyrischen Sprecherin ihre persönliche Situation sogar mit Shakespeares *Romeo and Juliet*, prophezeit ein tragisches Scheitern der Liebe im Angesicht der nahezu unüberwindbaren Grenze zwischen Ost- und West-Berlin.[6] Diese im Gedicht wie in Briefen formulierten Zweifel Kirschs an der Liebe zu Beginn der Freundschaft vertrieb Christoph Meckel in seinen Briefen immer wieder mit dringlichen Beschwörungen – „Ich liebe dich, das macht alle Grenzen zu Zunder"[7] – und hielt die deutsch-deutsche Liebe trotz der politischen Realitäten am Leben.

Diese intensive Freundschaft zwischen Sarah Kirsch und Christoph Meckel dauerte von 1974 bis 1976, wovon knapp dreihundert Dokumente (Briefe, Postkarten, Telegramme) zeugen.[8] Im Jahr 1974, zu Beginn ihrer Beziehung, schickten sich Kirsch und Meckel täglich Briefe, die verzögert durch ‚Kontrollmaßnahmen' in der DDR, oft stapelweise beim anderen eintrafen. Überhaupt forderte der „zensorische Moloch"[9] – zurückgehaltene Briefe, verloren gegangene Sendungen, lange Wartezeiten auf die Post – die Liebenden heraus. Zahlreiche Passagen des Briefwechsels handeln von depressiven Verstimmungen während des Wartens auf die Post und von der Freude bei deren Eintreffen, so Meckel beim ersten Brief Kirschs nach Remuzat: „[…] ich bin ganz ausm Häuschen: ein Brief! Jetzt können

---

[3] Sarah Kirsch an Christoph Meckel, 19.4.1974 (DLA).

[4] Auf den biografischen Hintergrund – die Trennung Kirschs von Karl Mickel, die neue „Liebesbeziehung" mit Christoph Meckel – weist auch Christine Cosentino hin (Cosentino 1990, S. 75). Ebenfalls legt Jürgen Serke in seinem Kirsch-Essay die Beziehung mit Meckel offen (Serke 1982, S. 219, S. 232–233). Hans Wagener erwähnt die Liebesbeziehung zu Meckel, deren Ende im Band *Drachensteigen* (1979) problematisiert werde (Wagener 1989, S. 43).

[5] Kirsch 2000, S. 171.

[6] Bunzel 2003, S. 14; Fuhrmann 2003, S. 90–91.

[7] Christoph Meckel an Sarah Kirsch, undatierter Brief, vermutlich 22.4.1974 (DLA).

[8] Aktuell konnte ich 291 Dokumente zählen, die zwischen Kirsch und Meckel in den Jahren 1974, 1975 und 1976 versandt worden sind. Der Briefkontakt blieb zwar bis 2001 bestehen, allerdings mit einer deutlich niedrigeren Frequenz des Austauschs und folglich längeren Pausen. Insgesamt wurden 433 Briefe zwischen Meckel und Kirsch zwischen 1974 bis 2001 gewechselt. Vgl. Sarah Kirsch an Christoph Meckel (1974 bis 2001); Christoph Meckel an Sarah Kirsch (1974 bis 2001), (DLA).

[9] Christoph Meckel an Sarah Kirsch, 13.5.1974 (DLA).

wir fast optimistisch sein, obwohl von hier zu Dir das briefreisen sicher länger dauert. So ein Brief – und alles ist gut. Ganz eng und dicht zusammengerissen mit Dir. Ich küss dich, Tintenpapierchen.“[10] Und Sarah Kirsch befand angesichts der permanenten Versprachlichung von Gefühlen ironisch: „Bald können wir 1. eine Abhandlung über das Postwesen schreiben (Briefstöße, Lesefesttage, Stempelzeiten, Wochenendeffekte) und 2. einen Essay über den Liebesbrief verfassen“.[11] Und wirklich findet sich im Briefwechsel Meckel-Kirsch ein opulentes Repertoire an Kosenamen und Liebesschwüren, die sich mitunter in leichten Variationen oder direkter Übernahme auch als Zitate in deren Gedichten wiederfinden – darunter etwa „Schwarze schöngemachte Hexe“[12] und „Raubvögelchen“[13]. Die Glut beim Erhalt solcher ‚Küsse aus Tinte‘ nahm jedoch in der asymmetrisch sich entwickelnden Liebesbeziehung stetig ab. Und Sarah Kirsch stellte nach der Trennung von Meckel im Herbst 1976 fest: „wir sind eine literarische Bruderschaft, von mir aus eine lit[erarische] Liebe – alles andere müssen wir bleiben lassen.“[14] Aber was genau heißt *literarische Liebe*?

2 „Ein paar west-östliche Gedichte“

Sarah Kirsch hatte offenbar bereits im Frühjahr 1974 geahnt, dass Meckel und sie als Paar eher ‚Fernschreiber der Liebe‘[15] (Kleist) sein würden, sich die Intensität ihrer Zuneigung nicht über die Nähe körperlicher, sondern stattdessen über eine auch in der Distanz erfahrbare lyrische Intimität, nämlich in Gedichten aussprechen würde. Und selbstverständlich schrieben Christoph Meckel und Sarah Kirsch während der Zeit ihres Zusammenseins Gedichte: Gedicht-Entwürfe als Beilage der Korrespondenz, in Briefe versenkte lyrische Wendungen, die später in Gedichte eingehen sollten, Kommentare zu Gedichten, Lektüre-Empfehlungen, geschenkte Gedichte und selbstredend auch Kritik.[16] Damit wird der Briefwechsel zwischen Kirsch und Meckel zur poetologisch bedeutenden Text-

---

[10] Christoph Meckel an Sarah Kirsch, 23.4.1974 (DLA).

[11] Sarah Kirsch an Christoph Meckel, 15.5.1974 (DLA).

[12] Christoph Meckel an Sarah Kirsch, 1.5.1974 (DLA).

[13] Sarah Kirsch an Christoph Meckel, 29.5.1974 (DLA).

[14] Sarah Kirsch an Christoph Meckel, 21.2.1977 (DLA).

[15] Bei Kleist heißt es „Telegraphen, (zu Deutsch: Fernschreiber) der Liebe“. Heinrich von Kleist zit. n. Schulz 2007, S. 169.

[16] Dieter Burdorf hat bereits auf die Nähe zwischen Brief und Gedicht hingewiesen, welche vor allem über den Adressatenbezug bei beiden Textsorten entsteht. In einer „kleinen Typologie der möglichen Beziehungen und Verflechtungen zwischen Brief und Gedicht“ unterscheidet er: 1. „Gedichte als Briefe“ oder „epistolare[ ] Lyrik“, 2. „Briefe als Gedichte“ oder „lyrische Epistolographie“, 3. „Gedichte als Teile von und Beilagen zu Briefen“, 4. „Briefe als Erläuterungen zu Gedichten“ (Burdorf 2018, S. 102, 103–107).

quelle, können mithilfe der Briefe etwa die Entstehungshintergründe oder gene-
tischen Prozesse der Lyrik und Prosa von Meckel und Kirsch rekonstruiert werden. Das betrifft bei Kirsch die im Gedichtband *Rückenwind* (1976) enthaltene
Lyrik und die Prosa *Allerleirauh* (1988), bei Meckel die Gedichtbände *Wen es
angeht* (1974), *Nachtessen* (1975) und *Säure* (1979).[17] Hier soll es vor allem um
ausgewählte Gedichte Sarah Kirschs aus dem Lyrikband *Rückenwind* gehen, die
im Kontext des Briefwechsels mit Christoph Meckel[18] in Hinblick auf ihre Poetik und zeitgeschichtliche Verortung neu gelesen werden sollen.[19] Sarah Kirsch
hatte bereits zu Beginn der Beziehung spekuliert, dass mit der aufkeimenden
Liebe zwischen den anerkannten Lyrikern ebenfalls eine ertragreiche literarische
Arbeitsbeziehung entstehen würde,[20] in der „ein paar west-östliche Gedichte
geschrieben w[ü]rden", die so „noch gar nicht ~~elementar~~ in der Lit[eratur] vor-
handen"[21] gewesen wären.[22] Es sollte also nach ihrem Dafürhalten ein anderer
Divan entstehen, einer, in dem Goethes persischer Osten in die DDR verlegt werden würde, ein *Divan*, in dem die Differenz zwischen dem Ostblock und dem
US-amerikanisch geprägten Westen sich als Kritik an beiden deutschen Staaten
äußern würde.[23] So zumindest könnte Christoph Meckel seine Rolle als Schriftsteller gesehen haben, als „Autor deutscher Sprache", der – wie er mit Blick auf
Peter Weiss festhielt – „in beiden deutschen Staaten wirken wollte und wirkte, in
beiden anerkannt und angegriffen."[24]

Etliche der Gedichte, die Meckel und Kirsch sich vor allem während der ersten Monate ihrer Beziehung in klandestinen Briefen zuschickten, zeichnen
sich durch eine dialogische Struktur aus, die auf den Entstehungskontext der

---

[17] Bereits Franziska Beyer-Lallauret liest *Rückenwind* vor dem Hintergrund einer „deutsch-deutsche[n] Liebesgeschichte" (Beyer-Lallauret 2009, S. 163).

[18] Dabei erhebe ich an dieser Stelle keinen Anspruch auf Vollständigkeit, sowohl was Kirschs
Gedichte als auch was das umfangreiche und noch weitgehend unerschlossene Textkorpus der
Briefe betrifft.

[19] Auch Sigrid Damm hielt fest: „Und es wäre auch verfehlt, die Beglückung einer neuen Liebe
als das allein auslösende Moment zu sehen. Gesellschaftliche Antriebe verbinden sich mit Persönlichstem" (Damm 1977, S. 133).

[20] Sowohl Sarah Kirsch als auch Christoph Meckel sind mit ihrem lyrischen Werk fest in der Geschichte der deutschsprachigen Literatur verankert (Burdorf 2023, S. 203, 208–210, 233).

[21] Sarah Kirsch an Christoph Meckel, 19.4.1974 (DLA).

[22] Auf den Bezug zu Goethes „West-östlichen Divan" weist Cosentino, angeregt von Mohr, hin
(Cosentino 1990, S. 77–79). „Rückenwind, den bisher letzten Gedichtband der Sarah Kirsch,
darf man mit gutem Fug und Recht einen *west-östlichen Divan* nennen. [...] ‚Liebe im geteilten
Deutschland'" (Mohr 1981, S. 441).

[23] Eine derartige „Doppelbödigkeit des Privaten und des Politischen" erkennt bereits Michael
Butler im Lyrikband *Rückenwind*, bezieht sich dabei auf den *Wiepersdorf*-Zyklus (Butler 1989,
S. 55). Für *Rückenwind* stellt auch Wagener eine „Haltung der Kirsch zwischen Privatem und Po-
litischem" fest, auch hier am Bsp. des *Wiepersdorf*-Zyklus' (Wagener 1989, S. 35).

[24] Diese Sätze schrieb Meckel mit Blick auf Peter Weiss (Meckel 2001, S. 13).

Briefe zurückschließen lässt – im Falle Kirschs sind es „tagebuchartige Briefgedicht[e]"[25], die im Erstentwurf meist mit Christoph Meckel einen konkreten
Adressaten besaßen. Als Sarah Kirsch sich etwa im Mai 1974 im brandenburgi-
schen Mahlow auf einer Erholungskur in einer Klinik inmitten ausufernder Kie-
fernwälder befand, schickte sie Christoph Meckel etliche Gedichte – darunter auch
folgendes:

<u>Anfang Mai</u>

In ganz Europa ist jetzt das Gras da; überall
Grünen die Linden, mancherorts Nuß und Wacholder. Winde
Jagen viel Wolken fetzenweis über die Klingen
Wüster Faltengebirge. Durch erfundene Dräthe
Über und unter der Erde geben die Menschen sich Nachricht.

Moel ich liebe dich schicke Moel die schnellste
Von allen Tauben windförmig schick sie sie bringt
Ungeöffnete tagschnelle Briefe. Die Schatten
Unter den Augen. Mein wüster Herzschlag.

Unfroh seh ich des Laubs grüne Farbe und schmähe
Die Bäume Büsche und niederen Pflanzen, ich will die Blätter
Abflattern sehen und bald. Wenn mein wartender Leib
Meine nicht berechenbare Seele sich aus stählernen Stäben
Der Längen- und Breitengrade endlich befreit hat.[26]

Kirschs Gedicht lässt sich nach seinem Gehalt als Liebeselegie bezeichnen.[27] Das
Ich befindet sich zwar inmitten der amönen Natur, ist aber auch in der frühlings-
haften Landschaft „unfroh": Der Geliebte ist fern, seine Nähe nicht unmittelbar,
sondern nur über „tagschnelle Briefe" erfahrbar. Diese private Situation wird aber
von Kirsch geschickt ins Überpersönliche gewendet, wenn die Liebesklage mit der
politischen Klage verbunden wird. Denn das Ich befindet sich in einem Land – aus
autobiographischer Perspektive als die DDR dechiffrierbar –, dessen Grenzen es,
inhaftiert in „Längen- und Breitengrade", nicht ohne weiteres überwinden kann.
Dazu passt auch der getragene Rhythmus des Gedichtes, der durch die metrische
Bauweise aus Trochäen und Daktylen der meist langen Verse mit fünf oder sechs
Hebungen unterstützt wird und entfernt über den wiederholt auftretenden Adoneus
am Versende an den Hexameter des elegischen Distichons erinnert.[28] Sarah Kirsch

---

[25] Adolf Endler hatte mit Blick auf den Gedichtband *Zaubersprüche* davon gesprochen, dass die
Autorin „den Typ eines tagebuchartigen Briefgedichts" erfunden habe (Endler 1975, S. 154).

[26] Sarah Kirsch an Christoph Meckel, 17.5.1974 (DLA).

[27] Für die ,klassische' Elegie ist wesentlich, dass sie sowohl formal als auch inhaltlich bestimmt
werden kann; formal als ein in Distichen verfasstes Gedicht, inhaltlich als ein „Gedicht über Gegenstände der Klage oder Trauer (threnetische Elegie) oder auch über Themen der Liebe (erotische Elegie)" (Kemper 2003, S. 429).

[28] Zum Beispiel Str. 1, V. 3 „über die Klingen", Str. 1, V. 5 „Menschen sich Nachricht", Str. 2, V.
4 „Briefe die Schatten", Str. 2, V. 4 „mein wüster Herzschlag", Str. 3, 1 „Farbe und schmähe",
Str. 3, V. 4 „stählernen Stäben".

publizierte das Gedicht 1976 im Berliner Aufbau-Verlag leicht variiert im Gedichtband *Rückenwind* unter dem Titel „Ende Mai":

Ende Mai

In ganz Europa ist jetzt das Gras da: überall
Grünen die Linden, mancherorts Nuß und Wacholder.
  Winde
Jagen viel Wolken fetzenweis über die Klingen
Der Faltengebirge. Durch erfundene Drähte
Über und unter der Erde geben die Menschen sich
  Nachricht.

Du schick die leichteste
Aller Tauben windförmig sie bringt
Ungeöffnete tagschnelle Briefe. Schatten
Unter den Augen; mein wüster Herzschlag.

Unfroh seh ich des Laubs grüne Farbe, verneine
Bäume, Büsche und niedere Pflanzen: ich will
Die Blätter abflattern sehen und bald. Wenn mein Leib
Meine nicht berechenbare Seele sich aus den Stäben
Der Längen- und Breitengrade endlich befreit hat.[29]

Kirsch veränderte das Gedicht im Vergleich zur ursprünglichen Fassung aus dem Brief vom 17.5.1974 vor allem in der zweiten Strophe; der semantische Kern des Gedichts wird durch die Variation in der 1976 publizierten Fassung aber davon nicht berührt. Eliminiert wurde später aber die ursprünglich direkte Liebeserklärung „ich liebe dich" sowie der Hinweis darauf, dass es sich beim angesprochenen Geliebten um den Schriftsteller Christoph Meckel handelte, der im Gedicht mit „Moël" angeredet wurde – so heißt die Kunstfigur seines 1959 erschienenen ersten großen druckgrafischen Bildbandes *Moël*. Im publizierten Gedicht verrät lediglich das Personalpronomen „du", dass der lyrische Text einen konkreten Adressaten besaß.

Die ursprüngliche Fassung von Kirschs Gedicht leitete einen Brief an Christoph Meckel ein, den sie am 17. Mai 1974 aus dem Sanatorium in Mahlow schrieb. Gedicht und Brief bilden eine semantische Einheit, insofern der Brief punktuell das Gedicht erklärt, beziehungsweise das Gedicht ausspricht, was im Brief verschwiegen wird. So beschreibt Kirsch im Brief zunächst, dass es sich bei den „tagschnellen Briefen" des Gedichts um „Telegramme" handelte, und zwar um ein konkretes Telegramm Meckels, das Kirsch am 17. Mai in Mahlow empfangen hatte: „Zur Belohnung Mittag Dein Telegramm. So glücklich hat sich hier noch niemand auf dem Balkon in den Sessel geschmissen, so liebt höchstens jeder 150."[30] Kirsch erzählte Meckel in ihrem Brief enthusiastisch von ihren Liebesgefühlen, schilderte zudem ihre Vorfreude auf ein gemeinsames Wochenende bei Christa und Gerhard

---

[29] Kirsch 1976, S. 47.
[30] Sarah Kirsch an Christoph Meckel, 17.5.1974 (DLA).

Wolf, die gerade von einer USA-Reise zurückgekehrt waren.[31] Die Aussprache ihres persönlichen Leids, das von der Trennung von Meckel und vom ‚Eingesperrt-Sein' in die Klinik (wie in die DDR) herrührte, verlagerte sie aber ins Gedicht. Sie ging sogar so weit, dass sie den im Gedicht vorhandenen elegischen Grundton konterkarierte und sich selbst als „Idyllen-Sarah" porträtierte. Anders als im Gedicht ist die Natur im Brief an Meckel nicht „Gegenstand der Trauer" – um mit Schillers Worten zu sprechen –, sondern der „Freude"[32]:

> Idyllen-Sarah. Blauäuglein. Einäuglein. Wenn Du kommst – die Nachtigall singt gerade –
> ich kann es noch nicht richtig glauben, wie ich x manchmal überhaupt alles nicht glauben
> kann. Daß es Dich gibt. Wenn ich nachts aufwache und an Dich denke, kann ich über
> haupt nicht mehr einschlafen. Ich seh Dich dann rund herum an. Hand auflegen. Jetzt flat
> tere ich durch den Wald.[33]

Sarah Kirschs lyrische Verarbeitung der von Meckel gesandten „tagschnellen Briefe" zeigt, dass die Liebesbeziehung nur über das Schreiben, über die schriftliche Vermittlung verschiedener Gefühle – von schmerzlicher Sehnsucht bis hin zu hoffnungsvolleren Stimmungen – aufrechterhalten werden konnte. Auch Christoph Meckel drückte diese Situation in einem Gedicht aus, das er am 1. Mai 1974 aus Remuzat nach Ost-Berlin schickte:

> Schwarze schöngemachte Hexe
> weisse Schultern, Heissherzklopfen –
> ich begehre Tintenkleckse
> die wie Blut vom Finger tropfen
>
> und viel mehr noch – doch einstweilen
> seit der Schlehdorn weiss verblühte
> hab ich dich in nichts als Zeilen:
> Deine Post als Wundertüte![34]

Meckels Liebesgedicht, geschrieben in der Volksliedstrophe mit vierhebigen kreuzgereimten Trochäen, hat im Vergleich zu Kirschs Gedicht einen geradezu fröhlichen Charakter. Zwar spricht der lyrische Sprecher darin auch von einer hingebungsvollen Liebe zu einer „schwarze[n] schöngemachte[n] Hexe", die ihm die Sinne geraubt hat – leicht lässt sich in dieser Beschreibung die Adressatin des Briefes, Sarah Kirsch erkennen, die Verfasserin des 1973 erschienenen Gedichtbands *Zaubersprüche*, der sie als zauberhafte Dichterin, dichtende Hexe oder Fee überregional bekannt gemacht hat.[35] Der vorwärtsdrängende Rhythmus des Gedichts und die beschriebenen körperlichen Reize der Geliebten machen hier aber

---

[31] Wolf/Kirsch 2019, S. 121.

[32] Schiller 1992, S. 748.

[33] Sarah Kirsch an Christoph Meckel, 17.5.1974 (DLA).

[34] Christoph Meckel an Sarah Kirsch, 1. Mai 1974 (DLA).

[35] Auf das Autorinnen-Imago der „Hexe" nehmen etliche Besprechungen der „Zaubersprüche" Bezug, es war in aller Munde, so auch in Urs Widmers Laudatio auf Kirsch anlässlich der Verleihung des Petrarca-Preises 1976: (Widmer 1978, S. 80.)

vor allem erotisches Begehren sichtbar. Das Gedicht *Schwarze schöngemachte Hexe* gehört zu einem Brief an Sarah Kirsch vom 1. Mai 1974:

> Käuzchen! Du im Durcheinander der verruchten Hoffnungen, der schönen frechen wilden, zärtlichen atemlosen Gedanken! x Vielleicht wirst Du manchmal allein sein, aber fühl Dich nicht allein. Ich liebe Dich und das heisst: kein Grund, Dich allein oder alleingelassen zu fühlen. Je suis avec toi. Heute hab ich den ganzen Tag gezeichnet, für Dich, und immer wieder Deine Briefe gelesen. Liebe.[36]

Vor dem Hintergrund des Briefes erscheinen die im Gedicht beschworenen „Zeilen" der Geliebten, die ersehnten „Tintenkleckse" von ihrer Hand als Stimulans Meckels Kreativität zu befördern: So wirkt die „Post als Wundertüte" und die zeitweise Trennung scheint tragbar, solange diese der künstlerischen Schaffenskraft nicht abträglich ist.

Zusätzlich zu Gedicht und Brief befinden sich aber in Meckels Brief vom 1. Mai 1974 noch zwei weitere Zeugnisse, nämlich zwei Tagebucheinträge des Dichters, die das eben beschriebene Bild von der künstlerischen Produktivität Meckels konterkarieren: der melancholische Bericht von einer Wanderung zur Kapelle des *Saint Genest* in Frankreich sowie eine Erinnerung an die Entstehung von *Moël* in München.[37] Besonders der Tagebucheintrag, in dem Meckel eine einsame Bergwanderung beschrieben hat, lässt über die darin enthaltenen Naturbilder und über die Schilderung eines Besuchs der Kapelle des *Saint Genest* eine mindestens nachdenkliche Stimmung erkennen:

> 1. Mai.
> Nachmittags hoch an den Berghängen rauf über Cornillac. Dort oben kein Blatt, rostig-rötliche Buchenäste, Raubvögel auf dem Wind, liegend vorm Gebirgshang oder gegen den Wind anflatternd, langsam. Weisser kalter Tag, Windharfen-Bergwände. In der Kapelle des Heiligen Genest, hinter offenen Türen, das lose baumelnde Glockenseil, Regenflecken im braunen Tonnengewölbe, Klappbrettchen auf dem öden staubigen Altar und abgebrannte Streichhölzer, nach Mittag war jemand dort und zündete sechs Kerzen an. Der Wind drückt sich so stark durch die Tür, dass die Kerzen flackern. Kerzen, wie gern hätte ich Kerzen für Dich angezündet. Liebe, Aberglaube, Sherry-Brandy.[38]

Die noch winterlich anmutende alpine Landschaft in ihrer Einsamkeit scheint in diesem Tagebucheintrag zum Spiegel des Gemütszustands von Christoph Meckel zu werden, der in der Ödnis der Bergkapelle an seine Freundin in Ost-Berlin gedacht hat. Ähnlich wie im Brief von Sarah Kirsch vom 17. Mai 1974 werden in den einzelnen Schriftzeugnissen der Briefsendung unterschiedliche Akzente in Bezug auf die geschilderte Stimmung gesetzt – bei Meckel vermittelt jedoch umgekehrt das Gedicht eine fröhlichere Stimmung, während der schwermütigere Ton dem Tagebucheintrag vorbehalten bleibt. Diese Collage – wie man Meckels Postsendung vom 1. Mai 1974 bezeichnen könnte – aus Gedicht, Erinnerung,

---

[36] Ebd.

[37] Gedicht und Tagebucheinträge wurden mit der Schreibmaschine geschrieben, der Brief an Kirsch ist handschriftlich verfasst. Christoph Meckel an Sarah Kirsch, 1. Mai 1974 (DLA).

[38] Christoph Meckel an Sarah Kirsch, 1. Mai 1974 (DLA).

Tagebuchprosa und Brief lässt die innerliche Zerrissenheit des Dichters erkennen. Die beiden Briefe der Liebenden vom Mai 1974 veranschaulichen so die beiderseitige Bemühung, dem jeweils anderen die eigene Sehnsucht zu vermitteln, ohne dass der damit verbundene Schmerz zur Belastung wird: Gedichte, Tagebuchpassagen und Briefmitteilungen werden dabei sensibel austariert.[39]

3 „Blutiger Himmel"

Der „merkwürdige"[40], „phantastische" und „überwirkliche[ ] Sommer"[41] 1975 war wohl der Höhepunkt der Freundschaft zwischen Sarah Kirsch und Christa Wolf. Sarah Kirsch und ihr Sohn Moritz verlebten gemeinsam mit den Familien Christa und Gerhard Wolf, Maxie und Fred Wander, Carola und Thomas Nicolau und Helga Schubert zwei Wochen in der Nähe der Dambecker Seen in Mecklenburg. Beide Autorinnen setzten dieser Zeit ein literarisches Denkmal: Wolf schrieb das *Sommerstück*, Kirsch *Allerleirauh*.[42] Kirsch begann 1986 mit der Niederschrift der Erzählung, als sie bereits knapp zehn Jahre in der Bundesrepublik lebte. Der Titel der Erzählung *Allerleirauh* stammt aber direkt aus den Sommertagen 1975, der Zeit, als Kirsch selbst noch DDR-Bürgerin gewesen war und ihre Beziehung zum Künstler Christoph Meckel aus der Bundesrepublik allmählich in die Brüche ging. Aus Drispeth, dem Wohnort von Carola Nicolau, bei der Kirsch im Mecklenburger Sommer gewohnt hatte, schrieb Sarah Kirsch am 12. August 1975 an den erneut im französischen Remuzat verweilenden Meckel diese sehnsüchtigen Zeilen:

> Moel,
> Heute war es so heiß, daß die Eidechsen ins Herdfeuer krochen um den Schatten der Herdplatte zu genießen. Gestern Abend fielen Sternschnuppen herdenweise quer durch den Himmel. Ich schicke Dir Allerleirauh, ein Ritterliedchen aus Spaß. Komm mit ins Moor Tollkirschen essen! Ach! Dein Käuzchen[43]

---

[39] Auch Meckels Gedichte lassen zum Teil sein Leiden an der Trennung sichtbar werden – wie beispielsweise in dem Gedicht „Nicht länger glücklos", der Beilage eines Briefs vom 25.4.1974: „Weinen, wohin. / In deine Schwarzbeeraugen. / Aber lieber Küsse haben / auf deinen Mund, der spricht / im Regen am schönsten / auseinander / füreinander / bis ich es höre, auch ich / nicht länger glücklos." Christoph Meckel an Sarah Kirsch, 25.4.1974 (DLA).

[40] Wolf 1989, S. 9.

[41] Kirsch 1999, S. 57, 45.

[42] Beide Prosastücke besitzen eine komplexe Entstehungsgeschichte. So verfasste Wolf bereits unmittelbar nach der gemeinsamen Zeit 1975 Teile der Erzählung, schrieb 1982/1983 das gesamte *Sommerstück* und überarbeitete dieses 1987 nach einem Besuch Kirschs in Mecklenburg im Sommer 1986 (Scholz 2020, S. 157).

[43] Sarah Kirsch an Christoph Meckel, 12.8.1975 (DLA).

Neben dem „Ritterliedchen" sendete Sarah Kirsch auch vier kurze Gedichte an Meckel[44], die später leicht variiert im Lyrikband *Rückenwind* publiziert wurden. Die „gedichtartigen Gebilde"[45], wie Kirsch die Texte selbst bezeichnet hat, sind offenbar unmittelbare lyrische Zeugnisse des Mecklenburger Landlebens. Beschrieben wird die sommerliche Natur, gleichzeitig aber auch die bedrückende Atmosphäre, die einerseits durch die Sehnsucht nach dem in Frankreich verweilenden Meckel verursacht, andererseits durch die permanente Möglichkeit der Bespitzelung der Künstlergruppe gegeben war:

Die fuchsroten Felder
Haben Licht vom Abendstern.
Das Uhrenherz treibt seine Zeiger vor.
Pelargonien in bunten Töpfen
Ziehn Licht auf die Dielen, es flog
Ein dunkler Vogel übers Haus.[46]
*
Motorsägen singen ihr Jahrmarktslied.
Wo Schatten war, Himmel: Tag-
Und Nachtgestirn. Die zärtlichen Moose
Perlgras Schlafmohn und Thymian
Fragen warum denn
Immer nur mein Fuß?[47]
*
Die alten Frauen vor den roten Häusern
Roten Hortensien verkrüppelten Bäumen
Brachten uns Tee. Würdevoll
Trugen sie die Tabletts zurück, bezogen
Horch- und Beobachtungsposten
Hinter Jugendstilgardinen.[48]
*
Wie Ölbäume schimmern die Weiden
Blaugrün und zitternd, die Pappeln
Ahmen Zypressen nach (dunkler
Dunkler! Vertieft euch in Schatten!). Der Wind
Übt die Manier seines Bruders Mistral[49]

Diese kurzen Gedichte mit narrativen Elementen und überraschenden Enjambements fanden Meckels Anerkennung. Die „miniatur", so bezeichnete Meckel mit Betonung ihrer Prosanähe die Gedichte im Brief vom 18./19. August 1975, sei eine „gute form" für Kirsch, da sie die Autorin zu „konzentration" und „rhytmik" [sic] zwänge.[50] Aber unter das Lob mischte sich auch Kritik: „Gut ist: wie

---

[44] Kirsch 2000, S. 184, 180, 186, 196.

[45] Sarah Kirsch an Christoph Meckel, 9. August 1975 (DLA).

[46] Sarah Kirsch an Christoph Meckel, 12. August 1975 (DLA).

[47] Sarah Kirsch an Christoph Meckel, 12. August 1975 (DLA); Kirsch 1976, S. 52.

[48] Sarah Kirsch an Christoph Meckel, Brief vom 12. August 1975 (DLA); Kirsch 1976, S. 57.

[49] Sarah Kirsch an Christoph Meckel, Brief vom 12. August 1975 (DLA); Kirsch 1976, S. 70.

[50] Christoph Meckel an Sarah Kirsch: Brief vom 18./19. August 1975 (DLA).

ölbäume etc. Gut auch: Motorsägen (aber schon das folgende: singen ihr jahrmarktslied [sic]: ist schwach, überarbeiten.)"[51]. Kirsch strich – wie aus den 1976
in *Rückenwind* publizierten Gedichten zu schließen ist – auf diese Bemerkung
Meckels hin tatsächlich das „Jahrmarktslied" aus dem Gedicht, außerdem verwandelte sie das „Singen" der „Motorsägen" in ein weniger positiv konnotier-
tes „Heulen".[52] Kirsch vertraute dem ästhetischen Urteil Meckels, ließ sich auch
nicht abschrecken, wenn der Ton zuweilen etwas rauer wurde. Gegenseitige Kritik
unter Dichtern war ihr vertraut, von ihren Freunden Adolf Endler, Elke Erb, Heinz
Czechowski oder Karl Mickel – bekannt auch als *Sächsische Dichterschule*,[53]
einer Gruppe von Lyrikern, die wie Kirsch oft auch bei Georg Maurer am Johannes R. Becher Literaturinstitut in Leipzig studiert hat, dem Dichter, der bis zu seinem Tod 1971 für Kirsch entscheidend für ihr dichterisches Selbstverständnis war:

> Es ist ganz wichtig, daß man Freunde hat, mit denen man seine Arbeiten immer wieder
> besprechen kann. Mich interessiert auch sehr, was die anderen machen. Sie kommen zu
> Besuch oder man trifft sich irgendwo. Früher bin ich zu Georg Maurer gegangen. Ihm
> konnte man alles sagen, was man dachte, er nahm Gedichte auseinander, analysierte sie,
> und man wußte, was man falsch und was man richtig gemacht hatte. Das war sehr gut,
> aber es geht nun leider nicht mehr.[54]

Zweifellos gehörte Christoph Meckel im Sommer 1975 zu diesen Freunden Sarah
Kirschs. Er begleitete den Schreibprozess seiner Freundin, lobte ihre lyrische Be-
gabung, machte ihr Vorschläge zur Verbesserung einzelner Textstellen, beurteilte
formale Entscheidungen – wie beispielsweise die Hinwendung zur Miniatur – und
spornte sie zur unentwegten künstlerischen Arbeit an: „Du bist ein Sonntagskind
und machst bukolische sträusse und ich stecke die nase rein und sage: / es duftet.
An den andern Versen noch arbeiten. Lohnt sich: die Miniatur, wie gesagt, ist gut
für dich."[55] Für Meckel war ein auf den künstlerischen Schaffensprozess ausge-
richtetes Leben eine Selbstverständlichkeit. Sein Tagesablauf in Frankreich, das
zeigen seine Briefzeugnisse, war vom bildnerischen Schaffen und vom Schreiben
bestimmt, eine unentbehrliche Bedingung für die künstlerische Weiterentwick-
lung. Genauso war Sarah Kirsch ein „Arbeitstier", ihr Alltag in Ost-Berlin als
alleinerziehende Mutter so geregelt, dass sie ihr tägliches ‚Pensum' bewältigen
konnte; künstlerische Pausen kannte sie kaum, bearbeitete in der Zeit von Schreib-
blockaden andere Projekte, beispielsweise Nachdichtungen.[56] Auch die Urlaubs-
zeit in Mecklenburg nutzte Sarah Kirsch fürs Schreiben – allerdings erzählte sie

---

[51] Christoph Meckel an Sarah Kirsch: Brief vom 18./19. August 1975 (DLA).

[52] Kirsch 1976, S. 52.

[53] Zum Begriff „Sächsische Dichterschule" Berendse 1990, S. 130–141.; Wolf 1988, S. 78–110.

[54] Voigt 1971. „Ich habe immer zwei, drei Leute gehabt und hab sie immer noch, denen ich meine
Sachen zeige, die ganz ganz hart zu mir sagen können: also das ist nun aber danebengegangen.
Wonach ich mich auch richte, worauf ich höre. Das braucht jeder, der schreibt." Kirsch 1978,
S. 26.

[55] Christoph Meckel an Sarah Kirsch: 18./19. August 1975 (DLA).

[56] Voigt 1971; Endler 1975, S. 144; Hähnel-Mesnard 2021.

Meckel in ihren Briefen nichts vom künstlerischen Schaffensprozess, sondern pries in bukolischen Bildern das Landleben mit ihren Freunden:

> Sehr liebes Bärchen, jetzt geht es mir gut! Ich sehe den Fischreiher vorm Wald langflie-gen, gehe am Torfmoor vorbei über einen Hügel, dort knallen in der Mittagshitze die Schoten vom Ginster auseinander. Kleine Explosionen. Das Haus ist ein großes Bauern-haus, „de Bur" wohnte früher drin, der reichste Bauer der Gegend. […][57]

Stillschweigend legte Kirsch ihren Briefen aber dann doch Gedichte bei, die be-zeugten, dass ihre Sommererlebnisse auch literarische Früchte trugen. Meckel nahm diese Zeugnisse mit dem Interesse desjenigen auf, dessen fanatischer Ar-beitsprozess unfreiwillig gestört war, litt er doch im Sommer 1975 an einer Er-krankung von Arm und Hand, die ihn wenn nicht ganz vom Schreiben und Zeich-nen abhielt, dann doch sehr stark in der künstlerischen Arbeit einschränkte, was auch psychische Folgen nach sich zog:[58] „Ich trinke Weisswein und lanciere eine kleine Depression",[59] so der Brief vom 5. August 1975, in dem er sich auch auf ironische Weise nach Kirschs Schreiben erkundigte: „mein liebes Früchtchen, jetzt bist Du vielleicht schon wieder aus Mecklenburg zurück? Gesund, braun und ausgeschwitzt, von Mücken zerstochen? […] Und natürlich hast Du keine Lyrik gemacht. Kuss und Nasenstüberl."[60] Es waren dies auch die Tage nach der Unter-zeichnung der Schlussakte auf der „Konferenz für Sicherheit und Zusammenarbeit in Europa" (KSZE) am 1. August 1975, was sich in einem der Briefe Meckels auf ironische Weise niederschlug: „Man liest in der Zeitung viel Unterhaltsames, fast Lustiges, über Ost-West-Deutsche Kontakte. Die Staatsleute trinken zusammen Kaffee. Wir trinken zusammen Wein, aber das hat noch Zeit."[61] Innerlich schien der Konflikt zwischen Ost und West den Dichter aber doch stärker beschäftigt zu haben, sah er doch offenbar auch die Lyrik seiner Zeit unablässig von politischen Fragen herausgefordert. Auch Sarah Kirsch wies er zunächst dezent auf diese poetologischen Fragen hin, wenn er in einer Bemerkung zu den ‚antik' wirkenden Miniaturen eine größere Gebundenheit ihres Schreibens an die Gegenwart einzu-fordern schien: „sommerleben [ist] gut für deine lyrik, vor allem aber für die haut, die seele, vielleicht also auch für deine faulpelzlyrik (ich las deine verse anfangs im glauben, es handle sich um griechische verse, von dir übersetzt)."[62] Deutli-cher aber wurde er, als Sarah Kirsch ihm Ende August 1975 das Gedicht *Drispeth*

---

[57] Sarah Kirsch an Christoph Meckel, 4.8.1975 (DLA).

[58] Vgl. Christoph Meckel an Sarah Kirsch, 28.7.1975, 5.8.1975, 8./9.8.1975, 14.8.1975, 18.8.1975 (DLA).

[59] Christoph Meckel an Sarah Kirsch, 5.8.1975 (DLA).

[60] Christoph Meckel an Sarah Kirsch, 5.8.1975 (DLA).

[61] Christoph Meckel an Sarah Kirsch, 8./9.8.1975 (DLA).

[62] Christoph Meckel an Sarah Kirsch, 18.8.1975 (DLA). Ein trügerischer Eindruck! Denn Kirsch betonte in einer Selbstäußerung aus dem Jahr 1978, dass Gedichte schreiben „richtig harte Ar-beit" sei: „Man hat einen Einfall. Man fängt an, ihn aufzuschreiben, ein Stück Vorarbeit sozusa-gen. Dann beginnt die richtige Arbeit" (Kirsch 1978, S. 16).

schickte, das sie später in veränderter Form unter dem Titel „Im Sommer" in den Gedichtband *Rückenwind* aufnahm:[63]

Drispeth

Wie dünnbesiedelt das Land ist.
Trotz riesiger Felder und teurer Maschinen
Liegen die Dörfer rot und verschlafen
In Buchsbaumgärten; die Katzen
Trifft selten ein Steinwurf.

Im August fallen Sternschnuppen.
Im September bläst man die Jagd an.
Noch fliegt die Graugans, spaziert der Storch
Durch unvergiftete Wiesen. Ach, die Wolken
Wie Berge fliegen sie über die Wälder.
Still stürzen Wände ein, manch Apfelbaum fällt

Mit roten Früchten ins Gras.
Auf verbeulten Rädern jagen
Kinder die Felder ab und ein Sensenmann
Steht vor verschlossener Gasthaustür.
Kastanienäste klopfen an die Scheiben
Wovor ein blutiger Himmel schwebt.[64]

Kirschs Gedicht beginnt wie eine bukolische Szene, die stillschweigend in ein moribundes Gesellschaftsporträt umschlägt: Die stehende Hitze der Sommerlandschaft korrespondiert mit der wirtschaftlichen und gesellschaftlichen Stagnation der DDR, die „unvergifteten Wiesen" spielen auf die durch die Industrie verursachten Umweltprobleme des Landes an, und der vorm Gasthof wartende Sensenmann verweist auf eine Gesellschaft, deren einzige Perspektive der eintretende Tod ist. Kirsch wollte wohl in die scheinbare Idylle ein Unbehagen gegenüber der Welt miteinschließen – wie die Autorin 1978 in einem Interview erklärte: „Andererseits meine ich, daß ich trotzdem keine Idyllen schreibe, weil von der Gefährdung und dem Zufälligen eines solchen Zustandes, der schnell verändert sein kann, auch immer wieder die Rede ist."[65] Christoph Meckel war ihr Gedichtentwurf hingegen politisch zu unbestimmt, wie er in einem Brief vom 28. August 1975 bemerkte:

---

[63] Kirsch 1976, S. 59.

[64] Sarah Kirsch an Christoph Meckel: 20./ 22.8.1975 (DLA).

[65] Kirsch 1978, S. 23. Das bedeutete aber nicht, dass Kirsch politische Gedichte im engeren Sinne schreiben wollte, bereits während der Forum-Lyrik-Debatte 1966 sprach sie sich für einen subjektiven Blick in der Lyrik aus: „Direkte Wirkungen gehen vom Kunstwerk ganz selten aus, nicht jedem Schriftsteller wird das Glück zuteil, daß mit Versen von ihm […] ein Winterpalais gestürmt wird" (Kirsch 1966, S. 14).

mein liebes Käuzchen,
gestern kamen (mit Poststempel aus Schwerin) Deine Blumen und Gedichte. Das sind or-
dentliche Verse, sehr bukolische, die hat jeder Staat gern. „WOVOR EIN blutiger Himmel
schwebt" – da fängt es an. Gib Dir einen Ruck und mach ein bisschen Galle in die Zeilen.
Du bekommst sonst den Preis der Akademie und tausend Stipendien, willst Du das? Willst
Du ein hübscher Nachtisch auf der Speisekarte verschiedener Ideologien sein? Also mach
Dich an die Arbeit.[66]

Kirschs Gedicht *Drispeth* beginnt nach Meckels Dafürhalten erst mit dem an
expressionistische Ästhetik erinnernden Vers „Wovor ein blutiger Himmel
schwebt" – eine Wendung, die eine Kritik am verhärteten Konflikt zwischen BRD
und DDR zumindest denkbar werden ließ. Dass das Gedicht bereits vorher in et-
lichen Passagen eine versteckte Distanz zur gesellschaftlichen Wirklichkeit der
DDR aufzeigte, schien Meckel gar nicht bemerkt haben zu wollen. Meckels Lektüre des Gedichts *Drispeth* erzählt nebenbei auch von den Differenzen zwischen
den literarischen Feldern der BRD und der DDR, in denen sich die beiden Autoren
bewegten, mit ihren divergierenden Möglichkeiten dichterischer Selbstentfaltung.

Kirsch schätzte Meckels Perspektive auf ihre Gedichte, ja, in ihrer Überarbeitung des Gedichts *Drispeth* berücksichtigte sie die Kritik des Freundes, ohne auf
eine eigenständige künstlerische Position zu verzichten. Die später in *Rückenwind*
publizierte Fassung mit dem Titel „Im Sommer" behält die ersten beiden Strophen
im Kern bei, ersetzt aber die dritte Strophe durch eine Variante, welche mit zwei
Versen die Idylle eindeutig unterminiert: „Wenn man hier keine Zeitung hält / ist
die Welt in Ordnung. / In Pflaumenmuskesseln / spiegelt sich schön das eigne Gesicht und / Feuerrot leuchten die Felder." Die Welt also ist, das hält Kirsch in ihrer
Überarbeitung fest, nicht in Ordnung, die politische Klage in die Idylle eingeschlossen.[67] Die beiden letzten Verse des Gedichtentwurfs „Drispeth" aber stellte
sie im Gedichtband *Rückenwind* schließlich isoliert für sich, erhob den Zweizeiler
zum eigenen Gedicht, das auf diese Weise erst seine ureigene drohende Kraft entfalten konnte: „Kastanienäste klopfen an die Scheiben / Wovor ein blutiger Himmel schwebt."[68]

4   „Raubvogel süss ist die Luft"

Ich bin wirklich das Schwarzpulver Deiner Seele. Stecke in Erdbeben, Wolkenbrüchen,
Lawinenniedergängen und Bergrutschen meiner liebenden Seele. Wenn ich hier fort bin
und an meinem kleinen Schreibtisch bin, Rotwein trinkend, rauchend, ab und zu eine

---

[66] Christoph Meckel an Sarah Kirsch: 28.8.1975 (DLA).

[67] Zu Kirschs Gedicht *Im Sommer* hält Jürgen Haupt fest, dieses Gedicht stehe für eine „Dichtung
der Subjektivität zwischen Resignation und Perspektive, ihrer Dialektik eingedenk" (Haupt 1983,
S. 206).

[68] Kirsch 1976, S. 63.

Idylle niederschreibend und Zärtlichkeiten mir ausdenkend für unser Zusammentreffen in Spe, wird alles besser sein.[69]

Idyllen schreiben, die Klage leben – das war für Sarah Kirsch in der überwiegenden Zeit ihrer Liebesbeziehung zu Christoph Meckel der zu erduldende Status quo, so auch in diesem Brief vom 20. Mai 1974 aus dem Sanatorium in Mahlow. Im ersten Teil des Briefes beschwerte sich Kirsch bei Meckel über die langen Trennungszeiten und wünschte sich von ihrem Freund ein dauerhaftes Zusammensein und Arbeiten.[70] Unter die Klagen gestreut aber fand sich eine Naturempfindung der Dichterin, „Raubvögelchen süß ist der Wind"[71], die Meckel in seinem Antwortbrief auf kongeniale Weise zu einem Gedicht weiterentwickelte und Kirschs Klage damit in ein lyrisches Bild der Hoffnung umschrieb:

> Raubvogel süss ist die Luft
> so kreise ich nie über Menschen und Bäumen
> so stürz ich nicht noch einmal, quer durch die Sonne
> und zieh, was ich raubte, ins Licht
> und flieg davon durch den Sommer![72]

> Raubvögelchen!
> Die erste Zeile des Verses stammt aus einem Brief von Dir (aber im Brief stand „Raubvögelchen"). Diese Zeile
> ist herrlich, ich hab was drangehängt, das Gedicht gehört Dir (Du würdest es ohne Satzzeichen schreiben?) Das kannst Du grad zu Deinen Gedichten tun oder meinen Anhang wegstreichen und was neues draus machen. Du weisst vielleicht was Valéry sagte: Die eine Zeile schenken die Götter im Schlaf, für die anderen muss man selber sorgen. Sorg für die andern, oder nimm meine.[73]

Sarah Kirsch übernahm dieses geschenkte Gedicht Meckels beinahe unverändert und setzte es an den Schluss ihres 1976 erschienen Gedichtbands *Rückenwind*.[74] Es ist das Zeugnis einer lichten Zeit ihrer Liebesbeziehung, bedenkt es doch im Bild des im Himmel kreisenden Raubvogels sowohl den ungelebten Rest jedes menschlichen Lebens als auch die Möglichkeit einer im Wortsinn grenzenlosen Freiheit, eines Durchsetzens dessen, was im Jahr 1974 politisch unmöglich erschien: Eine Reise Sarah Kirschs nach Frankreich. Denn auf dieses Lyrikbonbon folgte in einem weiteren Brief Meckels an Kirsch eine Einladung nach Remuzat: „Sarah, was auch immer sein wird mit Launen, Anfechtungen, Zweifeln, Bosheiten: Komm her! Ich will hier mit Dir im Licht spazieren und im Mistral schlafen,

---

[69] Sarah Kirsch an Christoph Meckel, 20.5.1974 (DLA).

[70] Vgl. Sarah Kirsch an Christoph Meckel, 20.5.1974 (DLA).

[71] Sarah Kirsch an Christoph Meckel, 20.5.1974 (DLA).

[72] Christoph Meckel an Sarah Kirsch, 29.5.1974 (DLA).

[73] Christoph Meckel an Sarah Kirsch, 29.5.1974 (DLA). Sarah Kirsch geht auf Meckels Vorschlag ein und beschließt mit diesem Gedicht ihren Band *Rückenwind*; sie verzichtet auf Interpunktionen; sie verändert das Gedicht im Vergleich zu Meckels Version lediglich in Vers drei (Streichung „quer") und gibt ihm einen Titel (*Raubvogel*) (Kirsch 1977, S. 74).

[74] Kirsch 1976, S. 86.

komm her heute oder in fünf Jahren (vor allem im September!) ach komm her, wirf alles übern Haufen für ein gemeinsames Licht."[75] Im September 1974 besuchte Sarah Kirsch dann wirklich Christoph Meckel in Frankreich, unter dem Vorwand der Teilnahme am „Pressefest der *L'Humanité*, der Zeitung der Kommunistischen Partei Frankreichs"[76], eine kurze Zeit, in welcher die Klage vergessen, die Idylle gelebt wurde.[77] Im Winter 1978, als die Liebesbeziehung bereits lange zu Ende war, erinnerte Sarah Kirsch den Freund in einem Brief noch einmal an diese Zeit: „Und dann in Frankreich. ‚Du hier in dem Licht', schriebst Du. Überhaupt diese verrückten lebensnotwendigen Briefe. […] Und all die Tage. Das war das Glück."[78]

Editorischer Hinweis

Für die Genehmigung des Abdrucks sämtlicher Textzeugnisse aus dem im DLA Marbach befindlichen Briefwechsel zwischen Sarah Kirsch und Christoph Meckel bedanke ich mich sehr herzlich bei Moritz Kirsch und Gila Funke-Meckel. Bei der Transkription der Handschriftenzeugnisse war mir eine leserfreundliche Fassung das oberste Anliegen – damit entfielen die Kennzeichnung von Zeilenumbrüchen und verschiedenen Schriftarten oder Schreibmedien. Textstellen, die durch Streichungen unleserlich sind, habe ich mit ✗ gekennzeichnet, gestrichene, aber noch lesbare Textstellen wurden durch ein Streichungszeichen markiert. Editorische Anmerkungen im Text wurden in eckige Klammern gesetzt [ ].

Literaturverzeichnis

Berendse, Gerrit-Jan: Die „Sächsische Dichterschule". Lyrik in der DDR der sechziger und siebziger Jahre. Frankfurt a. M. 1990.
Beyer-Lallauret, Franziska: Sarah Kirsch. In: Michael Opitz und Michael Hofmann (Hg.): *Metzler Literatur Lexikon DDR-Literatur*. Stuttgart/Weimar 2009, 162–164.
Bunzel, Wolfgang: „…dankbar, daß ich entkam". Sarah Kirschs Autorexistenz: In: *Germanistische Mitteilungen* 57 (2003), 7–27.
Burdorf, Dieter: Lyrische Korrespondenzen. Zum Verhältnis von Brief und Gedicht in der Literatur der Moderne – am Beispiel des Briefwechsels zwischen Stefan George und Hugo von Hofmannsthal. In: *George-Jahrbuch* 12 (2018/2019), 99–113.
Burdorf, Dieter: *Geschichte der deutschen Lyrik. Einführung und Interpretationen.* Stuttgart 2023.
Butler, Michael: Der sanfte Mut der Melancholie. Zur Liebeslyrik Sarah Kirschs. In: *Text + Kritik* 101 (1989), 52–60.
Cosentino, Christine: „Ein Spiegel mit mir darin". Sarah Kirschs Lyrik. Tübingen 1990.
Damm, Sigrid: Sarah Kirsch: Rückenwind. In: *Weimarer Beiträge* 3 (1977), 133.
Endler, Adolf: Sarah Kirsch und ihre Kritiker. In: *Sinn und Form* 1 (1975), 142–175.

---

[75] Christoph Meckel an Sarah Kirsch, 29.5.1974 (DLA).

[76] „Ausreisekartei DDR-Schriftsteller, SV 2850", zit. n. Wolf 2019, S. 127.

[77] Cosentino datiert die Frankreichreise fälschlicherweise auf 1976 (Cosentino 1990, S. 86).

[78] Sarah Kirsch an Christoph Meckel, 25.2.1978 (DLA).

Fuhrmann, Helmut: *Vorausgeworfene Schatten. Literatur in der DDR – DDR in der Literatur. Interpretationen*. Würzburg 2003.

Hähnel-Mesnard, Carola: Sarah Kirsch im Dialog mit russischer und sowjetischer Lyrik. In: Bernard Banoun und Maryse Staiber (Hg.): L' œuvre poétique de Sarah Kirsch. Subjectivité, nature, politique. Paris 2021, 115–146.

Haupt, Jürgen: *Natur und Lyrik. Naturbeziehungen im 20. Jahrhundert*. Stuttgart 1983.

Kemper, Dirk: Elegie. In: *Reallexikon deutscher Literaturwissenschaft. Bd. I*. Hg. von Klaus Weimar. Berlin 2003, 429–432.

Kirsch, Sarah: In diesem besseren Land. In: *Forum* (12) 1966, 14.

Kirsch, Sarah: *Rückenwind. Gedichte*. Berlin 1976.

Kirsch, Sarah: Ein Gespräch mit Schülern. In: Sarah Kirsch: *Erklärung einiger Dinge. Dokumente und Bilder*. München 1978, 5–51.

Kirsch, Sarah: Allerlei-Rauh [1988]. In: Sarah Kirsch: *Werke. Bd. 5*. Hg. v. Franz-Heinrich Hackel. Stuttgart 1999.

Kirsch, Sarah: *Gedichte. Bd. 1*. München 2000.

Kirsch, Sarah: Journal 012 „Fischerinsel 1974" (DLA).

Kirsch, Sarah: Briefe an Christoph Meckel 1974 bis 1978 (DLA).

Meckel, Christoph: „Das geschriebene Wort ist die gefährlichste aller Kunstarten". Anmerkung zu Peter Weiss. In: *horen* 46/2 (2001), 12–15.

Meckel, Christoph: briefe an Sarah Kirsch 1974 bis 1978 (DLA).

Mohr, Heinrich: Die Lust ‚Ich' zu sagen. Versuch über die Lyrik der Sarah Kirsch. In: Lothar Jordan u. a. (Hg.): *Lyrik – von allen Seiten. Gedichte und Aufsätze des 1. Lyrikertreffens in Münster*. Frankfurt a. M. 1981, 439–460.

Schiller, Friedrich: Über naive und sentimentalische Dichtung [1795]. In: Friedrich Schiller: *Theoretische Schriften*. Hg. v. Rolf-Peter Janz. Frankfurt a. M. 1992, 706–810.

Scholz, Hannelore: „Sommerstück" (1989) – eine „Mecklenburgstory". In: Carola Hilmes und Ilse Nagelschmidt (Hg.): *Christa Wolf-Handbuch: Leben – Werk – Wirkung*. Berlin/Heidelberg 2020, 157–163.

Schulz, Gerhard: *Kleist. Eine Biographie*. München 2007.

Serke, Jürgen: Sarah Kirsch „Wie wir zerrissen sind und ganz nur in des Vogels Kopf". In: Jürgen Serke: *Frauen schreiben. Ein neues Kapitel deutschsprachiger Literatur*. Frankfurt a. M. 1982, 217–235.

Voigt, Jutta: Die Schriftstellerin Sarah Kirsch. In: *Sonntag*, 26.12.1971.

Wagener, Hans: *Sarah Kirsch*. Berlin 1989.

Widmer, Urs: Über Sarah Kirsch. Bei der Verleihung des Petrarca-Preises 1976. In: Sarah Kirsch: *Erklärung einiger Dinge*. Ebenhausen b. München 1978, 75–80.

Wolf, Gerhard: Der Stein fällt desto schneller um so tiefer. In: Gerhard Wolf: *Wortlaut Wortbruch Wortlust. Dialog mit Dichtung*. Leipzig 1988, 78–110.

Wolf, Christa: *Sommerstück*. Berlin/Weimar 1989.

Wolf, Christa/Kirsch, Sarah: *„Wir haben uns wirklich an allerhand gewöhnt". Der Briefwechsel*. Hg. v. Sabine Wolf. Berlin 2019.

„Da habe ich mich gefreut über jede Blüte, jede Blume". Sarah Kirschs Gedicht *Der Maler Albert Ebert* im Licht von Gerhard Wolfs Ebert-Portrait *Wie ein Leben gemalt wird* (1974)

Sophia Wege

In Sarah Kirschs zweitem Gedichtband *Zaubersprüche* (Aufbau Verlag, 1972) findet sich in der zweiten, „Lichtbilder" überschriebenen Abteilung ein Text, in dem ein sich im „wir" verbergendes lyrisches Ich von dem Versuch erzählt, an einem Frühlingstag den Maler Albert Ebert (1906–1976) in dessen an der Saale gelegenen Atelierwohnung in Halle zu besuchen. Weil sie den Künstler nicht zu Hause antreffen, berichtet das lyrische Ich stattdessen von der Suche nach ihm; der Weg durch die Stadt wird nun zum Gegenstand der Beschreibung. Damit rücken die Stadt selbst, die Abwesenheit des Künstlers und implizit seine Kunst ins Zentrum des Gedichts.

Zwei Jahre nach *Zaubersprüche* erschien das von Gerhard Wolf verfasste Buchportrait *Albert Ebert. Wie ein Leben gemalt wird. Beschrieben und von ihm selbst erzählt* (Union Verlag Berlin, 1974). Es handelt sich um ein erzählendes Sachbuch, das jedoch unverkennbar als geradezu liebevolles Portrait konzipiert ist. In drei Großkapiteln stellt Gerhard Wolf die Biographie und das Lebensumfeld im ländlichen Stadtteil Kröllwitz (I *Grundierung*), die Maltechnik (II *Die Farben*) und die großen Werkthemen des Malers (III *Die Welt der Bilder*) vor. In alle drei Kapitel fließen Erinnerungen an einen Besuch bei Ebert ein, darunter finden sich Schilderungen des Hauses und der Wohnung, Informationen zur Stadtgeschichte und Ausschnitte aus Gesprächen, wobei Wolf häufig den lebhaften Sprachstil und das Hallenser Idiom des Malers wiederzugeben bemüht ist. Das vierte und letzte Kapitel, *Aus meiner Kindheit*, enthält von Ebert selbst verfasste autobiographische Kurztexte. In einfacher Sprache schildert der Maler hierin Erinnerungen an prägende Situationen und Ereignisse, aber auch Alltägliches aus dem Leben in Halle. Dem Band beigegeben sind Originalfotografien von Ebert und seiner Familie sowie

S. Wege (✉)
Martin-Luther-Universität Halle-Wittenberg, Halle an der Saale, Deutschland
E-Mail: sophia.wege@germanistik.uni-halle.de

© Der/die Autor(en), exklusiv lizenziert an Springer-Verlag GmbH, DE, ein Teil von
Springer Nature 2024
J. Kittelmann et al. (Hrsg.), *Verwurzelungen. Sarah Kirsch (wieder) lesen*, Abhandlungen
zur Literaturwissenschaft, https://doi.org/10.1007/978-3-662-69225-7_5

zahlreiche Reproduktionen ausgewählter Gemälde und Druckgraphiken, auf die Wolf in seinen Erläuterungen zu Eberts künstlerischem Schaffen teilweise Bezug nimmt.

Die Gattung des Buches lässt sich schwer bestimmen. Biographische Details, die Nacherzählung von Erlebnissen, Kommentare zur Stadtgeschichte, plaudernd-dialogische und essayistische Passagen, kunsthistorische Kommentare, viele Literaturzitate und Selbstaussagen von Ebert wechseln sich ab. Wolf bemüht sich zwar stellenweise um einen objektiv berichtenden Ton, lässt jedoch Ebert häufig selbst zu Wort kommen und gibt zudem die Eindrücke vom Atelierbesuch, von den Gesprächen und von einem gemeinsamen Spaziergang durch Kröllwitz erlebnisbetont wieder, was bei der Leserschaft das Gefühl von situativer Unmittelbarkeit und persönlicher Anteilnahme verstärkt.[1] Vielfach flicht Gerhard Wolf von ihm offenkundig als besonders treffend, sinnfällig oder poetisch angesehene Aussagen Eberts in seinen Bericht ein, was dem Leser durch Kursivierung angezeigt wird. Wolf versucht gar nicht erst, journalistische Distanz vorzugaukeln; kritische Fragen stellt er nicht, politische Einstellungen spielen kaum eine Rolle; seine Sympathie für Ebert und seine Verehrung für dessen Kunst ist auf jeder Seite spürbar. Der Zweck des Buches besteht unübersehbar darin, der Leserschaft den Maler als eindrucksvolle Persönlichkeit und künstlerisches ‚Original' nahezubringen. Insofern handelt es sich um ein Sachbuch ebenso wie um eine Hommage an einen hochgeschätzten Freund.

Kirschs Ebert-Gedicht (1972) entstand bevor Wolf sein Buch fertigstellte, denn es ist bei Wolf vollständig abgedruckt und wird von ihm wie folgt kommentiert: „Sarah Kirsch sagte, ich war schon einmal hier, aber da haben wir ihn nicht angetroffen. Sie hat darüber ein Gedicht geschrieben und das Unbeschreibbare um Albert Ebert sichtbar gemacht."[2] Im März 1973 berichtet Wolf in einem Brief an Kirsch, das Buch über Ebert sei „ganz lustig" geworden, und er hoffe, sein Text „pass[e] zu den Bildern".[3] Kirschs Gedicht und Wolfs Buch, das ebenfalls mit der Schilderung eines Atelierbesuchs einsetzt, verhalten sich komplementär zueinander und lassen sich gewinnbringend aufeinander beziehen. Wolfs Ebert-Portrait samt stadtgeschichtlicher und kunsthistorischer Einordnungen liest sich wie ein Kommentar zu Kirschs Gedicht; obgleich Wolf es nur Kirschs Lyrik (und wahrscheinlich der Gattung Lyrik insgesamt) zutraut, das „Unbeschreibbare um Ebert" sagbar zu machen, füllt das Sachbuch einige jener Leerstellen, die Kirsch mit ihrem Gedicht konstruiert hat.[4]

Im Folgenden wird daher das Gedicht unter Bezugnahme auf Wolfs Buch gedeutet, ergänzt um Anmerkungen zum kunst- und kulturgeschichtlichen Kontext

---

[1] „Geschichten wie Medaillons, die wir später immer wieder von ihm hören, fast mit den gleichen Worten – AE erzählt allen die gleichen Geschichten über sein Leben", so Wolf über Eberts Erzählweise (Wolf 1974, S. 10).

[2] Wolf 1974, S. 14.

[3] Wolf/Kirsch 2019, S. 88.

[4] Wolf 1974, S. 14.

und zur Ebert-Rezeption in der DDR. Aus der Zusammenschau wird deutlich, was Kirsch und Wolf an Eberts Lebensweg als Maler und Mensch faszinierte. Es zeigt sich, dass Eberts poetischer, ja literaturaffiner Blick auf Welt und Kunst in wichtigen Punkten der im Entstehen begriffenen Weltsicht der jungen Lyrikerin ähnlich ist, dass Eberts Sichtweise Kirsch womöglich inspirierte. Es ist davon auszugehen, dass sich Kirsch – wie auch andere Künstler und Schriftsteller, die den Außenseiter in Halle besuchten – durch die Begegnung mit Eberts Kunst ermutigt fühlte, den bereits eingeschlagenen unabhängigen Weg, Poesie jenseits parteipolitischer Vorgaben zu machen, fortzusetzen.

1 Biographische Einordnung – Kirsch und Wolf in Halle

„Und dann gingen wir noch / Den Maler Ebert am Stadtrand besuchen", lauten die ersten beiden Verse von Kirschs Gedicht. Mit hoher Wahrscheinlichkeit handelt es sich bei jenem „wir" um Sarah und Rainer Kirsch, mit dem sie bis zur Scheidung 1968 in Halle lebte. 1954 bis 1958 hatte Sarah Kirsch in Halle Biologie studiert; danach blieb sie mit ihrem Mann vor Ort, auch als das Ehepaar am Literaturinstitut Johannes R. Becher in Leipzig studierte. Von 1959 bis 1962 lebten auch Gerhard und Christa Wolf in Halle. Gerhard Wolf arbeitete als Lektor beim Mitteldeutschen Verlag und leitete die Arbeitsgemeinschaft junger Autoren beim Bezirksverband Halle des Schriftstellerverbandes der DDR. Als freischaffender Publizist, Herausgeber und Kritiker hatte er sich bereits einen Namen gemacht. Das Ehepaar Kirsch nahm 1959/60 an den Treffen der Arbeitsgemeinschaft teil; zwischen Christa Wolf und Sarah Kirsch entwickelte sich eine enge Freundschaft.

In den Hallenser Jahren, die man als Sarah Kirschs dichterische Lehrjahre bezeichnen kann, leistete das Ehepaar Kirsch Kulturarbeit in staatseigenen Betrieben, zweifelsohne im Glauben an die Sinnhaftigkeit des Bitterfelder Wegs. Dessen Ziel bestand darin, die Welt der sozialistischen Produktion, die proletarische Arbeitswelt, und die Kunst zusammenzubringen in der Hoffnung, die beiden sozialen Sphären würden sich gegenseitig inspirieren und gemeinsam am Aufbau des Sozialismus mitwirken. Die Literaturkurse für schreibende Arbeiter fanden im Waggonwerk Ammendorf (Halle) statt,[5] aber beispielsweise auch bei den Landwirtschaftsbrigaden in der tiefsten und tristesten Provinz.[6] Die Herausgeberinnen

---

[5] Das Liebespaar in Christa Wolfs Erfolgsroman *Der geteilte Himmel* lebt in Halle. Der Protagonist arbeitet im Waggonwerk Ammendorf und geht, frustriert von den Verhältnissen im staatseigenen Betrieb, in den Westen. Seine Geliebte folgt ihm zunächst, kehrt jedoch entfremdet vom westlichen Leben bald nach Halle zurück. Der Mauerbau besiegelt das Ende der Beziehung. Schreibend versucht die unglückliche Heldin, die Teilung des Landes und Trennung von Manfred zu verarbeiten.

[6] Beispielsweise waren die Kirschs in einer LPG (landwirtschaftlichen Produktionsgenossenschaft) in Schafstädt unweit der ehemaligen Kreisstadt Querfurt (heue Saalekreis in Sachsen-Anhalt) tätig.

des Briefwechsels von Sarah Kirsch mit Gerhard und Christa Wolf bilanzieren die Hallenser Anfangsjahre wie folgt: „Gemeinsam ist beiden Schriftstellerinnen, dass sie mitwirken woll[t]en am Aufbau einer sich dezidiert antifaschistisch, anti-kapitalistisch gebenden Gesellschaft, in der es gerecht zugeht und jeder Einzelne seine Talente, frei von Ausbeutung, entfalten kann".[7]

Spuren der frühen Studien- und Ehejahre in Halle finden sich vor allem in den frühen Werken von Sarah Kirsch.[8] *Zaubersprüche* ist die erste eigenständig publizierte Gedichtsammlung der Schriftstellerin; zuvor waren einzelne Texte von ihr in Zeitschriften und in der von Gerhard Wolf herausgegebenen Anthologie *Sonnenpferde und Astronauten* (1964) erschienen. Auch die gemeinsam mit ihrem Ehemann verfasste Abschlussarbeit am Leipziger Literaturinstitut erschien unter Vermittlung von Wolf im Verlag Neues Leben (*Gespräch mit dem Saurier*, 1965). Die ersten Erfolge als Lyrikerin feierte Kirsch somit in der Saalestadt, stets in engem Kontakt mit ihrem Freund und Mentor Gerhard Wolf, zu dem sie, wie der Briefwechsel erkennen lässt, in den ersten Jahren engeren und auch kollegialeren Kontakt hatte als zu Christa Wolf. Auch die ersten desillusionierenden Erfahrungen mit parteipolitischen Repressionen durchlebte das Ehepaar Kirsch in Halle, ebenso wie namhafte Kolleginnen und Kollegen, die am Literaturinstitut studierten: Der Hallenser Kinderbuchautor Dieter Mucke wurde relegiert;[9] der ebenfalls in Halle ansässige Werner Bräunig wurde auf dem Parteiplenum 1963 für den Romanentwurf *Rummelplatz* scharf gerügt und verlor seine Dozentur in Leipzig. Rainer Kirsch wurde das Diplom verweigert; Sarah Kirsch nahm ihres aus Solidarität nicht an. Im Briefwechsel kann man nachlesen, dass die Kirschs ebenso wie die Wolfs mehrere künstlerische Projekte aus politischen Gründen nicht verwirklichen konnten.

Die Herausgeberinnen des vorzüglich edierten Briefwechsels betonen, dass die Korrespondenz der Ehepaare Kirsch und Wolf in den Hallenser Jahren eine deutliche Gewichtung aufweist: Der lyrikaffine Gerhard Wolf nimmt gegenüber der einige Jahre jüngeren Dichterin die Rolle des Mentors ein. Er ist ihr primärer Dialogpartner in Sachen Lyrik, ihm vertraut sie ihre Texte im Entwurfsstadium an, bittet um kritische Beurteilung. In einem Interview erzählte Kirsch, es sei Gerhard Wolf gewesen, der ihr in dieser frühen Entwicklungsphase einen speziellen, autobiographisch zu nennenden Blick auf die Welt eröffnet habe: „[Ü]ber Sachen zu schreiben, die uns umgeben, die wir wirklich kennen. Das war der sogenannte ‚kleine Gegenstand', wie das dann bald unter Germanisten hieß. Wir machten Gedichte über die kleinen Gegenstände, über ein Frühstück oder über das Aufwachen, über den Marktplatz von Halle und dergleichen".[10]

---

[7] Kirsch/Wolf 2019, S. 368.

[8] Auch in späteren Jahren wird Halle gelegentlich erwähnt, siehe hierzu Einführung von Jana Kittelmann, Stephan Pabst und Mike Rottmann in diesem Band.

[9] Dieter Mucke (1936–2016) wurde mehrfach aus politischen Gründen verhaftet; auch Kirschs Kommilitonin Helga M. Novak wurde relegiert.

[10] Sarah Kirsch im Interview mit Hans Ester und Dick van Stekelenburg, Amsterdam, 3.5.1979. In: *Deutsche Bücher* 2/1979, S. 103, hier zitiert nach Kirsch/Wolf 2019, S. 345.

Zu diesen kleinen Gegenständen ist sicherlich auch der gescheiterte Besuch bei Albert Ebert zu zählen. In dem Interview, das auf dem Schutzumschlag der hier zitierten Aufbau-Ausgabe von *Zaubersprüche* (1. Auflage 1973) abgedruckt ist, antwortet die Dichterin auf die Frage, was sie von Gelegenheitsgedichten halte, es gäbe davon zwei Sorten – solche, „die für eine Gelegenheit geschrieben sind, und solche, die sich aus einer Gelegenheit entfalten". Sämtliche Gedichte des Bandes ordnet sie letzterer Art zu. Damit bestätigt auch Kirsch, dass sie eine reale Begebenheit zum Anlass nahm, das Gedicht zu schreiben – heute würde man den Text als ‚autofiktional' bezeichnen (wobei sich nebenbei bemerkt die Frage stellt, ob der Großteil von Lyrik nicht immer schon autofiktional ist).

2 Kirschs Gedicht *Der Maler Albert Ebert*

„Und dann gingen wir noch / Den Maler Ebert am Stadtrand besuchen" – dieser Anfang klingt nicht nur alltagssprachlich und prosaisch, sondern auch gänzlich unvermittelt, wie aus einem nicht näher erläuterten situativen Gesamtzusammenhang gerissen, dessen Kenntnis die Dichterin als bekannt vorauszusetzen scheint. Der Satz wirkt wie der Ausschnitt aus einer größeren Erzählung. Die Leser*innen werden in eine Situation versetzt, an der sie teilhaben sollen, und auch die nächsten Verse gehen in vertraulichem Ton weiter: „Da stellten wir fest", dass auf den Wiesen am Fluss das Frühjahr bereits angebrochen war. Alles sprießt und grünt, die Vögel „rieselten" aus sich „beblätternden" Sträuchern, alsdann geraten die sanft gebogene, schwarze Saale und ein zierlich gewölbtes Brückchen nahe beim Wohnhaus des Künstlers ins Blickfeld der Spaziergänger. – Einerseits lesen sich diese schmucklosen Verse wie eine gewöhnliche Wegbeschreibung, zumal die realen topographischen Gegebenheiten recht genau benannt werden. Andererseits blitzen die eingestreuten Wortneuschöpfungen wie Farbtupfer in einer Federzeichnung auf, die inmitten der alltagssprachlichen Wortumgebung umso leuchtender hervortreten.

Wie man sich die von den Kirschs vorgefundene malerische Lage von Eberts Wohnhaus im Detail vorstellen kann, erfährt man aus Wolfs Buch. Auch Wolf beginnt sein Buch mit einer Wegbeschreibung; es ist streckenweise derselbe Weg, den Kirsch beschreibt: „Aber wenn man übers Reileck, immer den Straßenbahnschienen nach [...]. Man ist aus der rauchigen Stadt fast heraus, im Bogen nach Kröllwitz hinein [...]."[11] Genau wie Kirsch bemüht sich auch Wolf, der Leserschaft den malerischen Charakter der Umgebung nahezubringen, nur ausführlicher:

Stadtrand – an dem verlassene Industrie, übergehend in Verfall mit der noch einmal vordringenden Natur um die Landschaft streitet, Kulturlandschaft, der Giebichenstein am jenseitigen Ufer, die Silhouette einer kleinen gotischen Kirche dem Haus gegenüber, alte

---

[11] Wolf 1974, S. 9.

> Bäume und eine graziöse, kühn geschwungene Stahlbrücke nach Trotha (er hat sie ge-
> malt) über einen Arm der hier noch immer romantischen Saale, ohne hellen Strand, von
> Abwässern heimgesucht.[12]

Auffallend ist, dass Wolf, wie bereits Kirsch, die Lage am „Stadtrand" betont, was
zum Außenseitertum der Künstlerexistenz passt. „Ohne hellen Strand" bezeichnet den faktischen Umstand, dass das von hohen Bäumen gesäumte Flussufer an
dieser Stelle steinig ist und nicht zum Baden einlädt. Zudem spielt Wolf auf das
Volkslied „An der Saale hellem Strande" (Franz Kugler, 1826) an, in welchem ein
vorüberziehender Wandersmann sehnsuchtsvoll die mittelalterlichen Burgen, alt-
bemoosten Steine, tapferen Ritter und liebenden Fräulein mit roten Mündern und
holden Augen besingt. Allerdings belässt es Wolf im Gegensatz zu Kirsch nicht
bei der Romantik, sondern er benennt auch die von der heimischen Großindust-
rie verursachte Umweltzerstörung. Die südlich von Halle gelegenen chemischen
Großkombinate BUNA und LEUNA leiteten ihre giftigen Abwässer in die Saale;
das Baden im Fluss war zu DDR-Zeiten gesundheitsschädlich. Wolf übt mit dieser Bemerkung indirekt Kritik an Parteipolitik, die im Namen sozialistischen Fortschritts und Wohlstands Raubbau an der Natur betrieb.[13]
    Zurück zu Kirschs Gedicht: Dem Auftakt des Gedichts, welcher sich der
Schönheit der Frühlingszeit, der aufblühenden Natur und dem architektonischen
Umfeld widmet, folgt eine Beschreibung der Atmosphäre des Wohnhauses von
Ebert, wo die Besuchswilligen mittlerweile angekommen sind. Die Besucher ge-
langen bis ins Treppenhaus des (DDR-typischen) unsanierten Altbaus mit Außen-
toilette. An diesem Punkt genügt es der Dichterin, den „Geruch alter Häuser" zu
erwähnen, weil sie sich darauf verlassen, dass die Leserschaft diesen spezifisch
muffigen Geruch sofort in der Nase hat, allerdings lässt Kirsch gleich den vertei-
digenden Kommentar „aber man fühlt sich geborgen" folgen. Einerseits wirkt die
Textstelle der Romantisierung entgegen, andererseits unterstellt das introspektiv
verallgemeinernde „man" ein Einvernehmen zwischen lyrischem Ich und Lesern.
Wolf erwähnt den Hausgeruch zwar nicht, allerdings tragen auch seine visuellen

---

[12]Wolf 1974, S. 14. Mit „verlassene Industrie" ist das Areal einer Papierfabrik am westlichen
Saaleufer auf der Seite vom Stadtteil Kröllwitz gemeint. Ebert wohnte im ehemaligen Büro- und
Kontorhaus, das mittlerweile saniert wurde, während die Fabrikhalle bis heute verfällt. Wolf beschreibt die von Gras überwucherte Fabrik als ein „Überbleibsel der industriellen Revolution im
19. Jahrhundert" (ebd.), wo Kinder spielen und Liebespaare eine Bleibe finden. Wolf teilt mit
Ebert ein Auge für den Zauber des Verfalls; ehemals zukunftweisende Industrie ist Vergangenheit, doch die schönen Ruinen lassen die Vergänglichkeit unvergänglicher erscheinen, was erst
recht für die mittelalterliche Burgruine Giebichenstein am gegenüberliegenden östlichen Ufer der
Saale gilt. Bei der Kirche handelt es sich um die St. Briccius-Kapelle in Trotha; bei der Stahl-
brücke um die Forstwerder-Brücke. Die im Volksmund „Katzenbuckel" genannte Brücke liegt
ebenfalls auf der östlichen Saaleseite, direkt gegenüber von Eberts Haus. Die Brücke führt über
den Mühlgraben (ein Arm der Saale); sie verbindet den Stadtteil Trotha unterhalb der nahe der
idyllischen Klausberge gelegenen naturbelassenen Forstwerder-Insel.
[13]Mit der Umweltverschmutzung in Bitterfeld (bei Halle) beschäftigte sich später Monika
Marons Roman *Flugasche*.

und olfaktorischen Wahrnehmungen den widersprüchlichen Facetten eines Ortes
Rechnung, der sowohl romantische als auch realistische Eigenschaften aufweist:
„[D]er Weg endet als Sackgasse neben einem mehrstöckigen Haus, das Wasser
rauscht idyllisch vom nahen Wehr und riecht realistisch nach Chemie."[14]
    Die für die Gründerzeithäuser typischen, in diesem Fall nicht mit Gardinen
verhangenen Fenster in der Wohnungstür gestatten es den Besuchern im Gedicht,
vom Treppenhaus aus einen flüchtigen Blick ins Innere der Atelierwohnung und
auf Bilder in den weißen Rahmen zu werfen. In Wolfs Buch gibt es ein Foto der
Wohnung, auf dem Ebert in diesem Flur und jene breite, verglaste Flügeltür zu
sehen ist.
    Im Gegensatz zu Kirsch traf Gerhard Wolf den Künstler in seinem Atelier an;
man war verabredet, um das gemeinsame Buchprojekt zu besprechen. Eberts
Wohnatelier im Haus Nr. 28 befand sich ganz am Ende der Talstraße; die Straße
verläuft parallel zur Saale, unterhalb des Ochsenbergs und der auf dem Tannen-
berg gelegenen Petruskirche. Im ersten Kapitel schildert Wolf detailreich einen
Besuch im Atelier und einen Spaziergang mit dem Künstler durch Kröllwitz, jenes
malerisch auf einer Anhöhe gelegene, dörflich anmutende Stadtviertel, wo der
Künstler sich zu Hause fühlte. Dort habe sich äußerlich in den letzten Jahrzehnten
wenig verändert, erklärt Wolf und beschreibt eingehend die Atmosphäre des Viertels. Kröllwitz sei ein Ort,

> wo das Leben der vorhergehenden Generationen noch in den heutigen Alltag hineinreicht,
> mit alten Häusern, Namen, Originalen [gemeint ist auch Ebert, S. W.] und Leuten mit den
> üblichen Wechselreden, guten Tag und guten Weg, vermischt mit Straßenspielen der Kin-
> der, die, immer noch, Himmel und Hölle hüpfen, Kaiser, König, Edelmann einander zuru-
> fen, Bürger, Bauer, Bettelmann [...] die ganzen Hierarchien noch einmal durch, und den
> Lebenslauf bis zum Totengräber. Leute, die morgens zur Arbeit gehen und abends von der
> Arbeit kommen, in der Kneipe am Weg ihr Bier trinken, im Garten ihren Kaffeetisch de-
> cken, sich untereinander noch kennen von Eltern und Großeltern her- und doch in Berufen
> arbeiten, die diesen unbekannt waren, wie der des Nachbarn Eberhard, der auf Hochspan-
> nungsmasten herumklettert.[15]

Der Stadtteil am westlichen Ufer der Saale ist die Welt von Abert Ebert, die auch
sein Werk prägte. Sie erscheint in Wolfs Portrait als entrückter Ort, in dem die Vergangenheit noch lebendig ist, als zeitlose Insel, die von Zivilisation, Industriali-
sierung und Sozialismus allenfalls gestreift wurde. Wolf vermerkt sogar das alte
„Holperpflaster" in der Talstraße – zu dieser Beobachtung findet sich eine Korrespondenz bei Kirsch, die dem (bis heute) Halle-typischen „Katzenkopfpflas-
ter" in *Zaubersprüche* ein Gedicht widmet.[16] Kröllwitz versprüht den Charme
eines scheinbar unschuldigen, unberührten Dorfes; zumindest im verklärten Blick
Wolfs hat sich hier ein idyllisches, nachbarschaftliches Lebensgefühl inmitten der

---

[14] Wolf 1974, S. 9.
[15] Wolf 1974, S. 15.
[16] Wolf 1974, S. 9; Kirsch 1973, S. 61 in der Abteilung III der Sammlung, die „Katzenkopfpflas-
ter" überschrieben ist. Das Pflaster trägt bis heute zum historischen Charme des Viertels bei.

modernen sozialistischen Arbeitswelt erhalten. Vermittelt wird ein Gefühl, aus dem sich bis heute ein Teil der geschichtsvergessenen Nostalgie der Ostdeutschen zu speisen scheint.

Auch Sarah Kirsch räumt in ihrem Gedicht eben jener vorindustriellen familiären Sozialstruktur, in der Identität sich aus Nachbarschaft, Beruf und Kneipenabenden generierte, breiten Raum ein: Niemand reagiert auf das „Klopfen" der Besucher an Eberts Wohnungstür, und damit beginnt der dritte, längste und letzte Abschnitt ihres Weges durch die Stadt beziehungsweise des Gedichts. Kirsch kehrt nun zu einer bodenständigen, prosaischen Alltagssprache zurück: Die „Nachbarin" erteilt Auskunft, der Maler sei „weggegangen" und käme „vor Anbruch der Nacht" nicht zurück, zumal seine Frau „beim Frisör" sei. Das enge nachbarschaftliche Verhältnis im Kiez, auf das auch Wolf zu sprechen kommt, ist demnach in Kirschs Text bereits präsent. Die Besucher setzen ihre Suche nun in den nahegelegenen „Lieblingskneipen" des Malers fort. Hierzu müssen sie, von Eberts Haus in Kröllwitz westlich der Saale kommend, zunächst gen Osten über die denkmalgeschützte Brücke in den urbanen Stadtteil Giebichenstein zurückgelaufen sein, ein Wegabschnitt, den Kirsch jedoch ausspart.

Mit plaudernden, das Mündliche nachahmenden Sätzen („gehn" statt „gehen") gelingt es Kirsch, die intime Stimmung im von Gründerzeitarchitektur geprägten Stadtviertel Giebichenstein anschaulich zu machen, wo sich die Lieblingskneipen befinden.[17] Die Lokale, in welche die aus der „Sonne" kommenden Besucher auf der Suche nach dem Maler „ihre Köpfe" stecken, werden als „klein[e] rauchig[e] Inseln" und „dämmrige Bierstuben" beschrieben, in denen Flaschen leise „klingel[n]". Wolf wiederum scheint diese Stelle von Kirschs Gedicht zu zitieren, wenn er in seiner Wegbeschreibung vermerkt, wenn man nach Kröllwitz käme, sei man aus der „rauchigen Stadt fast heraus".[18] Offenbar kennt jedermann den Gesuchten, denn die Suchenden werden weitergeschickt: Ein „Wirt / hatte ihn gehn sehn empfahl uns / An den nächsten Wirt in der Straße". Doch weder im Gasthof Zum Mohr noch in der Gosenschänke – beides beliebte, traditionsreiche Kneipen – ist der Maler anzutreffen.

Das unmittelbare malerische Umfeld der Kneipen wird zwar von Kirsch nicht beschrieben, allerdings trägt Wissen um die lokalen Gegebenheiten zum Verständnis des Gedichtes bei: Direkt gegenüber den Kneipen, an der Brücke gelegen, thront auf einem hohen Felsen die aus dem 12. Jahrhundert stammende Burgruine Giebichenstein, welcher der Stadtteil den Namen verdankt. Bereits die Romantiker ließen sich vom Ausblick auf den Fluss und auf die gegenüberliegende Hügelkette von Kröllwitz inspirieren.[19] Auch den Blick auf das andere Ufer, wo Ebert wohnte, sowie in

---

[17] Giebichenstein wurde nicht zerbombt, es ist heute aufgrund der gut erhaltenen Bausubstanz das schönste und teuerste Viertel der Stadt.

[18] Wolf 1974, S. 9.

[19] Joseph von Eichendorff studierte 1805–1806 in Halle und widmete diesem Ort das Gedicht *Bei Halle* (1. Strophe): „Da steht eine Burg über'm Thale / Und schaut in den Strom hinein / Das ist die fröhliche Saale, / Das ist der Giebichenstein."

nördlicher Richtung auf die Klausberge – eine Felsformation aus Porphyr (ein rot schimmerndes Vulkangestein) – konnten Besucher von der Burgruine aus genießen. An deren Fuß befindet sich die gut erhaltene Unterburg, die bereits zu DDR-Zeiten die 1915 gegründete Kunsthochschule Burg Giebichenstein beherbergte. Dort studierte Albert Ebert von 1946 bis 1948 Malerei. Johann Friedrich Reichardts Garten – *Herberge der Romantik* und *Giebichensteiner Dichterparadies* genannt – ist von der Burg aus in wenigen Gehminuten zu erreichen. Das gesamte Burg-Areal bei der Kröllwitzer Brücke bildet einen wesentlichen Bestandteil der biographischen wie topographischen Signatur des Malers. Die Kneipen befinden sich direkt gegenüber der Unterburg in der Burgstraße, auf der man in südlicher Richtung in die Innenstadt gelangt – doch die Besucher verzichten darauf, ihren Weg fortzusetzen. Mit dem Entschluss, die Suche zu beenden, das heißt im Viertel zu bleiben, endet das Gedicht: „Und dann fing die Stadt an / Wir konnten ihn / Nicht weiter verfolgen der Baum der Kneipen / Verzweigte sich mächtig".

Als Biologie-Studentin und während ihrer Ehe lebte Sarah Kirsch in verschiedenen Wohnungen im Giebichenstein-Viertel; es ist davon auszugehen, dass sie die Schönheiten dieser Gegend, die Sehenswürdigkeiten und deren Geschichte sehr gut kannte.[20] Damals wie heute lebten im bürgerlichen Giebichenstein vor allem Akademiker, Künstler und Studenten, aber auch Arbeiter; in den Kneipen trafen sie zusammen. Als einfacher ‚Werktätiger', Kneipengänger *und* Künstler vereinte Ebert diese Milieus in sich und ebenso in seiner Kunst (hierzu gleich). Auch Gerhard Wolf erwähnt in seinem Buch, dass Ebert regelmäßig in die Kneipen ging und gern dem Rotwein zusprach; daher kannte jeder im Viertel den Maler und seine Geschichten. Die ländlich anmutende Erfahrung von Nachbarschaft und Bekanntschaft in Giebichenstein, die bei Kirsch und Wolf Erwähnung findet, galt in den 1970er Jahren als typisch für die mittelgroße Universitätsstadt, wo man heute noch den Spruch hört, Halle sei ‚ein Dorf', in dem jeder jeden kenne. Vor dem Mauerfall war diese Nähe für die mehr oder weniger angepassten Bürger allerdings auch mit Risiken behaftet.

Ortskenntnis, stadtgeschichtliches Wissen und das sozial- und kulturhistorische Setting zählen zum Horizont des Gedichts und tragen somit zu einem vertieften Werkverständnis bei. Die von Kirsch gewählten, schon allein durch die Gedichtform als poetisch markierten und geadelten Orte und Wegstrecken im Norden der Stadt zeichnen sich durch eine Verschmelzung von alter und neuer, dörflicher und urbaner Welt, Akademiker- und Arbeitermilieu, romantischer und rational-moderner Kultur aus, was für die Stadtgeschichte von Halle insgesamt typisch ist. Kirsch und Wolf beschreiten in ihren Texten zu Ebert bezeichnenderweise nicht (mehr) den ‚Bitterfelder Weg'. Die in den 1960er Jahren südlich der alten Innenstadt aus dem Boden gestampften Plattenbausiedlungen, die eigens für die Arbeiter der heimischen Industrie errichtet wurden, spielen bei beiden keine Rolle. So wie das grüne, von Fluss und Berg geprägte romantische Kröllwitz und Giebichenstein im Norden

---

[20]Vgl. hierzu auch Kittelmann 2023.

nicht zur brutalen Betonwüsten-Architektur vom südlichen Halle-Neustadt passen, entzieht sich auch die ‚Bauweise' von Eberts Kunst den Leitlinien des Sozialistischen Realismus – und doch zeichnet sich der Charakter der Stadt insgesamt durch das Zusammenspiel von Natur und Kultur, Zeitlosigkeit und Zeitgebundenheit, Gestern und Heute aus.

In dieser Hinsicht bemerkenswert und besonders signifikant für Kirschs Poetik sind die letzten beiden Verse des Gedichts, in welchen die Stadt als sich mächtig verzweigender „Baum" (aus Kneipen) und somit als lebendiges organisches Naturwesen perspektiviert wird. Das lyrische Wir bewegt sich durch die Stadt, wie man in einem Baum herumklettert; städtischer Raum wird mit Naturraum identifiziert. Die Stadt als Baum wahrzunehmen bedeutet, sich ihre Struktur als wachsendes Geflecht, bestehend aus lebendigen Straßen, Gassen und Lokalen beziehungsweise Zweigen und Ästen vorzustellen, zumal im Frühjahr, wenn alles zu blühen beginnt. Somit endet das Gedicht, endet der Weg, endet die Suche nach dem Maler nur scheinbar erfolglos. Am Ende der lyrischen Wegbeschreibung steht das poetische Bild der Stadt als Gewächs – dieses Bild enthält den Kern von Kirschs Naturpoesie. Im Mittelpunkt von Kirschs ‚biopoetischer' Lyrik steht die einfache Schönheit von Pflanzen, Blumen und Tieren. Kirsch vermag es, selbst die Stadt, den scheinbar prosaischen, empirisch-faktualen Gegenstand der Beschreibung, mittels ästhetisierender Wahrnehmung in einen lyrischen Naturraum zu verwandeln. Kirschs Wegbeschreibung gibt sich einerseits dokumentarisch und alltagsnah, andererseits poetisch-malerisch. Insgesamt handelt es sich um eine mit leichter Hand gefertigte Skizze des romantischen, vom Fluss geprägten Stadtrandes und des Giebichenstein-Viertels, welche in Umrissen die Persönlichkeit von Albert Ebert erkennen lässt. Indem Kirsch ihren Weg durch die Stadt beschreibt, porträtiert sie zugleich den Maler und umgekehrt. In der Beschreibung Kirschs scheint der Maler mit seiner von Flusslandschaft, Atelierwohnung und Kneipenkiez geprägten Umgebung nahezu verschmolzen; im Gedicht *ist* Ebert gewissermaßen die Stadt und die Stadt *ist* Ebert.

Aus welchem Grunde aber macht Kirsch die erfolglose Suche nach dem unauffindbaren Maler zum Gegenstand eines Gedichtes? Weil die Suche und der Weg des kollektiven lyrischen Wir nach dem Künstler zugleich die Suchbewegung der jungen Lyrikerin (und ihrer Kolleg*innen) nach dem Standort der Kunst in der DDR ist. Sarah Kirsch geht nicht in die sozialistischen Betriebe, nicht in den Plattenbau, und auch nicht ins dreißig Kilometer entfernte Bitterfeld, sondern an den verträumten romantischen, der bitteren Gegenwart entrückten Stadtrand von Halle, zu einem Maler, der als „Rousseau der DDR", innerhalb der DDR-Kunstgeschichte als Sonderfall und Außenseiter galt.[21] Die zweite Frage muss daher lauten, was genau an Albert Ebert, seiner Lebensgeschichte und seinen Bildwelten die Suche und lyrische Wegbeschreibung wert war. Um das zu begreifen, müssen

---

[21] Schmidt 2001, S. 12.

die Leser*innen die Leerstellen, die Kirschs ‚Lichtbild' aufruft, selbst füllen – in etwa so, wie man sich die Bilder zu den im Gedicht erwähnten weißen „Rahmen" hinzudenken muss. In dem auf dem Umschlag abgedruckten Interview scheint die Dichterin einen Hinweis auf ein solches Verfahren zu geben: „Manchmal freilich muß man […] aus dem Resultat auf die Ursache zurückschließen." Was im Gedicht nicht beschrieben wird, worauf lediglich verwiesen wird, sind Eberts Bilder, welche die Besucher nicht zu sehen bekommen haben. Diese Bilder, als das eigentliche Ziel des Weges, bilden somit den unausgesprochenen Gegenstand des Gedichts auf zweiter Ebene. Wie sich zeigen wird, lassen Eberts Gemälde – beziehungsweise das Kunstverständnis des Außenseiters – Rückschlüsse auf Kirschs Kunstinteresse und damit auf das von ihr geschätzte Lebens- und Kunstverständnis, jenseits der Bildwelten des Sozialistischen Realismus, zu. Eberts künstlerisches Schaffen soll im Folgenden skizziert werden, unter anderem im Rückgriff auf das von Gerhard Wolf verfasste Buchportrait. Für diese ‚lückenfüllende' Lesart des Gedichts spricht, dass Kirsch die gesellschaftliche Dimension ihrer Gestaltung alltäglicher Schönheit in *Zaubersprüche* eigens bekennt: Zu dokumentieren, „wie die Menschen sich verwirklichen konnten, wieviel Freiheit sie hatten", das sei „gar nicht privat".[22]

3   Albert Ebert – Leben und Werk

Albert Ebert wurde 1906 in Halle geboren und starb 1976 als einer der bekanntesten Künstler der DDR in seiner Heimatstadt. Von den Kriegsjahren abgesehen lebte und arbeitete Ebert sein ganzes Leben in der Saalestadt; aus seinen Bildern spricht eine tiefe Verbundenheit mit dem städtischen Leben, mit Orten, Ereignissen, den Bewohnern; gleichwohl reichen zahlreiche Elemente seines Schaffens, darunter die biblische und mythologische Motivik seiner Bilder, weit über das Lokale und die Gegenwart hinaus (hierzu gleich mehr).

Ebert stammte aus einer einfachen und frommen Arbeiterfamilie. Nach dem Volksschulabschluss 1921 begann er eine Lehre als Maurer, schlug sich aber während der Wirtschaftskrise in den 1920er Jahren als Aushilfs- und Gelegenheitsarbeiter durch. In den 1930er Jahren spielte er Banjo in einer Jazzkappelle, die von der örtlichen S. A. als „rote Kapelle" attackiert wurde. 1939 wurde Ebert zu einer Baubrigade der Wehrmacht einberufen und musste später als Infanterist nach Russland; er geriet in sowjetische Kriegsgefangenschaft und kehrte 1945 schwerkrank nach Halle zurück. Die traumatischen Erfahrungen als Soldat, Kriegsgefangener und Patient im Lazarett Bergmannstrost trugen entscheidend dazu bei, dass

---

[22] Sarah Kirsch im Interview mit Karl Corino: „Privat würde ich als Schimpfwort empfinden": Gespräch mit Sarah Kirsch über ihre schriftstellerische Arbeit, anlässlich der Verleihung des Petrarca-Preises. In: *Christ und Welt*, 25.6.1976, hier zitiert nach Cosentino 1990, S. 45.

Ebert in der Nachkriegszeit „Ruhe und Beständigkeit" in der Malerei suchte.[23] Zunächst jedoch entdeckte Ebert seine Liebe zur Literatur; er las Karl May, Schiller, Heine und Uhland, lernte Lieder und Balladen auswendig. Auf dem Bau galt Ebert bald als Außenseiter, weil er Gedichte seines Lieblingsdichters Heinrich Heine rezitierte. Wolf trägt dem literarischen Interesse des Malers Rechnung, indem er Zitate aus den von Ebert hochgeschätzten Gedichten und anderen literarischen Werken einfügt. Eberts Vorliebe für Poesie schlug sich auch in den Gemälden nieder. Am Beispiel von „Akt in Rot" (1965) erläutert Gerhard Wolf, dass Eberts Figuren sich „über ihre profane ‚Existenz' erheben […] und doch zugleich von der Hand des Malers in die überschaubare […] Alltäglichkeit zurückgeholt werden".[24] So sei die Frau auf dem Bild einerseits „ohne Romantik" und dennoch vergleichbar „mit der Göttin Aphrodite, / die der Meeresflut entstiegen" (Heinrich Heine).[25] Man käme Eberts Bildern „am besten lyrisch bei", bilanziert Wolf.[26] Die Verständigung über Kunst zwischen dem Lyrikspezialisten Wolf und dem lyrikaffinen Ebert, die Sympathie und Nähe der beiden, die im Buch spürbar wird, entsprang zweifelsohne ihrer geteilten „Liebe zur Poesie",[27] und es ist davon auszugehen, dass Wolf seine Begeisterung für Eberts ‚lyrische' Malerei auch an Sarah Kirsch weitergab.

1946 nahm Charles Crodel den ungelernten und gleichwohl talentierten Arbeiter Ebert in seine Malereiklasse an der Kunsthochschule auf. Im Alter von vierzig Jahren studierte Ebert mehrere Semester ‚an der Burg' und erwarb ein Diplom. Er hospitierte als Restaurator, arbeitete anschließend wieder als Bauarbeiter, später viele Jahre als Heizer an der Kunsthochschule und parallel dazu als freischaffender Künstler – nach einigen parteipolitisch motivierten Rückschlägen mit stetig wachsendem Erfolg. In den 1960er Jahren stieg Ebert zum bedeutendsten Vertreter der Naiven Kunst und Laienmalerei der DDR auf. Er wurde zu großen Ausstellungen bedeutender nationaler Museen und Galerien eingeladen; es folgen Einzelausstellungen in Leipzig, Berlin und anderen Großstädten; 1973 wird ihm der Kunstpreis der Stadt Halle zuerkannt.[28] Ab Mitte der 1960er Jahre konnte er gelegentlich in der Bundesrepublik und im westlichen Ausland ausstellen. Werke von Ebert wurden noch zu Lebzeiten von bedeutenden Museen angekauft, unter

---

[23] Brade/Litt 2001, S. 170. Gerhard Wolf berichtet, er und Ebert hätten Heine im Gespräch „im Chor" aufgesagt (Wolf 1974, S. 33).

[24] Wolf 1974, S. 75.

[25] Wolf 1974, S. 75.

[26] Wolf 1974, S. 75.

[27] Wolf 1974, S. 33. Zitiert wird unter anderem Heines *Almansor* sowie ein Gedicht über Halle aus Heines Zyklus *Die Heimkehr* (LXXXIV) aus dem *Buch der Lieder*. In diesem Gedicht polemisiert Heine gegen die Zähmung und Versteinerung der einst rebellisch-freiheitlichen Hallenser im Angesicht des Erstarkens nationalistischer Kräfte. Eberts Interesse an Heine war also durchaus auch politischer, und keineswegs ausschließlich naturpoetischer oder gar sentimentaler Natur.

[28] Eberts Werke wurden unter anderem in Halle (Kunstmuseum Galerie Moritzburg), Leipzig (Galerie Wort und Werk), Dresden (VI. Deutsche Kunstausstellung) und in Ahrenshoop (in der traditionsreichen Bunten Stube) gezeigt.

anderem von der Galerie Moritzburg (Halle), der Galerie der Neuen Meister in Dresden, der Nationalgalerie Berlin und dem Städel-Museum in Frankfurt.[29] Besondere Verdienste um die Förderung ostdeutscher Kunst erwarb sich der Kunstverein Hannover; dort präsentierte man 1979 eine große Ausstellung mit Werken der bedeutendsten Halleschen Künstler.[30]

Ab den 1970er Jahren zog es „Freunde und Kunstliebhaber, Schriftsteller und Schauspieler […] nach Halle, um in Eberts ‚Museum' die faszinierenden und erzählerischen Bilder zu erwerben".[31] Mit „Museum" ist die besagte Atelierwohnung in der Talstraße gemeint. Kirsch und Ebert waren nicht die Einzigen, die sich für Ebert begeisterten; zu den Besuchern zählten unter anderem auch Johannes Bobrowski und Stefan Heym.[32] Vermittelt von Gerhard Wolf illustrierte Albert Ebert nun auch Programmhefte fürs Theater, mehrfach zu Stücken von Peter Hacks, der den Maler ebenfalls verehrte.[33]

Albert Eberts Werdegang scheint auf den ersten Blick vorbildhaft im Sinne des volkspädagogischen Anspruchs des Bitterfelder Wegs. Er stammte aus dem Proletariat, war somit kein Sprössling des vom Arbeiter- und Bauernstaat verachteten höheren Bürgertums und der Intelligenzia, sondern ein arbeitender Künstler beziehungsweise künstlerisch produktiver Arbeiter. Ebert rechnete dem sozialistischen Staat seinen außergewöhnlichen Lebensweg durchaus an, zumindest die Chance zum Studium in der Nachkriegszeit: *„Wo wäre es denn früher möglich gewesen, daß ein Bauarbeiter Künstler werden konnte?"*[34] In den 1950er Jahren gehörte auch Ebert zu jenen Künstlern, die, wie die Kirschs und die Wolfs, „in die

---

[29] Wolfs Buch war nicht das erste über Ebert; zuvor waren bereits zwei kunstwissenschaftliche Bildbände erschienen, die zur Bekanntheit des Künstlers beitrugen (Jansen 1959; Timm 1978). 1982 lief im DDR-Fernsehen ein Dokumentarfilm über Ebert. Sehenswert ist der Dokumentarfilm *Erinnerungen an Albert Ebert*, Regie Hagen Weil und Igor Fühmann [ein Enkel von Franz Fühmann, S. W.], 2022.

[30] Ausgestellt wurden Arbeiten von Albert Ebert, Willi Sitte, Uwe Pfeiffer und Karl Völker. Der Kunstverein erstellte das erste Gesamtverzeichnis von Eberts Werken.

[31] Vgl. hierzu ausführlicher Brade/Litt 2001, S. 171.

[32] Johannes Bobrowski war mehrfach bei Ebert zu Gast; er besaß mehrere seiner Bilder und schickte ihm gelegentlich seine Texte. In seinem Buch über Bobrowski widmet Gerhard Wolf der Vorliebe Bobrowskis für Ebert ein eigenes Kapitel (Wolf 1971). Im Prinzip handelt es sich bei Wolfs Buch um ein dreifaches Portrait: Indem Wolf über Bobrowskis Begeisterung für Eberts Bilder schreibt, erteilt er über sich selbst und seine Sicht auf die DDR-Literatur- und Kunstgeschichte Auskunft: Was Bobrowski am Maler fasziniert habe, sei dessen Art gewesen, „Dinge einfach zu sehen, sie einfach zu sehen." Auch Bobrowski liebe Eberts intensive Farben: „Von dem Rot des Daches und dem Rot des klopfenden Blutes. […] Es sind die Farben seiner Poesie. So begegnen sich die lyrischen Bilder. Bobrowskis mit den gemalten von Ebert. […] Ebert erzählt mit dem Pinsel." (Wolf 1971, S. 125–126) Ebert sei wie Bobrowski, ein „bildhaftes Erzählen" und der Sinn für die Entdeckung des Poetischen im Alltäglichen zu eigen, darin glichen sich ihre Sichtweisen (S. 128).

[33] Vgl. die Briefe des „Sie sehr liebenden" Peter Hacks an Albert Ebert (Hacks/Ebert 1976, S. 107).

[34] Wolf 1974, S. 35–36.

Betriebe gingen", mit dem Unterschied, dass er in der Welt der sozialistischen Produktion nie fremd, sondern tatsächlich zu Hause war. Arbeit als ,Werktätiger' war
für Ebert keine zwangsverordnete Zwischenstation, die in der DDR zur Bedingung
für einen Studienplatz gemacht wurde, sondern, auch herkunftsbedingt, vertraute
Normalität. Auch dann noch, als Ebert als freischaffender Künstler Erfolg hatte,
lebte er in zwei Welten – tagsüber in der ,Unterwelt' des Heizungskellers der
Kunsthochschule, nach Feierabend in den Kneipen und nachts an der Staffelei.

Ebert blieb, so der Tenor der Kunstgeschichte, Angehöriger und zugleich Außenseiter beider sozialer Sphären. Wolf attestiert ihm das „empfindsame Naturell
dieses unvoreingenommenen malenden Arbeiters."[35] Im Fall von Ebert ist die Position des Außenseiters positiv konnotiert, denn man nahm ihn als außergewöhnlichen Künstler und als Original wahr. Ebert scheint für Wolf und andere Intellektuelle die ideale schöpferisch produktive Synthese aus Künstler- und Arbeitermilieu,
altem romantischen und neuem sozialistischen Halle, Land und Stadt, Natur und
Kultur, Poesie und sozialistischem Alltag, DDR-Geschichte und mythisch-bib-
lischer Ahistorizität zu verkörpern. Um sich hiervon eine Vorstellung zu machen
und zu verstehen, worin insbesondere die Parallelen zu Kirschs Lyrik und ihrem
Wirklichkeitsverständnis bestehen, ist eine knappe Beschreibung der Bildsujets
und Formsprache sowie eine kunstgeschichtliche Einordnung unabdingbar.

4 Eberts Themen, Stoffe, Motive

Albert Ebert malte in Öl und verwendete meist Holztafeln als Bildträger; darüber hinaus fertigte er zahlreiche Druckgraphiken. Vorbilder für die Lasurmal-
technik und kontrastreiche Farbgebung sind die altniederländischen Meister, vor
allem Rembrandt, von dem er unter anderem eine besondere Vorliebe für intensiv
leuchtendes Rot vor dunklem Bildhintergrund übernahm.[36] Das bekannteste Beispiel hierfür ist *Laternenfest II* (1958), das die goldenen Funken des Höhenfeuer-
werks über der nachtschwarzen Burgruine Giebichenstein vor einem feuerrot erleuchteten Nachthimmel zeigt (s. Abb. 1). Das Feuerwerk bildet den Höhepunkt
dieses Volksfestes mit Bootskorso und einem Laternenumzug, das seit 1928 am
Saaleufer gefeiert wird und mit seinen vielen Lichtern zweifellos die malerischste
Festivität der Stadt ist.

Ebert schuf zahlreiche farbintensive Gemälde, welche das Lichterspektakel
auf dem Laternenfest einfangen; auch viele andere öffentliche Feierlichkeiten
hielt er fest, darunter das Fest anlässlich des Stadtjubiläums (1000 Jahre Halle),
eine Feier in den Franckeschen Stiftungen, das bunte Treiben auf dem Pressefest
der Halleschen Zeitung *Die Freiheit* sowie kleinere öffentliche Veranstaltungen:

---

[35] Wolf 1974, S. 52.
[36] Einige Werke, die nach dem Vorbild von Hieronymus Bosch surreale Elemente enthalten.

Abb. 1 Albert Ebert Laternenfest II, 1958 Öl auf Hartpappe, Originalrahmen des Künstlers 47,2 × 36,7 cm Dauerleihgabe Stiftung der Saalesparkasse Kulturstiftung Sachsen-Anhalt, Kunstmuseum Moritzburg Halle (Saale). (Foto: Punctum/Bertram Kober © VG Bild-Kunst, Bonn 2023)

Kinderfest im Kleingartenverein (1959) zeigt einen Festumzug – eine mit Blumen geschmückte Pferdekutsche und mit Blumenkränzen geschmückte Mädchen, die in der Dämmerung durch die Talstraße ziehen, in leuchtenden Farben vor dem

Hintergrund der dunklen Hügelkette von Kröllwitz. Auf *Krug zum grünen Kranze* sind die Lustbarkeiten im gleichnamigen, republikweit bekannten Gartenlokal zu sehen.[37] *Der Zauberkünstler* (1966) präsentiert einen Zauberer auf einer erleuchteten Bühne, im Hintergrund steht ein üppiger Blumenstrauß. Ebert verewigte Geburtstagsfeiern und Beerdigungen, die Einschulung seiner Tochter, den Weihnachtsabend im Kreis der Familie, Hochzeiten, Konzerte, Theater-Aufführungen, Zirkusvorstellungen mit Clowns, Faschingsfeiern mit Narren, Tanzabende und Geselligkeiten in realexistierenden HO-Gaststätten. Mehrfach malte er das fröhlich-bunte Treiben der Märkte, beispielsweise die Blumenstände auf dem Marktplatz im Stadtzentrum (*Blumenstand*, 1965; *Markttag*, 1957). Es sind schlichte Szenen des Alltags, die einfachen Schönheiten eines Lebens in Halle, das Geschehen in der unmittelbaren Umgebung und Nachbarschaft, das reale Schöne von menschlichem Dasein in Stadt und Natur, das Ebert festhalten wollte. Gerhard Wolf fasst das thematische Spektrum von Eberts Werk wie folgt zusammen: „Leben im Haus, Leben auf der Straße, gewöhnliches Leben mit Geburt und Tod, nicht arrangiert oder zu Themen aufgebaut, ganz intime Interieurs."[38] Das bekannteste Beispiel hierfür ist *Heizers Geburtstagständchen* (1956). Das Bild zeigt Eberts Arbeitsplatz – den kohleschwarzen Heizungskeller in der ‚Unterwelt' der Kunsthochschule – und den Künstler selbst beim Anheizen des Ofens. Unterdessen spielt oberhalb auf der Kellertreppe zu Eberts Ehren eine Blaskapelle. Hinzu gesellen sich, mitten im finsteren Keller, engelgleiche Kinder in leuchtend weißen Kleidchen, Pfeil, Bogen und Blumensträuße in den Händchen haltend. Drei Engel schweben von der Decke und spielen Posaune, was der Alltagsszene – dem Setting nach Plackerei – die entscheidende surreale, märchenhafte und weltentrückte Komponente hinzufügt.

Gerhard Wolf gegenüber bekannte Ebert seine Liebe für alles mit Blumen geschmückte Feierliche und Festliche und somit für das Wiederkehrende im Familienleben wie auch im städtischen Leben; hierin zeigte sich für den Maler die Schönheit der Stadt, was ihm ein beruhigendes Gefühl für den Kreislauf des Lebens vermittelte.[39] Besonders jene Werke, die erkennbar der Natur, Orten und Ereignissen in Halle gewidmet sind beziehungsweise Ebert die Gelegenheit boten, das einfache Leben malend zu bannen, erinnern an Kirschs Gelegenheitsgedichte in *Zaubersprüche*, mittels derer die Dichterin das Unmittelbare, Alltägliche und Lokale zum Gegenstand ihrer Lyrik machte und damit ins Poetische erhob. Der literaturaffine Ebert malte mit Pinsel und Farbe, die malereiaffine Kirsch malte gewissermaßen mit Stift und Worten. Beide praktizierten eine „Poetische Malerei –

---

[37] Den Biergarten mit Freisitz direkt am Fluss liegt nur wenige Meter von Eberts Haus entfernt. Das Lokal kannte man in der gesamten DDR, weil seit 1983 von dort die beliebteste Volksmusiksendung des DDR-Fernsehens übertragen wurde.

[38] Wolf 1974, S. 10.

[39] Wolf 1974, S. 16.

Schmetterlingsstaub – Poesie des Alltags",[40] so Wolf; beide brachten Orte, Menschen, Ereignisse zum Leuchten.

Auffallend ist Eberts besondere Vorliebe für Blumen und Blüten, eine Eigenheit, die für die studierte Biologin Sarah Kirsch, Liebhaberin alles Floralen, besonders reizvoll gewesen sein dürfte. Einheimische Blumen, Blüten, Kränze, Sträuße schmücken nahezu sämtliche Bilder der Feste, Feierlichkeiten und Märkte der Stadt, aber auch die Bibelszenen, die Landschaften, Stillleben, Interieurs, und insbesondere die Aktbilder kommen nicht ohne dezente Blumentupfer aus. Im Haar kleiner Kinder und Engel leuchten weiße Blumen; die Frauen ziert häufig ein roter Blütenschmuck.[41] Auf dem Triptychon *Paradies-Altar* (1970) tummeln sich Schwäne und prangen Rosensträuße; *Badende Mädchen im Grünen* (1964) zeigt drei nackte Badende mit Blüten im Haar am Saalestrand.

Auf den Aktbildern kommt Eberts altmeisterliche Lasurtechnik besonders gut zur Geltung: *Akt auf rotem Hocker* (1974, s. Abb. 2) zeigt eine rundliche Frau mit weißer Haut vor schwarzglühendem Hintergrund; sie trägt eine leuchtende rote Blüte im Haar und eine rote Perlenkette auf der Brust.[42] Ihre Pose wirkt nicht kokett, vielmehr blickt sie dem Betrachter verträumt und melancholisch in die Augen. Die Freude an Blumen, sein Bedürfnis nach kontemplativer Abbildung von Natur und weiblicher Schönheit, deutbar als sinnlich-lebendiges Zeichen der Schöpfung, führt der Maler selbst auf die traumatische Kriegserfahrung und die schwere Nachkriegszeit zurück, die im Zeichen seiner Suche nach ewigem Leben im Angesicht des Todes stand: „Da habe ich mich gefreut über jede Blüte, über jede Blume und alles, was draußen war … und da war ich immer so begeistert, da bin ich nach Haus gerannt und habe mich hingesetzt und habe versucht, das so zu bringen, wie ich's gesehn hatte."[43]

Sarah Kirschs Faszination für die Schönheit der Pflanzenwelt steht zwar nicht in unmittelbarem kausalen Zusammenhang mit der Nachkriegszeit, dennoch sucht auch sie in der Natur nach einer Erfahrung von Schönheit und Ästhetik, die einerseits der Realität des Alltags entspringt und andererseits über die beengten gesellschaftlichen Verhältnisse hinausführt. In Kirschs Besitz befindet sich eine Lithographie von Ebert mit dem Titel *Dame mit Fächer* (1968), auf dem zwei Frauen zu sehen sind: Die eine steht aufrecht in einem langen Abendkleid mit elegantem Hut und Maske über den Augen auf einer Bühne. Durch den dünnen Stoff des Oberteils schimmern ihre Brüste hindurch; sie hält einen großen Fächer in der Hand. Außerhalb des mittels einer dunklen Rahmung angedeuteten Bühnenraums sitzt eine Nonne im Ordensgewand auf einem Stuhl. Mit vor der Brust gefalteten Händen schaut sie die Dame mit Fächer freundlich an, während diese lächelnd in

---

[40] Wolf 1974, S. 74.

[41] Ebert beschreibt sein Motiv wie folgt: „„Das kleine Kind steht noch im Paradiese, voller Unschuld. Dann ein Mädchen, das den Blumenstrauß in Händen hat. Und nachher eine reife Frau, die sich das Haar schmückt noch mit einer Blume."" (Wolf 1974, S. 13)

[42] Sehr ähnlich *Akt in Rot* (1965).

[43] Wolf 1974, S. 40.

Abb. 2 Albert Ebert, Akt auf rotem Hocker, 1974 Öl auf Hartfaser, auf Holz, Bild und Rahmen als Einheit 77,2 × 34 cm Dauerleihgabe Stiftung der Saalesparkasse Kulturstiftung Sachsen-Anhalt, Kunstmuseum Moritzburg Halle (Saale). (Foto: Punctum/Bertram Kober © VG Bild-Kunst, Bonn 2023)

Richtung Zuschauer oder Bildbetrachter blickt.[44] Unter welchen Umständen die Graphik in Kirschs Besitz gelangte, ist nicht bekannt, doch war es der Dichterin offenbar so wichtig, dass sie es bei ihrer Ausreise mit in den Westen nahm. Das Motiv könnte insofern zu Kirsch zu passen, als es zwei Wesensseiten des Weiblichen zeigt – eine scheue, ängstliche, verkörpert durch die sittsame Nonne, und

---

[44] Die schwarz-weiße, also nicht kolorierte Lithographie, ist in Gerhard Wolfs Buch über Ebert abgebildet (1974, S. 28). Von einer Steinplatte fertigte Ebert üblicherweise mehrere Drucke an, die er verkaufte oder verschenkte.

eine theatrale und erotisch herausfordernde, symbolisiert in der selbstbewussten Pose der Bühnenkünstlerin.[45]

Wie weit sich Ebert vom profanen sozialistischen Alltag entfernt, macht nicht zuletzt seine Beschäftigung mit der Bibel, mit Literatur und antiker Mythologie deutlich – Eberts Werk trägt „poetische, ja sogar phantastische und mythologische Züge"[46]. Einige Beispiele: Ebert malt *Das Urteil des Paris* (1959), *Adam und Eva im Paradies* (1954) und *Leda mit dem Schwan* (1972, s. Abb. 3), wobei er sein Interesse an diesen Themen Wolf gegenüber in dem ihm eigenen, alltagsnahen Ton erklärt.

Die Geschichte mit Leda und dem Prinzen, das sei eben „so ne Liebesangelegenheit",[47] und zu seiner Version des Paris-Urteils bemerkt Ebert verschmitzt, das sei ein „„Spaß" gewesen, denn in seiner Variante nehmen die Grazien „„den Korb und essen denn die Äppel selber...'".[48] Wolf kommentiert diese Bemerkung zustimmend humorvoll: „Eine kühne Deutung im Zeitalter der Gleichberechtigung."[49]

Insbesondere hinsichtlich dieses Werkaspekts lassen sich Parallelen zu Kirsch ausmachen. Auch sie begeistert sich für die Symbolkraft des Schwans, beispielsweise in dem Prosatext *Waldhorn*, der im autobiographischen Prosaband *Schwingrasen* (1991) enthalten ist. In diesem kurzen Text adaptiert Kirsch die Sage von der Schwanenfrau. Die Dichterin erzählt, sie habe in ihrer Hallenser Wohnung in einer Truhe ein Schwanengewand aufbewahrt, mit dessen Hilfe sie ihrem „Prins Herzlos" mitunter davongeflogen sei, und zwar zur Rabeninsel, wo sie sich gemeinsam mit anderen Schwänen „aus der vergifteten Saale [den] Mut" antrank, ihren Ehemann zu verlassen.[50] Der fliegende Schwan als Sinnbild für erotische, emotionale und künstlerische Freiheit findet sich bereits in *Zaubersprüche*, dort

---

[45] Ebert malte zahlreiche frontale Bühnensituationen. Meist stehen Schauspielerinnen auf der Bühne, aber nicht alle Bilder sind erotischer Natur und mitunter ist auch der Zuschauerraum mit abgebildet. Diese Faszination für schmucke theatrale Situationen und Bühnengeschehen passt zu Eberts Interesse an Kostümierung und Festlichkeit, die jedoch keinerlei politisch-ideologische Mission erkennen lassen. Damit unterscheidet sich Eberts Darstellung öffentlicher Veranstaltungen, in denen er den lustvollen, ästhetischen und geselligen Charakter betont, auffallend von der realexistierenden propagandistischen Festkultur der DDR (Blumen statt Banner sozusagen).

[46] Brade/Litt 2001, S. 170.

[47] Wolf 1974, S. 73.

[48] Wolf 1974, S. 73.

[49] Wolf 1974, S. 73.

[50] Kirsch 1991, S. 27. Sarah Kirsch ließ sich 1968 scheiden und zog nach Berlin. Wie Gerhard Wolf in seinem Ebert-Buch beklagt auch Sarah Kirsch in *Schwingrasen* die Zerstörung der romantischen Natur durch die Chemieindustrie. Das Schwanenmotiv taucht in der Prosaminiatur *Katzenpfote* nochmals auf, auch dort steht es bildlich für die Befreiung aus der zerrütteten Ehe: „Sind mir darüber Flügel gewachsen und eines Tages war ich ein Schwan und auf und davon. Unhaltbar im sozialistischen Vaterland noch. Kein Verständnis für Beton niemals und nirgends" (Kirsch 1991, S. 29). Der Glaube an die Ehe mit Kirsch und der Glaube an den Sozialismus gehen gleichzeitig zu Bruch. Der Flug als Federkleid des Schwans steht in sämtlichen Werken für die Metamorphose zur eigenständigen Lyrikerin mit ‚Flugfähigkeit'.

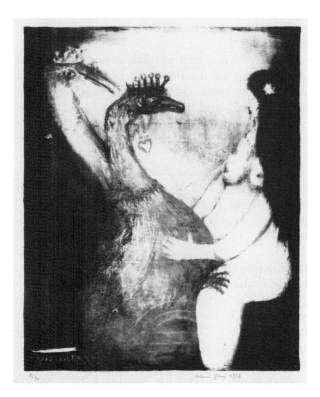

Abb. 3 Albert Ebert Leda und der Schwan, 1972 Lithografie 345 × 271 mm Kulturstiftung Sachsen-Anhalt, Kunstmuseum Moritzburg Halle (Saale). (Foto: Kulturstiftung Sachsen-Anhalt © VG Bild-Kunst, Bonn 2023)

an prominenter Stelle im letzten Gedicht mit dem Titel *Ich*: „Meine Haarspitzen schwimmen in Rotwein, mein Herz / Sprang – ein Ei im kochenden Wasser – urplötzlich / Auf und es fiel, sprang wieder, ich dachte / Wo du nun wärest, da flogen die Schwäne / […] schnell übern Himmel. / […] Ich stand auf eigenen Füßen […]".[51]

5   Fazit mit einem Seitenblick auf Willi Sitte

Ebert malte nie abstrakt modern, sondern ausschließlich figürlich, handwerklich ans Kindliche grenzend, fantasievoll, ‚unmodisch', schlicht, ‚naiv'. Er gilt als Vertreter der Naiven Kunst, einer Stilrichtung innerhalb der hochdifferenzierten

---

[51] Kirsch 1973, S. 100.

Ästhetik der Moderne, die ihren Höhepunkt mit Henri Rousseau zu Beginn des 20. Jahrhunderts erreichte. Für die Synthese aus mythologisierter Poesie und sozialistischem Alltag, gemalt in aus der Zeit gefallener altmeisterlicher Manier, ist Ebert von Wolf und anderen geliebt worden.[52] Eberts Interesse galt dem einfachen Leben, der Wirklichkeit, der ‚Poesie des Alltags'; andererseits kommt es immer wieder zu einer „phantasievolle[n] Umdeutung der Wirklichkeit, die alles Alltägliche traumhaft entrückt."[53] Seine Kunst zielt darauf ab, dass sich die Betrachter

> den unbefangenen Blick der Kinder nicht nehmen lassen. Nicht die Fähigkeit, uns ungezwungen zu zeigen, entwaffnet: die Schöne vor dem Spiegel, die feiernde Gesellschaft vor dem Photographen, der Heizer, der nicht zu Haus oder im Wirtshause seinen Geburtstag feiert, sondern vor seinem Ofen und sich dabei die Wünsche erfüllt, wie er sie als Kind ungestraft wünschen konnte, sich aber als Erwachsener längst verbot.[54]

Gerhard Wolf schätzte die neue, schöpferische und wahrhafte Art des Sehens von Welt, die sich für ihn selbst in Gegenwart von Ebert auftat: „So sollte es sein, einfach und deutlich, und eigenartig, daß man es nicht vergisst".[55] Wie er zu seinen Bildmotiven komme, fragte Wolf: „,Ich wollte malen und ich wollte eben die Welt so schön zeigen, wie ich sie eben fand.'"[56] „,Aber man ist doch auf der Welt, man sieht ja alles.'"[57] „Da setz' ich mich hin und mache das so, wie ich das fühle und empfinde."[58] Auch diese bestechend einfache und klare Sicht auf die Dinge der unmittelbaren Umgebung weist Parallelen zu Sarah Kirschs Programm einer ‚natürlichen' und zugleich poetischen Sicht auf die sie umgebende Wirklichkeit auf. Gerhard Wolfs Deutung des Ebertschen Werkes trifft in vieler Hinsicht auch auf Kirschs lyrische ‚Malerei' zu: „Des Lebens Spiel, die Welt im Kleinen. Welt, an die man ganz nah herantreten und sie einmal in der Hand halten kann".[59]

Ungeachtet der Tatsache, dass die Besucher den Maler nicht zu Hause antreffen – oder gerade deshalb! – lässt sich Kirschs Gedicht nur vor dem Hintergrund der zeitgenössischen Ebert-Rezeption, man muss wohl sagen der zeitgenössischen Ebert-Verehrung, verstehen. Wolfs und Kirschs Sympathien galten der ‚naiven' poetischen Malerei eines Menschen, dessen Kunst sich in jeglicher Hinsicht von den parteipolitischen ideologischen Leitlinien des Sozialistischen Realismus freihielt, und der doch zugleich das Künstlerideal des Bitterfelder Wegs in einer Weise verkörperte wie kaum ein anderer – er war ein einfacher Arbeiter und ein erfolgreicher und sogar origineller Künstler zugleich.

---

[52] Jansen 1959, S. 15.

[53] Schneider 2001, S. 7.

[54] Gerhard Wolfs Erinnerungen an Spaziergänge mit Ebert, vgl. Brade/Stula 2006, S. 11.

[55] Brade/Stula 2006, S. 12. So Wolf in einem Erinnerungsbericht an Spaziergänge mit Ebert; und es ist nicht klar, ob an dieser Stelle von Ebert oder von ihm selbst die Rede ist.

[56] Wolf 1974, S. 7.

[57] Wolf 1974, S. 8.

[58] Brade/Stula 2006, S. 12.

[59] Wolf 1974, S. 10.

Neben Ebert hatten die Kirschs in den frühen Jahren in Halle zudem Kontakt zu Willi Sitte, der damals noch nicht der höchst dekorierte Staatskünstler der DDR war, sondern kurzzeitig der durchaus unbequeme Direktor der Kunsthochschule Burg Giebichenstein. Seine Offenheit für die als zu formalistisch, spätbürgerlich oder dekadent verunglimpfte Kunst der Moderne brachte Sitte in dieser frühen Phase seiner steilen Karriere Probleme mit Parteifunktionären ein. Sitte illustrierte unter anderem für Gerhard Wolf; die für Kirsch geplanten Illustrationen konnten jedoch scheinbar nicht realisiert werden.[60]

Der Umgang mit Ebert und Sitte, regelmäßige Besuche von Kunstausstellungen und nicht zuletzt die floralen Ornamente, mit denen Kirsch ihre Tagebucheinträge, Briefe und Postkarten verzierte, sprechen für ein starkes Interesse der Autorin an bildender Kunst. Wolf wie Kirsch nahmen wahr, dass die bildenden Künstler ebenfalls mit parteigelenkter Gängelei und Repressalien zu kämpfen hatten. In einem Brief an Christa Wolf vom 18.1.1963 zitiert Kirsch aus einer Parteitagsrede, in der ihr angekreidet wurde, die DDR zu düster und pessimistisch dargestellt und damit dem Sozialismus geschadet zu haben. Ähnliches mussten sich auch die Maler anhören: Modernismus, Expressionismus und Abstraktionismus sollten im Sozialismus überwunden werden, heißt es einer von Kirsch in frustriertem Tonfall zitierten Parteitagsrede.[61] Was das Ehepaar Kirsch von Staatskunst hielt und wie groß die Distanz zur Doktrin des Sozialistischen Realismus war, lässt der polemische Ton eines kurzen Gedichts erahnen, das Rainer Kirsch auf einer Postkarte aus dem Sommerurlaub in Ahrenshoop notierte: „Die Staffelei aus Bitterfeld / Wird dicht am Leben ausgestellt. // Ist der Gegenstand gering / Dichtet man wie Zimmering. // Nur Seher kommen hier darauf / Wo Kunst anfängt, Natur hört auf. // So ist das, wenn der Mensch voll Kraft / Mit Farben Realismus schafft."[62]

Literaturverzeichnis

Albert Ebert. Eine Welt – so schön, wie er sie fand. Die Gemälde im Kunstmuseum Moritzburg Halle (Saale). Hg. von den Freunden und Förderern des Kunstmuseums Moritzburg (Saale) e. V. und dem Kunstmuseum Moritzburg Halle (Saale). Halle 2022.

Brade, Helmut (Hg.): *Albert Ebert. 70 Tafelbilder. Kindheitserinnerungen und Fragmente sowie das Werkverzeichnis von Dorit Litt.* Leipzig 2001.

Brade, Helmut/Stula, Hans (Hg.): *Albert Ebert, Zeichnung und Druckgraphik. Zehn Briefe sowie das Werkverzeichnis der Druckgraphik von Helmut Brade und Hans Stula.* Leipzig 2006.

Cosentino, Christine: *Ein Spiegel in mir drin. Sarah Kirschs Lyrik.* Tübingen 1990.

Erinnerungen an Albert Ebert, Dokumentarfilm von Hagen Weil und Igor Fühmann, Igorfilm 2022 [DVD].

---

[60] Kirsch/Wolf 2019, S. 20.

[61] Kirsch/Wolf 2019, S. 13.

[62] Postkarte vom 18.5.1963 (Kirsch/Wolf 2019, S. 25). Gemeint ist Hans Zimmering, Erster Sekretär des Deutschen Schriftstellerverbandes, 1958 bis 1964 Direktor des Leipziger Literaturinstituts.

Hacks, Peter/Ebert, Albert: *Adam und Eva. Eine Komödie. In einem Vorspiel und drei Akten. Mit Bildern von Albert Ebert*. Leipzig 1976.

Jansen, Elmar: *Albert Ebert. Bildnis eines Künstlers*. Berlin 1959.

Kittelmann, Jana: Große Namen: Sarah Kirsch. In: Campus Halensis 31, 2023, S. 38–40.

Kirsch, Sarah: *Zaubersprüche*. Mit Illustrationen von Dieter Goltzsche. Berlin/Weimar 1973.

Kirsch, Sarah: *Schwingrasen. Prosa*. Stuttgart 1991.

Sarah Kirsch im Interview mit Hans Ester und Dick van Stekelenburg, Amsterdam, 3.5.1979. In: *Deutsche Bücher* 2/1979, 103.

Sarah Kirsch im Interview mit Karl Corino: ,Privat würde ich als Schimpfwort empfinden': Gespräch mit Sarah Kirsch über ihre schriftstellerische Arbeit, anlässlich der Verleihung des Petrarca-Preises. In: *Christ und Welt*, 25.6.1976.

Schmidt, Werner: Die Ausstellung Albert Eberts in Berlin 1957. In: Brade, Helmut (Hg.): *Albert Ebert. 70 Tafelbilder. Kindheitserinnerungen und Fragmente sowie das Werkverzeichnis von Dorit Litt*. Leipzig 2001, S.9–13.

Schneider, Katja: Vorwort. In: Brade, Helmut (Hg.): *Albert Ebert. 70 Tafelbilder. Kindheitserinnerungen und Fragmente sowie das Werkverzeichnis von Dorit Litt*. Leipzig 2001, S. 7–9.

Timm, Werner: *Albert Ebert. Poesie des Alltags. 20 farbige Tafeln*, hrsg. von Werner Timm. Leipzig 1978.

Wolf, Gerhard: *Beschreibung eines Zimmers. 15 Kapitel über Johannes Bobrowski*. Berlin 1971.

Wolf, Gerhard: *Albert Ebert. Wie ein Leben gemalt wird. Beschrieben und von ihm selbst erzählt*. Berlin 1974.

Wolf, Sabine/Wolf, Heiner (Hg.): *Sarah Kirsch. Christa Wolf. „Wir haben uns wirklich an allerhand gewöhnt". Der Briefwechsel*. Berlin 2019.

„Nix über das Schreiben schreiben". Sarah Kirschs Poetikvorlesungen im Kontext

Wolfgang Bunzel

Poetikvorlesungen verlangen denen, die sie zu verfassen haben, einiges ab, sollen sie doch nicht nur Einblicke in die Arbeitsweise der Schreibenden geben, sondern auch deren persönliche ästhetische Grundüberzeugungen offenlegen. Sie müssen deshalb so individuell bzw. unverwechselbar sein wie die Autoren und Autorinnen, die sie halten. Gleichwohl hat sich in der im angelsächsischen Raum mittlerweile rund 130-jährigen[1] und in Deutschland auch schon über 60-jährigen Geschichte des öffentlichen Redens über Dichtung[2] längst eine Art Kanon herausgebildet, worüber vorrangig gesprochen und in welchem Gestus das Präsentierte vorgetragen wird.

In der Reihe dieser auktorialen Epitexte nehmen die Poetikvorlesungen, die Sarah Kirsch im Wintersemester 1996/97 an insgesamt fünf Abenden an der Universität Frankfurt gehalten hat, eine markante Sonderstellung ein. Ungewöhnlich ist schon der Umstand, dass erst der Sohn Moritz sie 2019, sechs Jahre nach dem Tod der Mutter, veröffentlicht hat[3] – und das obwohl das „Typoskript", das die Textgrundlage darstellt, von der Autorin in einem „Ordner"[4] sauber abgeheftet aufbewahrt wurde. Zwischen mündlicher Präsentation und Druck liegen mithin nicht weniger als 22 Jahre. Dass eine Publikation zu Lebzeiten unterblieb, verwundert, besteht an entsprechenden Veröffentlichungen prominenter Schriftsteller*innen

---

[1] Siehe hierzu Hachmann 2022.

[2] Vgl. Bohley 2022.

[3] Kirsch 2019.

[4] Schneider 2018.

W. Bunzel (✉)
Freies Deutsches Hochstift/Frankfurter Goethe-Museum, Frankfurt am Main, Deutschland
E-Mail: wbunzel@freies-deutsches-hochstift.de

© Der/die Autor(en), exklusiv lizenziert an Springer-Verlag GmbH, DE, ein Teil von Springer Nature 2024
J. Kittelmann et al. (Hrsg.), *Verwurzelungen. Sarah Kirsch (wieder) lesen*, Abhandlungen zur Literaturwissenschaft, https://doi.org/10.1007/978-3-662-69225-7_6

doch ein nicht geringes Interesse in der Leserschaft.[5] Ausgangsthese des vorliegenden Beitrags ist, dass die Nichtpublikation in direktem Zusammenhang mit der Struktur des Gesamttextes steht, an der sich wiederum Sarah Kirschs ambivalente Haltung zum Literaturbetrieb ablesen lässt.

Anders gesagt: Die Poetikvorlesungen müssen, um adäquat verstanden werden zu können, vor dem Hintergrund des Öffentlichkeitsbezugs der Autorin betrachtet werden, wie er sich u. a. am Umgang mit Preisverleihungen einerseits und mit öffentlichen Lesungen ihrer Texte andererseits ablesen lässt. Sarah Kirsch gehört zu den Autor*innen, die bereits früh mit Literaturpreisen geehrt wurden. Besonders dicht ist die Folge der Auszeichnungen in der Phase nach der Übersiedlung in die Bundesrepublik. Die Preise vergrößerten nicht nur ihr symbolisches Kapital, sondern halfen der Autorin auch ganz wesentlich dabei, den eigenen Lebensunterhalt zu sichern. Als Kirsch am 19. Juni 1996 von Hajo Steinert gefragt wurde, wie sehr sie sich über die bevorstehende Verleihung des Büchner-Preises freue, der immerhin mit 60.000 DM dotiert war, antwortete sie offenherzig: „man wünscht es sich […], auch was das Geld betrifft, da das Einkommen, wenn man Gedichtebände macht, nicht sehr hoch ist, also man muß es schon mit einbeziehen".[6]

Die Verleihung eines Literaturpreises geht meist mit der Erwartung einher, dass der oder die Geehrte eine Dankrede hält, ja die Rede ist gewissermaßen die Gegengabe für die Ehrung und die mit dieser verbundene Preissumme. Dankreden werden gerne dazu genutzt, um persönliche Stellungnahmen abzugeben bzw. um über das eigene Schreiben zu sprechen. Sarah Kirsch hat es lange Zeit vermieden, entsprechende Reden zu halten, und sich bei Ehrungen in den meisten Fällen auf die Lesung eigener Texte beschränkt.[7] Schon bei der Vergabe des Friedrich-Hölderlin-Preises der Stadt Bad Homburg v. d. Höhe im Jahr 1984 verzichtete sie auf eine Danksagung. In der gedruckten Dokumentation der „Reden zur Preisverleihung am 7. Juni 1984" findet sich von ihr nur der Text *Galoschen*.[8] Das Präsentieren eigener poetischer Produktion anstelle des Abfassens expositorischer Texte wurde in den Folgejahren zum Standardverfahren der Autorin, wenn sie eine Auszeichnung entgegennahm. Als sie 1993 bei der Vergabe des mit 20.000 DM dotierten Literaturpreises der Konrad-Adenauer-Stiftung in Weimar keine Rede hielt, wurde das von der lokalen Presse erkennbar mit Irritation aufgenommen. In Annerose Kirchners Bericht von der Preisverleihung in der *Ostthüringer Zeitung* vom 3. Mai 1993 etwa heißt es lakonisch: „Sarah Kirsch dankte mit einer Lesung aus

[5] „Beginnend mit Karl Krolows Vorlesungen von 1961 wird die zeitnahe Buchpublikation zum Standardfall." Kempke 2021, S. 20.

[6] Steinert 1996.

[7] Lediglich beim Petrarca-Preis, der ihr 1976 gemeinsam mit Ernst Meister zugesprochen wurde, wurde auf diese Konvention verzichtet, die spätere Dokumentation enthält deshalb nur Gedichte und die Würdigungen der Laudatoren enthält; vgl. Heimannsberg 1979, S. 135–138 und 143–146 (Urs Widmer: *Sarah Kirsch ist eine Hexe*).

[8] Vgl. Magistrat der Stadt Bad Homburg v. d. Höhe 1984, S. 44–47. Das Prosastück ist wiederabgedruckt im 1986 erschienenen Band *Irrstern* (S. 48–51).

ihrem jüngsten Gedichtband *Erlkönigs Tochter*".[9] Auch die Broschüre, die im An-schluss an die Veranstaltung gedruckt wurde und das Ereignis dokumentiert, ent-hält nur die fünf Gedichte, die die Autorin bei der Verleihung gelesen hat, wäh-rend der Rest der Publikation aus Ansprachen, Laudationes und Pressestimmen besteht.[10]

Ausnahmen machte Sarah Kirsch nur selten, nämlich dann, wenn es der Anlass gebot bzw. es hinreichende Gründe dafür gab. So erschien es ihr angesichts der Verleihung der Ehrengabe der Heine-Gesellschaft 1992 geboten, die aktuelle po-litische Situation zu kommentieren und ihre Verbundenheit mit dem freiwillig ins Pariser Exil gegangenen, getauften Juden Heinrich Heine zum Ausdruck zu brin-gen:

> Eine regelrechte Brandschatzerei beschäftigt gerade wieder große Teile der Menschheit und nicht nur ferne in der Türkei da natürlich auch nein direkt vor unseren Nasen in Hoyerswerda Rostock und Mölln sehen wir Flammen aus den Dachstühlen schlagen. Es gibt schon Tote und unglaubliche Naziparolen.[11]

Das ganze Ausmaß menschlicher Destruktivität zeige sich auf globaler Ebene: „der schöne Planete ist mehr noch verwüstet als zu Zeiten des Dichters", der als Namensgeber der Auszeichnung fungiert.[12] Den Umstand, dass die Preisver-leihung an einem ungemütlichen Wintertag erfolgte, deutete Sarah Kirsch daher kurzerhand zum symbolischen Ausdruck einer heillosen Gegenwart um; mit be-wusstem Doppelsinn heißt es: „In finsteren Zeiten an einem 13. Dezember nehme ich dankend die Ehrengabe der Heinrich-Heine-Gesellschaft in Düsseldorf entge-gen und glaube das schöne gelle Lachen unseres Dichters zu hören."[13]

Doch auch in den nicht allzu häufigen Situationen, in denen Sarah Kirsch eine Stellungnahme abgab, fiel die Danksagung stets sehr kurz aus – sie umfasst nicht selten nur eine einzige Druckseite –, was als Zeichen dafür gewertet werden darf, dass die Autorin jeweils nur die mit der Ehrung verbundenen Mindestanforderun-gen erfüllte und die bei solchen Anlässen bestehende Gelegenheit zu eingehen-deren öffentlichen Einlassungen bewusst ungenutzt ließ. Als Sarah Kirsch am 3. April 1993 den vom Land Baden-Württemberg gemeinsam mit dem Südwest-rundfunk gestifteten Peter-Huchel-Preis für deutschsprachige Lyrik erhielt, lag es besonders nahe, dem verehrten Namensgeber postum Dank abzustatten, gehört dieser doch in mehrfacher Hinsicht zu ihren Vorbildgestalten. Bekanntlich war der weithin anerkannte Huchel 1962 durch politischen Druck gezwungen wor-den, seine langjährig ausgeübte Funktion als Redakteur der Kulturzeitschrift *Sinn und Form* aufzugeben. In der Folgezeit durfte er in der DDR nicht mehr publizie-ren und auch nicht mehr ins westliche Ausland reisen. Erst 1971 konnte er nach

---

[9] Zitiert nach Rüther 1993, S. 33.
[10] Vgl. Rüther 1993, S. 25–27.
[11] Kirsch 1993, S. 171.
[12] Kirsch 1993, S. 171.
[13] Kirsch 1993, S. 171.

Appellen der Akademie der Künste in West-Berlin, der Präsidenten des Internationalen PEN-Zentrums und Heinrich Bölls in die Bundesrepublik übersiedeln. Auf Grund der ästhetischen Qualität seiner naturverbundenen Lyrik wirkte Huchel auf Kirsch wie ein „Magier"[14] der Sprache, und durch seine unbeugsame Haltung erschien er ihr als *Verkörperung des anderen Schreibens*"; freimütig bekennt die Autorin, seine Existenz und seine Texte hätten sie „gerettet […] im ersten Teil meines Landes"[15].

Die kurze Rede zur Verleihung des Huchel-Preises erscheint im Nachhinein wie eine Art Blaupause für die späteren Frankfurter Poetikvorlesungen. Sarah Kirsch wendet nämlich bereits hier ein Verfahren an, das sie später erneut aufgreifen wird. Konkret bedeutet das: Sie verkoppelte ihre „Ohne Fleiß kein Preis" betitelte kurze Ansprache mit Peter Huchels Versen *Hubertusweg* und ihrem eigenen Gedicht *Katzenleben*. Die Schaffung solcher beziehungsreicher Textensembles ist typisch für Sarah Kirsch und begegnet sowohl in den Preisreden als auch in ihren Poetikvorlesungen.[16] Der explanatorische Text ist dabei das tendenziell am wenigsten bedeutungsvolle Element und fungiert als eine Art Zutat zu den poetischen Texten. Bei der Huchel-Preisverleihung umschrieb Sarah Kirsch ihre Rede mit den launigen Worten: „Eine Danksagung, etwas burschikos, zwischen understatement und kleinen Frechheiten."[17] Diese Charakterisierung benennt ziemlich präzise die Haltung der Autorin zur Textsorte Danksagung und weist bereits auf den Gestus ihrer Poetikvorlesungen voraus. Hier wie dort lassen sich rhetorische Verweigerungsgesten beobachten, die mit performativen Ausweichbewegungen einhergehen.[18]

Um die Mitte der neunziger Jahre begannen sich die bis dahin eher gelegentlich erfolgten Ehrungen zu häufen. Mehrere Faktoren dürften hierbei eine Rolle gespielt haben. So feierte Sarah Kirsch zu dieser Zeit ihren 60. Geburtstag. Sie war nun rund drei Jahrzehnte in der Öffentlichkeit präsent, die dichte Folge der Publikationen garantierte ihr eine feste Position im literarischen Feld. Das Alter, das sie mittlerweile erreicht hatte, markierte zudem eine Art von produktionsgeschichtlicher Schwelle, was jetzt noch an Texten entstand, lässt sich dem Spätwerk zurechnen.[19] Überdies ließen der Zusammenbruch der DDR, die Wiedervereinigung Deutschlands und die anhaltende Systemtransformation des ehemaligen Ostblocks

---

[14] Kirsch 1996, S. B4 (Wiederabdruck: S. 157).

[15] Kirsch 1995, S. 37, sowie http://www.planetlyrik.de/peter-huchel-preis-1993-sarah-kirsch/ 2010/08/ (9.4.2023).

[16] In den Poetikvorlesungen steht dann Huchels Gedicht *Hubertusweg* – unter dem falschen, irrtümlich vom Incipit abgeleiteten Titel *Märzmitternacht* – am Anfang, gefolgt von einem an die Danksagung beim Peter-Huchel-Preis angelehnten poetologischen Text *Zauberbild und Verkörperung* und beschlossen vom Gedicht *Katzenleben*; vgl. Kirsch 2019, S. 82–86.

[17] Der einleitende Teil der „Dankrede" fehlt in der zugehörigen Publikation. Er war bis zum Frühjahr 2023 als Tondokument zugänglich über http://peter-huchel-preis.de/preistraeger/1993-sarah-kirsch/, ist mittlerweile aber nicht mehr im Internet verfügbar.

[18] Vgl. hierzu Meiser/Hachmann 2022.

[19] Said hat „the relationship between bodily condition and aesthetic style" zum Thema grundlegender Reflexion gemacht; Said 2017, S. 1: *Timeliness and Lateness*.

die Autorin zu einer wertvollen Zeitzeugin werden, die sich – anders als viele ihrer Schriftstellerkolleg*innen – nicht hatte kompromittieren lassen. Damit rückte sie, ohne es zu wollen, in den überschaubaren Kreis der Personen auf, denen man eine intellektuelle Vorbildrolle zuschrieb und deren Ehrung deshalb von einem breiten gesellschaftlichen Konsens getragen war.

Das Interesse an der Person Sarah Kirsch lässt sich auch an den großen Lesereisen ablesen, die ihr Hausverlag, die Deutsche Verlags-Anstalt, in den achtziger und neunziger Jahren organisierte. Während früher nur einzelne Buchhandlungen oder Literaturhäuser Autor*innen einluden, in ihren Räumen aus neu erschienenen Büchern zu lesen, gab es nun dicht gestaffelte Termine in unterschiedlichen Städten, in denen Neuerscheinungen der Öffentlichkeit präsentiert wurden. Diese ausgedehnten Lesereisen von Schriftsteller*innen ähneln strukturell den Tourneen von Popstars oder Comedians und sind ein niedrigschwelliges Angebot, um bekannte Persönlichkeiten des öffentlichen Lebens aus nächster Nähe zu erleben. Sarah Kirsch hat über die dabei gemachten Erfahrungen mit gewohnter Respektlosigkeit in ihrem Band *Spreu* (1991) berichtet, der gleichfalls eine wichtige Referenzpublikation für ihre Poetikvorlesungen darstellt und zeigt, wie klar die Autorin die Mechanismen des Literaturbetriebs durchschaut hat. Die in diesem Buch überdeutlich spürbare Ambivalenz von Verweigerungswunsch und widerwilliger Kooperationsbereitschaft prägt auch die Poetikvorlesungen. Deshalb verwundert es nicht, wenn hier wie dort analoge Rede- bzw. Textstrategien zu beobachten sind.

In den achtziger und neunziger Jahren wurden an mehreren deutschen Universitäten Poetikdozenturen eingerichtet. Dies lässt sich als Versuch einer Selbstvergewisserung des seit 1968 unter Legitimationsdruck stehenden und im Zuge der Debatten um den schillernden Begriff Postmoderne vollends in Rechtfertigungsnöte geratenen Fachs Germanistik deuten: Herausgefordert durch die öffentlich geführten Debatten um Sinn und Zweck der Literaturwissenschaft entschieden sich die Universitäten dafür, die akademische Forschung stärker mit dem Literaturbetrieb zu verbinden,[20] und begannen Foren zu schaffen, in denen Autor*innen über das eigene Schreiben öffentlichkeitswirksam Rechenschaft ablegen und so die impliziten Funktionsweisen ihrer Ästhetik transparent machen sollten. Die neu ins Leben gerufenen Poetikvorlesungen sind so Teil gegenwärtiger Aufmerksamkeitsökonomie, indem sie diese sowohl reflektieren als auch bedienen. Noch deutlicher als

---

[20] So heißt es beispielsweise auf der Homepage der Kasseler Brüder-Grimm-Poetikprofessur, universitäre Wissenschaft solle so in „einen stärkeren Zusammenhang mit der Literaturszene" gebracht werden; https://www.uni-kassel.de/uni/aktuelles/veranstaltungskalender/brueder-grimm-poetikprofessur/1996-sarah-kirsch (28.4.2023). Diesem Zweck diente auch die Änderung des bis dahin geltenden Auswahlverfahrens: „Zum ersten Mal übertrug der Fachbereich Germanistik die Nominierung einem namhaften Kritiker und Kenner des literarischen Lebens der Gegenwart, der auch die Präsentation der neuen Grimm-Poetikprofessorin übernahm; ebd. Es war dann Heinz Ludwig Arnold, der Sarah Kirsch mit der Brüder-Grimm-Poetikprofessur betraute.

bisher schon wurde die Einladung zu einer Poetikdozentur zu „einer Art akademische[n] Ritterschlag[s] für Gegenwartsautor*innen"[21].

Wenig bekannt ist, dass den Frankfurter Poetikvorlesungen zeitnah zwei Veranstaltungen ähnlichen Typs vorausgingen. So hatte Sarah Kirsch im Wintersemester 1995/96 die Brüder-Grimm-Poetikprofessur an der Universität Gesamthochschule Kassel inne. Über den Ablauf dieser Reihe ist der Homepage folgendes zu entnehmen:

> Sarah Kirsch hat am 16., 17. und 18. Januar [1996] im Gießhaus der GhK [= Universität Gesamthochschule Kassel] gelesen. [...] Das Thema des ersten Abends im überfüllten Gießhaus lautete „Von Haupt- und Nebendrachen". In einer fesselnden eigenwilligen Vorlesung, in der sie ihre widersprüchlichen Empfindungen mit dem Literaturpublikum formulierte, ihre Lust am Schreiben auf „feinem toskanischem Papier" thematisierte, Autobiografisches behutsam in Verfremdendes übergehen ließ und – so gar nicht bereit sich feiern zu lassen – am Ende den begeisterten Applaus kaum wahrnimmt, präsentierte sich eine Dichterin hoher Ausstrahlung und Überzeugungskraft. Am 17. Januar [...] sprach Sarah Kirsch „Von Dichtern und Prosadichtern". Am 18. Januar ging der Abendveranstaltung ein Seminar mit Sarah Kirsch voraus, bevor sie aus ihrem Werk las.[22]

Sarah Kirsch hat also ein knappes Jahr vor den Frankfurter Vorlesungen in geraffter Form bereits Teile des späteren Textes vorgetragen. Auf die – mindestens partielle – Identität des Inhalts deuten unmissverständlich die Titel der beiden Abende hin: Die erste Überschrift „Von Haupt und Nebendrachen" hat die Autorin unverändert gelassen, bei der zweiten hat sie später lediglich eine kleine Korrektur vorgenommen mit dem Ergebnis, dass aus „Von Dichtern und Prosadichtern" das die Intention präziser zum Ausdruck bringende „Von Dichtern und Prosaschreibern" wurde. Es hat daher den Anschein, als ob Sarah Kirsch die zweiteilige Struktur der Frankfurter Vorlesungen direkt aus ihren Ausführungen im Rahmen der Brüder-Grimm-Poetikprofessur übernommen und diese beiden Kernelemente später lediglich erweitert hätte. Eine besondere Pointe dabei ist, dass die Metapher des geschwänzten Flugdrachens, die das eigene Verfahren der Textpräsentation veranschaulichen soll,[23] bereits in der Dankrede zum Huchel-Preis vorkommt, heißt es dort doch:

> [...] es könnte [...] sein daß ich diesen Text steigen lasse wie einen schönen beweglichen geschwänzten Drachen vielleicht am Strand von Rømø er fliegt schon ganz wacker ich muß die Schnur nachlassen kaum daß ich anfing erreicht er Höhen in denen Möwen spazierenfliegen etwas laute zänkische Möwen die sich später auf Kaminen niederlassen dem

---

[21] Bohley/Hachmann/Schöll 2022, S. IX. Im Übrigen stellt auch das in diesem Zusammenhang gezahlte Honorar ein Äquivalent zu dem Geldbetrag dar, der mit einer Preisverleihung verbunden ist. Kirsch nimmt in ihren Poetikvorlesungen darauf direkt Bezug und weist unverblümt darauf hin, dass sie sich freue, wenn sie „den Ort […] bereichert […] mit dem Honorar" wieder verlasse (Kirsch 2019, S. 7).

[22] https://www.uni-kassel.de/uni/aktuelles/veranstaltungskalender/brueder-grimm-poetikprofessur/1996-sarah-kirsch (23.4.2023).

[23] Auch Weck begreift den Drachen als „métaphore du texte" (Weck 2021, S. 46). Colombat verweist zu Recht auf dessen „dimension poétologique": „Le cerf-volant serait ainsi l'image de la communication poétique." (Colombat 2021, S. 110).

Küstenbewohner Übles nachsagen was er mit Gleichem vergilt aber der kleine hellgrüne Drache mit seinen Troddeln dem Schwänzgen hat sie längst überflogen [...] und für sie [sic] das Auditorium lese ich den *Hauptdrachen die Verkörperung des anderen Schreibens* [...]. Huchel sei Dank und darnach folgt das Schwänzchen daran welches auf meinem Miste später dann wuchs[24].

Nach dem bisher Gesagten kann es kaum noch überraschen, wenn Sarah Kirsch den gesamten expositorischen Teil ihrer kurzen Huchel-Preis-Rede über drei Jahre später in den Frankfurter Poetikvorlesungen wieder verwendet – ohne freilich darauf hinzuweisen. Der entsprechende Textabschnitt trägt nun nicht mehr den neckisch-doppeldeutigen Titel „Ohne Fleiß kein Preis", sondern ist „Aufwärmen" überschrieben – passend für eine einleitende Passage und ebenso passend zur winterlichen Situation der ersten Vorlesung.[25] Allerdings lässt sich auch diese Zwischenüberschrift noch auf eine weitere Weise verstehen, ist „Aufwärmen" doch zugleich ein salopp-umgangssprachlicher Ausdruck für ein erneutes Auftischen von etwas bereits fertig Zubereitetem. Genau dies aber ist – wie sich im Einzelnen noch zeigen wird – eines der zentralen Strukturprinzipien der Frankfurter Poetikvorlesungen.

Bevor mit der Detailanalyse dieses Textensembles begonnen werden kann, ist es jedoch nötig, die weiteren Ehrungen in den Blick zu nehmen, die der Veranstaltung unmittelbar vorangingen. Nur vier Monate nach der Brüder-Grimm-Poetikprofessur sollte Sarah Kirsch nach Jena zu den Poetik-Vorlesungen „Zur Beförderung der Humanität" kommen:

Das Collegium Europaeum Jenense an der Friedrich-Schiller-Universität, die Heinrich-Böll-Stiftung und die Ernst-Abbe-Bücherei Jena haben Sarah Kirsch zu Vorlesung und Lesung nach Jena eingeladen. Am 14. Mai wird sie in der Abbe-Bücherei aus ihren neuen Texten lesen, am 15. Mai, 18.00 Uhr, in der Universitätsaula über ihr Schreiben sprechen.[26]

Bedauerlicherweise gibt es über diese Veranstaltung kaum Informationen. Allem Anschein nach wurde sie aber kurzfristig abgesagt; aus welchen Gründen dies geschah, ist unbekannt. Man gewinnt den Eindruck, dass die Autorin ihre Zusage selbst zurückgezogen hat, jedenfalls war zwischenzeitlich die Einladung zu den Frankfurter Poetikvorlesungen bei ihr eingetroffen.[27] Außerdem war bekannt gegeben worden, dass die Akademie für Sprache und Dichtung in Darmstadt ihr

---

[24] Kirsch 1995, S. 36–37; vgl. Kirsch 2019, S. 6. Die Art und Weise, wie Sarah Kirsch hier einen bereits existierenden Text partienweise ergänzt und erweitert, kann beispielhaft für den Umgang mit bereits bestehendem Gestaltungsmaterial stehen.

[25] Strebel spricht deshalb auch von einer „trefflichen Überschrift" (Strebel 2019).

[26] https://idw-online.de/de/news3275 (16.1.2023).

[27] Die Anfrage von Volker Bohn, der zu diesem Zeitpunkt für die Frankfurter Poetikvorlesungen verantwortlich war, datiert vom 22. März 1996. Sarah Kirsch antwortete darauf umgehend. Weil sie die Einladung kurz vor dem Aufbruch zu einer Reise erhielt, schrieb sie ihre Zusage direkt auf Bohns Brief und sandte das Blatt per Fax an den Absender: „ich mache das glatt, aber erst 97 so spät wie möglich". Im Universitätsarchiv Frankfurt am Main wird diese Antwort zusammen mit weiteren Dokumenten, die die Poetikvorlesungen Kirschs betreffen, aufbewahrt; ich danke Wolfgang Schopf, dem Leiter des Literaturarchivs im Universitätsarchiv, für die Möglichkeit, die entsprechende Mappe einzusehen.

im Herbst mit dem Büchner-Preis die renommierteste deutsche Auszeichnung für
Literatur verleihen würde.[28] Angesichts dieser Ballung hochkarätiger Ehrungen
lag es offenbar nahe, den Termin in Jena abzusagen.

In jedem Fall nutzte Sarah Kirsch die dichte Folge von öffentlichen Auftritten
dazu, um ihre bisher schon ansatzweise erprobten Verhaltensstrategien und ange-
wandten Textverfahren weiter zu entwickeln. Darauf deutet zumindest eine öffentliche Stellungnahme aus dem Frühsommer 1996 hin. Als die Autorin nämlich am
19. Juni – mit Blick auf die im Oktober dieses Jahres bevorstehende Verleihung
des Büchner-Preises[29] – von Hajo Steinert gefragt wurde: „Arbeiten Sie schon an
der Preisrede?", gab sie zur Antwort:

> Ich hab ja bisher mich immer gedrückt bei sämtlichen Preisen, die ich bekommen habe,
> eine Rede zu machen, weil ich immer gesagt hab, das beste, was ich kann, das sind eben
> die Texte und dann les ich den Leuten lieber das vor. Aber bei dem Büchner-Preis werd
> ich wohl eine Ausnahme machen müssen, ich mach es aber nicht für das Publikum, son-
> dern für Schorsch Büchner.[30]

Eine ganz ähnliche Formulierung findet sich dann auch im Text der Frankfurter
Poetikvorlesungen: „Ich bin ja die die nicht mal bei einem Preis eine Rede macht,
weil sie sich sagt, das was ich am besten kann das sind doch Gedichte oder kleine
oder etwas größere Prosa."[31] Einzelne Passagen aus den Poetikvorlesungen tauchen also bereits zuvor – wörtlich oder sinngemäß – in Interviews bzw. Gesprächen auf, so dass neben Gedrucktem auch mündlich Geäußertes Rohmaterial für
den später niedergeschriebenen Text liefert.

Sowohl die am 19. Juni 1996 bei einer Veranstaltung des Literarischen Collo-
quiums Berlin getätigte Aussage als auch die später schriftlich festgehaltene und
im Rahmen der Frankfurter Poetikvorlesungen dann mündlich präsentierte Formulierung veranschaulichen noch einmal das grundsätzliche Dilemma, in dem
Sarah Kirsch sich befand: Da sich die Preisverleihungen und Einladungen zu Poetikvorlesungen erheblich mehrten und die Autorin sie vor allem aus Gründen der

---

[28] Laut ihrem Fax an den Präsidenten der Darmstädter Akademie für Sprache und Dichtung erreichte Sarah Kirsch die Mitteilung am 18. April 1996; vgl. https://www.buechnerpreis.de/buech-
ner/chronik/1996 (28.4.2023).

[29] Kempke hat zu Recht darauf hingewiesen, dass „die beiden Auszeichnungen" auch bei anderen Autoren statistisch gesehen „häufig in (sehr) kurzem Abstand aufeinander" folgen (Kempke
2021, S. 22).

[30] Mitschnitt der Veranstaltung vom 19.6.1996 siehe Steinert 1996.

[31] Kirsch 2019, S. 8. Das im Druck fehlende Komma zu Beginn des Relativsatzes dürfte sich bereits im Typoskript finden. An dieser und einigen anderen Stellen zeigt sich, dass Moritz Kirsch
die Textvorlage einfach unverändert übernommen hat – bis hin zu Versehen und kleineren Un-
stimmigkeiten. Der von ihm herausgegebene Text hat daher den Charakter einer Dokumentation
und weniger den einer Edition, denn dazu hätte es redaktioneller Eingriffe bzw. Kommentare be-
durft. Zu den auffälligen Versehen gehört auch, dass Peter Huchels Gedicht *Hubertusweg* in den
Poetikvorlesungen versehentlich das Anfangswort als Überschrift trägt: *Märzmitternacht* (vgl.
Kirsch 2019, S. 82). In der Dankrede zum Huchel-Preis, die Sarah Kirsch als Vorlage diente,
steht noch der korrekte Titel (vgl. Kirsch 1995, S. 37). Siehe auch Anm. 47.

Subsistenzsicherung nicht ausschlagen konnte, musste sie Wege finden, um mit dem situationsbedingt erforderlichen Sprechen über Dichtung produktiv umzugehen. Die Begründung, sie halte ihre Dankrede „für Schorsch Büchner", nicht aber „für das Publikum", lässt freilich auch zutage treten, wie aporetisch ihre Haltung letztlich ist: Sarah Kirsch möchte sich dem Diktat der Zuhörer- bzw. Leserschaft nicht beugen, kann ihr Sprechen aber nur deklarativ umadressieren und ist im Endeffekt natürlich doch gezwungen, vor einem Auditorium zu stehen, das erwartet, dass sie dem „Namenspatron" verbal ihre Reverenz erweist.

Von Interesse sind hier aber weniger ihre zuweilen bemüht wirkenden rhetorischen Ausweichbewegungen als die konkreten Textstrategien, mit denen sie auf den Bedarf beständiger poetologischer Selbstoffenbarung reagiert. Zu den in diesem Zusammenhang entwickelten Standardverfahren der Autorin gehört das Ersetzen expositorischer Rede durch literarisches Sprechen. Dies ermöglicht ihr, bestehende Gattungskonventionen zu unterlaufen. Anstatt den Erfordernissen der Textsorte Dankrede Rechnung zu tragen, kann sie so eigene Akzente setzen und selbstbestimmt sprechen. In der Rede zur Verleihung des Büchner-Preises wird der Namensgeber Büchner selbst nur einmal kurz genannt, und von seinen Werken werden lediglich zwei beiläufig erwähnt. Für eine Reverenzgeste, die bis dahin eigentlich als obligatorisch galt, reicht dies nicht aus. Doch damit nicht genug: Stattdessen lenkt Kirsch das Augenmerk sogar auf einen anderen Autor, nämlich den schweizer Schriftsteller Robert Walser, dessen Prosaminiaturen einen wichtigen Bezugspunkt für ihre eigene kleine Prosa darstellen. Ihre Ansprache beginnt mit den Worten:

> Ja so stellen Sie sich doch ein Stückchen vor, wie es z. B. Herr Robert Walser gemacht hat. Robert muß man doch stets betonen in diesem Lande in dieser Zeit, und ich müßte Fischnerven haben wie Büchners Barben, wenn ich nicht dem Gedankenspiel folgte, das könnte gelungen sein, das ist ja schon im Koppe schöner als eine anständige Rede, und meine edelsten Vorstellungen von der Nutzlosigkeit solcher – sie sind so unerschütterlich, daß ein Verharren dabei mindestens so verlockend ist wie neue Erfahrungen sammeln. Es giebt [sic] die Reden zum Preis wie Jahresringe, [...] ja ich will das nicht weiterführen, es riecht seit heute nach Schulweisheit nur [...] – ich bin eine Schlangenbändigerin und habe nun Fritz Kochers Aufsätze im Kopp und stehe ganz gemütlich zwischen meinem Preispatron und Robert Walser – eine bodyguard, wie ich sie besser nicht haben kann[32].

Bei Licht betrachtet ist dies ein Affront wie er kaum hätte schroffer ausfallen können: Kirsch nutzt die – spät errungene – Prominenz Büchners dazu, um dem nach wie vor in den Literaturgeschichten oft übersehenen Robert Walser größere Beachtung zu verschaffen. Der hier zitierte Abschnitt ist aber nur die Anfangspassage ihres Textes. Den Hauptteil bildet der fingierte „Brief" eines ungenannten „Komplicen" an sie selbst, der „Als Ersatz einer Rede"[33] dient. Auch hier wird die eigentlich geforderte Textsorte wieder bewusst verfehlt, und die Person Sarah Kirsch, die sich persönlich bei der Akademie für ihre Auszeichnung bedanken

---

[32] Kirsch 1997b, S. 161.
[33] Kirsch 1997b, S. 161.

sollte, wird durch eine literarisierte Sprechrolle ersetzt. Der „Brief" selbst wiederum besteht aus mehreren poetischen Texten Sarah Kirschs: dem Prosastück *Kommt der Schnee im Sturm geflogen*, einem Tagebucheintrag vom ‚3. Jänner', dem Gedicht *Styx* und dem Prosatext *Verläßliches*. Er schließt mit einer koketten Entschuldigung: „Diesen Brief [...] verwendete ich als Rede, da ich heute gänzlich gedankenfaul bin. Ich bitte die geehrte Versammlung [...], es gütigst durchgehen zu lassen."[34] An den Schluss ihres angeblich „für Schorsch Büchner" gedachten Dankredensubstituts setzt Sarah Kirsch auch noch eine Leseempfehlung, die abermals nicht dem Namensgeber des Preises gilt, sondern ihrem tschechischen Kollegen Jan Skácel, dessen Kurzprosabände *Das elfte weiße Pferd* und *Das dreizehnte schwarze Pferd* sie lobend erwähnt. Die eigenwillige Nichtdanksagung zur Verleihung des Büchner-Preises endet dann mit den Worten: „Kaufen sie [sic] [...] seine Gedichtbände zu Ihrem Glück, ehrenwerte Versammlung."[35]

Zu den konfrontativen Textstrategien, die Kirsch in ihren Preisreden, bei Lesungen und später auch in den Poetikvorlesungen einsetzt, gehört auch die Hörerschmähung. Anstatt eine Rede mit einer *captatio benevolentiae* zu beginnen, wie es die Regeln der Rhetorik nahelegen, versucht die Autorin gar nicht erst, das Wohlwollen ihres Publikums zu gewinnen, sondern gibt ihren Zuhörern und Zuhörerinnen unumwunden zu verstehen, dass diese sie tendenziell „stören"[36]. Mit gewollter Schroffheit lässt sie die Anwesenden wissen:

[I]ch erinnere mich an keine interessante Diskussion nach einer Lesung denke entzückt nur an die Stille die ein paar Stunden danach in diesem Raum wiederum herrscht wenn wir gemeinsam den Ort hier verlassen jeder bereichert uns wieder vereinzeln was das Schöne an solcher Zusammenkunft ist: ihre Begrenzung[37].

Ironisch bemerkt Kirsch in diesem Zusammenhang: „Publikumsbeschimpfungen sind eine gängige sehr ergiebige Kunst-Art Kunst-Kunst meinetwegen"[38], und verweist so darauf, dass ihre öffentlichen Sprechakte weniger als private Meinungsäußerung zu verstehen sind, sondern vielmehr eine literarische Redestrategie darstellen, um das Gesagte uneigentlich wirken zu lassen und Distanz zwischen Auditorium und Sprechinstanz zu schaffen. Der artifizielle Charakter solcher Schmähung tritt freilich erst in gedruckter Form wirklich zutage. In der Vortragssituation selbst kommt vorrangig die Hörerschelte zum Tragen, etwa wenn Kirsch sich erst in der Huchel-Preis-Rede und dann in den Poetikvorlesungen darüber beklagt, dass sie

---

[34] Kirsch 1997b, S. 164.

[35] Kirsch 1997b, S. 164. Ein Tondokument des vorgetragenen Textes findet sich auf: https://www. buechnerpreis.de/buechner/chronik/1996 (28.4.2023).

[36] Kirsch 1995, S. 36; vgl. Kirsch 2019, S. 7.

[37] Kirsch 1995, S. 37. In den Poetikvorlesungen pointiert Kirsch die Aussage noch, indem sie durchblicken lässt, dass das Rednerhonorar Hauptgrund ihrer Anwesenheit ist, und die Freude über das absehbare Ende der Veranstaltung mit einem Superlativ hervorhebt: „wenn wir gemeinsam den Ort hier verlassen / jeder bereichert ich mit dem Honorar / uns wieder vereinzeln / was das Schönste an solcher Zusammenkunft ist: ihre Begrenzung" (Kirsch 2019, S. 7).

[38] Kirsch 1995, S. 36; vgl. Kirsch 2019, S. 6.

an „Orten [...] mit fürchterlichen Sälen von Schulen gar Volkshochschulen"[39] habe sprechen müssen. Der einzige Trost bei solchen Veranstaltungen habe darin bestanden, dass es ihr gelungen sei, beim Lesen allmählich wieder zu sich selbst zu finden: „[I]ch lese also über die geschätzten Häupter hinweg und höre meine vertraute Stimme wie sie von Reihe zu Reihe springt":

> [...] so bin ich mit mir zufrieden mit Ihnen ja auch weil Sie mich nicht unentwegt stören ich mich an Ihren Anblick gewöhne es mir später gelingt Sie glatt zu vergessen zurückzulassen wie einen x-beliebigen Bahnhof zur Hauptverkehrszeit und Obacht gebe daß man mir nicht auf die Füße tritt die Knöpfe nicht abreißt[40].

Dieser ruppige Ton war im Rahmen von Dankansprachen oder Poetikvorlesungen etwas Ungewöhnliches, ja Ungehöriges. Zugleich verweist der Umstand, dass sowohl die Danksagung zum Huchel-Preis als auch die Büchner-Preisrede Eingang in die Frankfurter Poetikvorlesungen gefunden haben, nicht nur auf deren engen Bezug, sondern deutet auch bereits das Kompositionsprinzip des für die Poetikvorlesungen zusammengestellten Textensembles an. Zuvor seien aber die Umstände dieser Veranstaltung noch etwas genauer beschrieben.

Die Frankfurter Vorlesungsreihe ist bekanntlich nicht nur die älteste, sondern auch die renommierteste in Deutschland.[41] Eröffnet worden war sie 1959/60 von Ingeborg Bachmann. Im Sommersemester 1981 war der kurz nach Kirsch in die Bundesrepublik übersiedelte Kollege Günter Kunert eingeladen, im Sommersemester 1982 die Freundin Christa Wolf, im Wintersemester 1988/89 Sarah Kirschs ehemaliger Lebensgefährte Christoph Meckel. Insofern war der Auftritt mit einer besonderen Erwartungshaltung verbunden. An der Goethe-Universität war seinerzeit Volker Bohn für die Frankfurter Poetikvorlesungen verantwortlich. Seine Anfrage an die Autorin datiert vom 22. März 1996, Sarah Kirsch beantwortete sie umgehend. Und weil sie die Einladung kurz vor dem Aufbruch zu einer Reise erhielt, schrieb sie ihre Zusage direkt mit der Hand auf Bohns Brief und sandte das Blatt per Fax an den Absender zurück mit der Nachricht: „[I]ch mache das glatt, aber erst 97 so spät wie möglich"[42]. Man einigte sich schließlich auf folgende fünf Termine: 14. Januar, 21. Januar, 28. Januar, 4. Februar und – leicht abweichend vom regulären wöchentlichen Rhythmus – 12. Februar 1997. Die Vorlesungen fanden jeweils von 18.15 Uhr bis 19 Uhr statt, und zwar im Hörsaal H VI im Hauptgebäude der Universität (Gräfstraße/Mertonstraße), „in dem 1959 Ingeborg Bachmann die Vorlesungsreihe eröffnete"[43]. Das Honorar betrug 10.000 DM, darüber hinaus wurden die Kos-

---

[39] Kirsch 1995, S. 36; vgl. Kirsch 2019, S. 6–7.

[40] Kirsch 1995, S. 36; vgl. Kirsch 2019, S. 7.

[41] Siehe hierzu Bohley 2022, S. 87–97.

[42] Sarah Kirsch an Volker Bohn, undatiert [Ende März 1996]. Im Universitätsarchiv Frankfurt am Main wird diese Antwort zusammen mit weiteren Dokumenten, die die Poetikvorlesungen Kirschs betreffen, aufbewahrt; ich danke Wolfgang Schopf, dem Leiter des Literaturarchivs im Universitätsarchiv, für die Möglichkeit, die entsprechende Mappe einzusehen.

[43] Volker Bohn an Sarah Kirsch, 22.3.1996; Literaturarchiv im Universitätsarchiv Frankfurt am Main.

ten für Reise und Übernachtung übernommen. Zusätzlich fand am 3. Februar um 20 Uhr im Literaturhaus (damals: Bockenheimer Landstr. 102) eine Lesung mit dem Titel „Alte Wörter" statt, auch nahm Sarah Kirsch an einem Seminar Volker Bohns teil (Abb. 1). Begleitend zu den Poetikvorlesungen präsentierte die Universitätsbibliothek eine Ausstellung, die vom 15. Januar bis zum 28. Februar 1997 zu sehen war.[44] Die Vorlesungen selbst erreichten übrigens nicht nur die anwesenden Hörerinnen und Hörer, sondern darüber hinaus auch ein wesentlich breiteres Publikum, weil sie „im dritten Fernsehprogramm des Hessischen Rundfunks zeitversetzt übertragen"[45] wurden. Der Umstand, dass dies der Autorin vorher bekannt war, unterstreicht noch einmal die besondere Rolle der Vortragsperformanz,[46] die – obgleich medial aufgezeichnet – den eigentlichen situativen Kern der Veranstaltung bildet.[47] Das an den Augenblick gebundene Erlebnis überwiegt demnach in seiner Bedeutung jede Form von nachträglicher Dokumentation im Medium Schrift.

Angesichts der Veranstaltungsdauer potenzierten sich diesmal die Anforderungen an Sarah Kirsch, schließlich waren insgesamt fünf Vorlesungseinheiten von jeweils „45 Minuten"[48] zu bestreiten. Sarah Kirsch löste die Aufgabe, indem sie ein „akribisch komponiertes"[49] Pastiche kürzerer Texte mit jeweils eigenen Überschriften präsentierte. Wie sie dabei im Einzelnen vorging, erläutert sie gleich zu Beginn:

> [...] ich versuche aus meinen Büchern das herauszufischen was sich auf Schreiben bezieht, direkt oder indirekter, [...] und dabei schweife ich ab, lese manches Vergessene wieder und seufze wo die Zeit geblieben ist, [...] es sind ne ganze Menge Seiten die ich durchforsten muß bis ich die genannten Texte aufgespürt habe. Es ist nicht *zu* viel aus 16 Bänden und 40 Jahren, weil ich stets noch glücklich vermied über das Schreiben zu schreiben [...].[50]

Die Texte selbst vergleicht sie in diesem Zusammenhang mit Flugdrachen und greift dabei auf Ihre Dankrede zum Huchel-Preis zurück. Sie kündigt an, dass sie jeden einzelnen „Text steigen lasse / wie einen schönen beweglichen phantastischen

---

[44] Vgl. Stadt- und Universitätsbibliothek Frankfurt am Main 1997.

[45] Volker Bohn an Sarah Kirsch, 22.3.1996; Literaturarchiv im Universitätsarchiv Frankfurt am Main.

[46] Monika Schmitz-Emans betont zu Recht: „Poetikvorlesungen [...] sind Prozesse mündlicher Performanz." Schmitz-Emans 2018, S. 227.

[47] Siehe hierzu Steierwald 2022. Moritz Kirsch hat in einem Wortbeitrag auf der Tagung in Halle darauf hingewiesen, wie nervös seine Mutter jedes Mal vor Lesungen und öffentlichen Auftritten gewesen sei. Diese Unsicherheit war aber wohl nur zu einem Teil Ausdruck von Lampenfieber einer öffentlichkeitsscheuen Person, sondern darf auch als Zeichen des Performanzbewusstseins Sarah Kirschs gedeutet werden.

[48] Kirsch 2019, S. 8.

[49] Strebel 2019.

[50] Kirsch 2019, S. 9.

Johann Wolfgang Goethe-Universität Frankfurt am Main
Suhrkamp Verlag
Vereinigung von Freunden und Förderern der Johann
Wolfgang Goethe-Universität e.V.

Frankfurter Poetik-Vorlesungen*

Sarah Kirsch

„Von Haupt- und Nebendrachen. Von Dichtern und Prosaschreibern"

Öffentliche Vorlesungen
Wintersemester 1996/97

14. Januar
21. Januar
28. Januar
4. Februar
12. Februar

jeweils 18.00 bis 19.00 Uhr.
Hörsaal VI, Hörsaalgebäude, Mertonstraße/Gräfstraße, Bauteil D

Begleitseminar

Sarah Kirsch hält im Anschluß an ihre Vorlesungen ein Begleitseminar (20.30 bis
21.45 Uhr in den Räumen des Frankfurter Literaturhauses).
Interessenten werden gebeten, sich in die im Geschäftszimmer (Institut für
Deutsche Sprache und Literatur II, Gräfstraße 76) ausliegende Teilnehmerliste
einzutragen.

* Getragen von der Johann Wolfgang Goethe-Universität, der Vereinigung von Freunden und Förderern der Johann Wolfgang Goethe-
Universität e.V. und dem Suhrkamp Verlag

Abb. 1 Plakat der Poetikvorlesung

Drachen".[51] Dabei gebe es – wie der Titel der Poetikvorlesungen schon ankündigt –
„Haupt- und Nebendrachen":

> [...] für sie [sic][52] / das Auditorium / lese ich also die Nebendrachen den Hauptdrachen /
> und wieder einige Nebendrachen / wobei mein Witz darin besteht sie nicht zu bezeichnen
> / [...] in dieser Saison / [...] / hauptsächlich in der Gestalt eines Oktopus / der vom Wind
> sich was einblasen läßt bis in die letzte Tentakel / und jeder auch der winzigste oder ent-
> fernteste Oktopusdrachen / ist auf meinem eigenen Mist noch gewachsen [...].[53]

Während der losgerissene Flugdrachen im berühmten Gedicht *Der Rest des Fa-
dens* – „dem ersten in West-Berlin geschriebenen" lyrischen Text – aus dem
Band *Drachensteigen* (1979) noch als Chiffre für das Freiheitsbedürfnis des In-
dividuums fungierte, versinnbildlicht das Steigenlassen verschiedener Drachen in
der Huchel-Preis-Rede und in den Frankfurter Poetikvorlesungen das von Sarah
Kirsch praktizierte Verfahren der Textassemblage. In der Dankrede war Peter
Huchels Gedicht *Hubertusweg* der Hauptdrachen, dem sie als „Schwänzchen"[54]
ihr Gedicht *Katzenleben* beigesellte. In den Poetikvorlesungen nun lässt sie viele
„Haupt- und Nebendrachen" aufsteigen. In ihrer Gesamtheit ähneln die Texte
„der Gestalt eines Oktopus"[55] und erscheinen als vielarmiges, schwer fassba-
res Gebilde. Doch auch einzelne Textelemente sind schon „Oktopusdrachen" mit
einer Vielzahl von „Tentakeln".[56]

Die damaligen Zuhörer*innen haben sich mit Sicherheit von dieser phantasie-
vollen Charakterisierung angesprochen gefühlt, und bei heutigen Leser*innen ist
das wohl nicht anders. Kaum jemand dürfte freilich die in diesem Zusammenhang
getroffene programmatische Aussage: „jeder auch der winzigste oder entfernteste
Oktopusdrachen / ist auf meinem eigenen Mist noch gewachsen" wirklich ernst
genommen haben bzw. ernst nehmen, wird damit doch gesagt, dass die Poetikvorlesungen mehr oder weniger zur Gänze aus Vorfabriziertem bestehen. Dieser
Gedanke ist vor allem deshalb eine Zumutung, weil er unseren Vorstellungen von
Originalität zuwiderläuft. Eine Poetikvorlesung soll vorrangig Neues bringen und
auf den Anlass zugeschnitten sein. Deshalb ist man versucht anzunehmen, dass in
das Manuskript zwar diverse ältere Texte Eingang gefunden haben – vor allem die
eingeschobenen Gedichte sorgen hier für Wiedererkennbarkeit –, das Verhältnis
von Alt und Neu aber ‚ausgewogen' ist. Das jedoch trifft nicht zu. Im Grunde ver-
fährt Sarah Kirsch in ihren Poetikvorlesungen wie bei den Einladungen zu Preisverleihungen und folgt dem bewährten Muster: „Ich lese gleich einen Text / und
dann wieder einen und noch ein paar andere und auch Texte zu Texten".[57] Wie sich

---

[51] Kirsch 2019, S. 6.
[52] Siehe Anm. 28.
[53] Kirsch 2019, S. 7.
[54] Kirsch 1995, S. 37.
[55] Kirsch 2019, S. 7.
[56] Kirsch 2019, S. 7.
[57] Kirsch 2019, S. 6.

bei eingehender Analyse zeigt, wurde tatsächlich der weitaus größte Teil der in den Poetikvorlesungen versammelten Einzeltexte früheren Publikationen entnommen. Die folgende Tabelle gibt eine Übersicht, woher die Referenztexte jeweils stammen.[58]

Der Übersicht lässt sich auch entnehmen, welche Abschnitte im Winter 1996/97 noch unveröffentlicht waren. Da nicht alle Textelemente einen Titel tragen und betitelte Binnentexte zuweilen Teil einer größeren Einheit sind, ist es schwierig, die genaue Anzahl der für sich stehenden Einzelbestandteile zu benennen. Eine näherungsweise Zählung ergibt 38 im ersten Abschnitt „Von Haupt- und Nebendrachen" und 25 im zweiten Abschnitt „Von Dichtern und Prosaschreibern", also rund 63 Textelemente auf 110 Druckseiten. Jeweils acht davon in jedem der beiden Teile waren unpubliziert. Anders gesagt: Höchstens ein Viertel der in den Poetikvorlesungen präsentierten Texte wurde extra für diese verfasst. Ob und in welchem Umfang Sarah Kirsch auch hier auf Material zurückgegriffen hat, das schon vorlag, aber noch unveröffentlicht war, müssen künftige Detailrecherchen erweisen.

Die insgesamt drei Poetikvorlesungen, die sie gehalten hat – im Januar 1996 in Kassel, im Januar und Februar 1997 in Frankfurt a. M. und schließlich im Dezember 2001 in Göttingen –,[59] sind in ihrem Kern eine einzige und folgen derselben Präsentationslogik. Als Zentralmetapher für deren Textstruktur nutzt die Autorin den Titel ihres Prosabuches *Allerlei Rauh* (1988), das ja in vielerlei Hinsicht als Schlüsselwerk ihres Œuvres verstanden werden muss.[60] Schon im zweiten Satz kündigt sie an, was die Hörer*innen im Folgenden erwartet: „Allerlei Rauh über Schreiben Denken und Lesen".[61] Der aus den Fellen von allen Tieren des Waldes zusammengenähte Mantel der Hauptfigur aus dem Grimmschen Märchen *Allerlei Rauh* veranschaulicht nicht nur das Erzählprinzip von Kirschs 1988 erschienener fragmentarischer ‚Chronik', sondern umreißt gleichermaßen die Struktur der

---

[58] Dabei ist nicht auszuschließen, dass sich für den einen oder anderen Text noch weitere Druckorte ermitteln lassen.

[59] Diese trug den Titel „Von Haupt- und Nebendrachen" und stellte damit einen Bezug zu den vorangegangenen Veranstaltungen in Kassel und Frankfurt – sowie der geplanten, aber ausgefallenen in Jena – her. Angekündigt wurde die Göttinger Dozentur durch einen Text, der Material aus zwei Abschnitten („Ne Poetik-Vorlesung – na Mahlzeit." und „Aufwärmen") der Frankfurter Poetikvorlesungen fusioniert: „Habe mich meist erfolgreich gedrückt, wenn ich in die Nähe einer Poetik-Vorlesung gelangte. Ich bin ja die, die nicht mal bei einem Preis eine Rede macht, weil sie sich sagt, das, was ich am besten kann, das sind doch Gedichte, oder kleine, oder etwas größere Prosa. Weil ich mich als Praktiker einfach erachte. Und nicht auch noch die Literaturwissenschaftlerin mime, da steh mir Gott bei, meine Devise, die schon ein Tabu betrifft, klingt so: Nix über das Schreiben schreiben, weil das das zu Vermeidende par excellence! ist. Und nun doch ein Saal und Sie hier. Und ich wahrhaftig auch hier? Hier Anfang Dezember aufm Katheder?" https://www.uni-goettingen.de/de/348745.html (16.1.2023). Initiiert wurde die Reihe 1999 von Heinz Ludwig Arnold, der sie bis 2011 kuratierte; Sarah Kirsch war die dritte Autorin, die nach Göttingen eingeladen wurde.

[60] Da Silva bezeichnet den Band deshalb zu Recht als „recueil-clef"; Da Silva 2009, Bd. 1, S. 15; Weck 2021, S. 16.

[61] Kirsch 2019, S. 5.

Sarah Kirsch: Von Haupt- und Nebendrachen. Von Dichtern und Prosaschreibern. Frankfurter Poetikvorlesungen 1996/1997. Hg. von Moritz Kirsch. Göttingen 2019

I. Von Haupt- und Nebendrachen

Überschrift	Incipit	Seite	Quelle	Erst- bzw. Folgedruck
	Will nun versuchen in Ihren Köppen…	5		
Wenn das Eis geht	Das schöne Mühlrad in meinem Kopf…	5	Wenn das Eis geht (*Katzenleben* – 1984, S. 29)	
Aufwärmen	Sie sind hier und ich bin ebenfalls hier…	6	Ohne Fleiß kein Preis. Eine Danksagung. In: Wolfgang Heidenreich (Hg.): *Peter-Huchel-Preis. Ein Jahrbuch* […]. 1993: *Sarah Kirsch. Texte, Dokumente, Materialien.* Baden-Baden/Zürich 1995, S. 36–39, hier: S. 36–37	Aufwärmen (*Kommt der Schnee im Sturm geflogen* – 2005, S. 6–7)
Ne Poetik-Vorlesung – na Mahlzeit	Bisher habe ich mich stets erfolgreich gedrückt…	8		Eine Poetikvorlesung – na Mahlzeit! (*Kommt der Schnee im Sturm geflogen* – 2005, S. 24)
Aus meiner Faxerei	Der tagelange Nebel hebt sich alsbald…	9		Aus meiner Faxerei (*Kommt der Schnee im Sturm geflogen* – 2005, S. 9–10)
Poe-tick	Aus meinen selbstgeschriebenen Büchern…	11		Poe-tick (*Kommt der Schnee im Sturm geflogen* – 2005, S. 11)
Schreibgründe	Eigentlich schreibe ich immer…	12		Schreibgründe (*Kommt der Schnee im Sturm geflogen* – 2005, S. 14–15)
Unterwegs	Mein Körper der mich begleitet…	13	Unterwegs (*Schneewärme* – 1989, S. 30)	
Arbeit	Oder meine driftenden Inseln im…	13	Arbeit (*Bodenlos* – 1996, S. 54)	
Kollegen	Die Stare verlassen nun ihre Schwärme…	14	Kollegen (*Das simple Leben* – 1994, S. 7)	

(Fortsetzung)

(Fortsetzung)

Überschrift	Incipit	Seite	Quelle	Erst- bzw. Folgedruck
Ein Vogel und geöffnete Türen	Ja es gab die Lesereise im Frühjahr…	14	Ja es gab sie die Lesereise im Frühjahr… (*Das simple Leben* – 1994, S. 24–25)	
Landeinwärts	Lieber lieb ich den…	17	Landeinwärts (*Schneewärme* – 1989, S. 6)	
In den Wäldern	Die Gedichte des Herrn Lars Gustafsson…	18	In den Wäldern (*Schneewärme* – 1989, S. 7)	
Der Chronist	Es quellen aus der Feder zartgeschnäbelt…	19	Der Chronist (*Erlkönigs Tochter* – 1992, S. 61; *Das simple Leben* – 1994, S. 92)	
Stimmen I	An den schönen Tagen des Herbstes gingen wir…	20	An den schönen Tagen des Herbstes gingen wir… (*Allerlei-Rauh* – 1988, S. 27–29)	
Stimmen II	Stus also ist tot…	21	Stus also ist tot… (*Allerlei-Rauh* – 1988, S. 29–30)	7. September 1985, Samstag / Stus also ist tot… (*Krähengeschwätz* – 2010, S. 57)
Nebel rückwärts lesen	Sehe allerhand Wesen durch den Nebel ziehn…	22	Sehe allerhand Wesen durch den Nebel ziehn… (*Das simple Leben* – 1994, S. 57–58)	
Wüstenei	Wenn die Luft im Juni ganz klar ist…	23	Wenn die Luft im Juni ganz klar ist… (*Allerlei-Rauh* – 1988, S. 78–79)	
Splitterehen	Um fünf Uhr sitze ich schon wieder…	24	Um fünf Uhr sitze ich schon wieder … (*Das simple Leben* – 1994, S. 97)	
Moorland	Der Nordost aus dem Kattegat war nun heran	24	Moorland (*Das simple Leben* – 1994, S. 18)	
Verstohlen geht wieder der Mond auf	Die Wolken zerrissen über dem Moorland…	25	Verstohlen geht wieder der Mond auf… (*Schneewärme* – 1989, S. 73)	27. April 1987, Montag / Verstohlen geht wieder der Mond auf… (*Krähengeschwätz* – 2010, S. 140)
Das eine und das andere	Wie merkwürdig das ist: ich stand auf…	25	Das eine und das andere / Wie merkwürdig das ist: ich stand auf… (*Schwingrasen* – 1991, S. 9)	
Uhren	Der Winter verging, ich kippte das Fenster…	26	Der Winter verging, ich kippte das Fenster… (*Allerlei-Rauh* – 1988, S. 54)	

(Fortsetzung)

(Fortsetzung)

Überschrift	Incipit	Seite	Quelle	Erst- bzw. Folgedruck
Briefe	Wie in jenem bezauberten Sommer…	28	Wie in jenem bezauberten Sommer… (*Allerlei-Rauh* – 1988, S. 47–49)	
Napoleumshut	Habe schon Sonntagskoffie…	30	Habe schon Sonntagskoffie… (*Das simple Leben* – 1994, S. 85)	
Ich Leserin	Er spricht so einfach und unge-künstelt…	30	Er spricht so einfach und ungekünstelt… (*Das simple Leben* – 1994, S. 78–79)	
Krähenschrift	Wir hatten die letzten Rosen ge-schnitten da war es Silvester…	31	Krähenschrift (*Schwingrasen* – 1991, S. 8)	
Bewegung	Es sind kühle Sommertage hier…	31		Bewegung (*Kommt der Schnee im Sturm geflogen* – 2005, S. 10–11)
Malen eines Sonnenun-tergangs	Meine Knie sind die Staffelei ich bin am Boden…	33	Malen eines Sonnenuntergangs (*Landaufent-halt* – 1967, S. 44)	
Zwischenlandung	Einmal vor Jahren kam ich nach Moskau…	33	Zwischenlandung (*Irrstern* – 1986, S. 55)	
Herzgespann	Der grüne Weg, den es an jedem Dorfrand…	34		Herzgespann / Der Grüne Weg, den es an jedem Dorfrand… (*Kommt der Schnee im Sturm geflogen* – 2005, S. 48–49)
Funken	Unstet schweifend kam ich…	36	Funken / Unstet schweifend kam ich… (*Schneewärme* – 1989, S. 68)	
Schwarzer Spiegel	Als die Schafe im Lauf des Win-ters…	36	Schwarzer Spiegel (*Schneewärme* – 1989, S. 42–45)	
Unterwegs	Mein Körper der mich begleitet…	39	Unterwegs / Mein Körper der mich beglei-tet… (*Schneewärme* – 1989, S. 30)	

(Fortsetzung)

(Fortsetzung)

Überschrift	Incipit	Seite	Quelle	Erst- bzw. Folgedruck
Eremitage	Keiner weiß viel und weise…	40		17. Januar 1987, Samstag / Eremitage (*Krähengeschwätz* – 2010, S. 118–119)
Jemand bekommt Kohlen	Jemand bekommt Kohlen…	41	Jemand bekommt Kohlen (*Landaufenthalt* – 1967, S. 57)	
Protokoll	Es hatte gleich morgens geregnet…	42	Protokoll (*Landaufenthalt* – 1967, S. 55)	
Königlich	Lief wie ein Mann auf der…	43	Königlich (*Erlkönigs Tochter* – 1992, S. 54)	
	Na bitte. Sehr schön isses … liegenlassen. / Oder, und das ist oftmals der Fall…	43	Na bitte. Sehr schön isses … liegenlassen. (*Das simple Leben* – 1994, S. 86)	
Ein Sepiadrach	Die kriechenden Nebel zwischen dunklen Gewässern	44		Lichtzeichen / Die Nebel zwischen dunklen Gewässern… (geringfügig verändert in: *Kommt der Schnee im Sturm geflogen* – 2005, S. 12)

II. Von Dichtern und Prosaschreibern

Überschrift	Incipit	Seite	Quelle	Erst- bzw. Folgedruck
Forschungsprojekt	Getropfe. 10. Januarius 90...	45	[...] Getropfe. 10. Januarius 90... (*Spreu* – 1991, S. 63–76)	
Früh durch die halbe Galaxis!	Zu den Annehmlichkeiten der ersten Nachkriegszeit...	50	Früh durch die halbe Galaxis! In: Karl Corino/Elisabeth Albertsen (Hg.): *Nach zwanzig Seiten waren alle Helden tot. Erste Schreibversuche deutscher Schriftsteller.* Düsseldorf 1995, S. 70–71	Früh durch die halbe Galaxis! (*Kommt der Schnee im Sturm geflogen* – 2005, S. 50–52)
Geschenk des Himmels	Es muß im Jahre 73 gewesen sein...	52	Geschenk des Himmels / Es muß im Jahre 73 gewesen sein.... In: *Annette von Droste-Hülshoff. Werke. Ausgewählt von Sarah Kirsch.* Köln 1986, S. 9–14	
Sommers	Das Geräusch der trockenen abgefallenen Lindenblätter...	58	Das Geräusch der trockenen abgefallenen Lindenblätter... (*Allerlei-Rauh* – 1988, S. 70)	30. September 1985, Montag / Das Geräusch der trockenen abgefallenen Lindenblätter... (*Krähengeschwätz* – 2010, S. 64)
Wiepersdorf I	Hier ist das Versmaß elegisch...	58	Wiepersdorf 1 (*Rückenwind* – 1977, S. 18)	
2	Hinter Jüterbog öffneten sich...	58	2 (*Rückenwind* – 1977, S. 19–20)	
3	Eine Bannmeile schöner frischer Wald...	59	3 (*Rückenwind* – 1977, S. 21)	
4	Der Kuckuck reif den ganzen Tag und die Lerchen...	60	4 (*Rückenwind* – 1977, S. 22)	
5	Ehrwürdiges schönes Haus...	60	5 (*Rückenwind* – 1977, S. 23)	
6	Nun beginnen die Frösche; Scharen...	61	6 (*Rückenwind* – 1977, S. 24)	
7	Ich sitze im Schloß – Edi und Elke...	61	7 (*Rückenwind* – 1977, S. 25)	

(Fortsetzung)

(Fortsetzung)

Überschrift	Incipit	Seite	Quelle	Erst- bzw. Folgedruck
8	Hier ist das so: wenn die Störche…	62	8 (*Rückenwind* – 1977, S. 26)	
9	Dieser Abend, Bettina, es ist…	63	9 (*Rückenwind* – 1977, S. 27)	
10	Der Hermaphrodit geht im Park spazieren…	63	10 (*Rückenwind* – 1977, S. 28)	
11 Männliches Steinbild im Park	Leider leider werden die Damen…	63	11 Männliches Steinbild im Park (*Rückenwind* – 1977, S. 29)	
	5. Mayen 88: Befinde mich im Regional-Zug…	64	5. Mayen 88: Befinde mich im Regional-Zug… (*Spreu* – 1991, S. 9–24)	
Ulenflucht	An den stillen Tagen…	69	An den stillen Tagen… (*Allerlei-Rauh* – 1988, S. 70–77)	
Herbstanfang	Herbstanfang. Ach dieser verrissene Sommer…	75		Herbstanfang (Kommt der Schnee im Sturm geflogen – 2005, S. 40–41)
Wie kommt Literatur zustande?	Ganz einfach, es ist nur eine Fata…	76	Wie kommt Literatur zustande? (*Schwingrasen* – 1991, S. 33–34; auch in: Deutsche Akademie für Sprache und Dichtung (Hg.): *Jahrbuch 1990.* Hamburg/Zürich 1991, S. 136–137; wieder in: Michael Assmann (Hg.): *Wie sie sich selber sehen. Antrittsreden der Mitglieder vor dem Kollegium der Deutschen Akademie. Mit einem Essay von Hans-Martin Gauger.* Göttingen 1999, S. 194–195)	
Ein paar Binsenweisheiten	Sie sind in einem Ihnen zugänglichen Buche enthalten…	78		
Schöne Abhandlung	Julio Ramón Ribeyro, 1929 in Lima geboren…	80		

(Fortsetzung)

(Fortsetzung)

Überschrift	Incipit	Seite	Quelle	Erst- bzw. Folgedruck
I	Das einsame Trankopfer…	80	85 (Das einsame Trankopfer…). In: Ribeyro, Julio Ramón: *Heimatlose Geschichten*. Aus dem Spanischen übersetzt von Anneliese Botond. Zürich 1991, S. 90–91	
II	Der materielle Vorgang des Schreibens…	81	86 (Der materielle Vorgang des Schreibens…). In: Ribeyro, Julio Ramón: *Heimatlose Geschichten*. Aus dem Spanischen übersetzt von Anneliese Botond. Zürich 1991, S. 91–92	
Peter Huchel: Märzmitternacht	Märzmitternacht, sagte der Gärtner, / wir kamen vom Bahnhof	82	Huchel, Peter: Hubertusweg. In: Peter Huchel: *Gezählte Tage. Gedichte*. Frankfurt a. M. 1972, S. 89–91 (eingerückt in: Kirsch, Sarah: Ohne Fleiß kein Preis. Eine Danksagung. In: Wolfgang Heidenreich (Hg.): *Peter-Huchel-Preis. Ein Jahrbuch [...] 1993: Sarah Kirsch. Texte, Dokumente, Materialien.* Baden-Baden/Zürich 1995, S. 36–39, hier: S. 37–38)	
Zauberbild und Verkörperung	Märzmitternacht, sagte der Gärtner. So ist der Einstieg…	84	Einzelne Abschnitte und Formulierungen aus Sarah Kirsch: Flatternde Rinde. In: *Frankfurter Allgemeine Zeitung*, Nr. 65, 16.3.1996, S. B4; wieder in: Marcel Reich-Ranicki (Hg.): *Frankfurter Anthologie. Gedichte und Interpretationen.* Bd. 20. Frankfurt a. M. 1997, S. 156–158	

(Fortsetzung)

(Fortsetzung)

Überschrift	Incipit	Seite	Quelle	Erst- bzw. Folgedruck
Katzenleben	Aber die Dichter lieben die Katzen…	86	Katzenleben (*Katzenleben* – 1984, S. 74; wieder in: Ohne Fleiß kein Preis. Eine Danksagung. In: Wolfgang Heidenreich (Hg.): *Peter-Huchel-Preis. Ein Jahrbuch […]. 1993: Sarah Kirsch. Texte, Dokumente, Materialien.* Baden-Baden/Zürich 1995, S. 36–39, hier: S. 38–39	
C. W. Aigner: Frösche in Wiepersborough	Nach Mitternacht und die Luft keinen Daumensprung…	86	Christoph Wilhelm Aigner: Frösche in Wiepersborough. In: Christoph Wilhelm Aigner: *Das Vermeinen der Pendeluhr. Gedichte.* Stuttgart 1996, S. 22	Sarah Kirsch: *Sarah Kirsch entdeckt C. W. Aigner.* Hamburg/Wien 2001 (Lyrik im Europa Verlag), S. 34
Ein Sommernachtstraum	Ein magisches Stückchen springt in die Augen	87	Ein Sommernachtstraum. In: *Frankfurter Allgemeine Zeitung,* Nr. 110, 11.5.1996, S. B4; wieder in: Marcel Reich-Ranicki (Hg.): *Frankfurter Anthologie. Gedichte und Interpretationen.* Bd. 20. Frankfurt a. M. 1997, S. 222–224	Ein Sommernachtstraum. Zu C. W. Aigners Gedicht „Frösche in Wiepersborough". In: Sarah Kirsch: *Sarah Kirsch entdeckt C. W. Aigner.* Hamburg/Wien 2001 (Lyrik im Europa Verlag), S. 58–60 Die Formulierung im Schlussabsatz („Aigners Gedichte sind unherkömmlich, traditionslos und brennend" findet sich leicht abgewandelt („Aigners Bilder sind … brennend.") in Sarah Kirschs Text *Glückskarfunkel* (ebd. S. 5)
Neugieriges Volk,	In der gottlob! versunkenen Deutschen Demokratischen DDDR…	89		
Halbtrolle und Klippenjungfrauen	In der ersten Hälfte meines Landes…	91	Halbtrolle und Klippenjungfrauen (*Schwingrasen* – 1991, S. 70–72)	

(Fortsetzung)

(Fortsetzung)

Überschrift	Incipit	Seite	Quelle	Erst- bzw. Folgedruck
Von Malern und Webern	Ein Orkan flog vorüber	94	Von Malern und Webern (*Schwingrasen* – 1991, S. 73)	
	27. April 1989: Nun aber in Düssel	94	27. April 1989: Nun aber in Düssel. (*Spreu* – 1991, S. 31–50)	
Lachschleifen	Ein paar Mal habe ich bei Lesungen…	101	Lachschleifen (*Schwingrasen* – 1991, S. 74–77)	
Das Siebengestirn	Ende des Sommers habe ich…	104	Ende des Sommers habe ich (*Allerlei-Rauh* – 1988, S. 106–109)	
Kommt der Schnee im Sturm geflogen	Die Schriftzeichen, die für mich oftmals…	106	Kommt der Schnee im Sturm geflogen (Kirsch, Sarah: Dankrede. In: Deutsche Akademie für Sprache und Dichtung (Hg.): *Jahrbuch 1996*. Göttingen 1997, S. 162–163)	Kommt der Schnee im Sturm geflogen (*Kommt der Schnee im Sturm geflogen* – 2005, S. 5–6)
	Ich sitze am Fenster an diesem 3. Jänner…	107	Ich sitze am Fenster an diesem 3. Jänner… (Kirsch, Sarah: Dankrede. In: Deutsche Akademie für Sprache und Dichtung (Hg.): *Jahrbuch 1996*. Göttingen 1997, S. 162–163)	Ich sitze am Fenster an diesem 3. Jänner… (*Kommt der Schnee im Sturm geflogen* – 2005, S. 6–7)
Styx	Und irgendwo werden…	108	Styx (Kirsch, Sarah: Dankrede. In: Deutsche Akademie für Sprache und Dichtung (Hg.): *Jahrbuch 1996*. Göttingen 1997, S. 163)	Styx (*Kommt der Schnee im Sturm geflogen* – 2005, S. 7)
	Wenn ich es niederschreibe…	108	Wenn ich es niederschreibe… (Kirsch, Sarah: Dankrede. In: Deutsche Akademie für Sprache und Dichtung (Hg.): *Jahrbuch 1996*. Göttingen 1997, S. 163)	Wenn ich es niederschreibe… (*Kommt der Schnee im Sturm geflogen* – 2005, S. 7)

(Fortsetzung)

(Fortsetzung)

Überschrift	Incipit	Seite	Quelle	Erst- bzw. Folgedruck
*) Verläßliches	Wir kamen an den Gehöften…	108	*) Verläßliches (Kirsch, Sarah: Dankrede. In: Deutsche Akademie für Sprache und Dichtung (Hg.): *Jahrbuch 1996*. Göttingen 1997, S. 163–164)	*) Verläßliches (*Kommt der Schnee im Sturm geflogen* – 2005, S. 8–9)
Jan Skácel: Das dreizehnte schwarze Pferd / Die Hannaken	Olmütz liegt an der Hanna…	109	Olmütz liegt in [sic] der Hanna… (Anfang des Abschnitts „Die Hannaken", der ein Teil des Textes *Welches Olmütz* ist. In: Skácel, Jan: Das dreizehnte schwarze Pferd. Auswahl und Übersetzung aus dem Tschechischen von Christa Rothmeier. Klagenfurt/Salzburg 1995, S. 168–170)	

Poetikvorlesungen, die sich ebenfalls durch ihren Patchworkcharakter auszeich-
nen. Verschränkt *Allerlei Rauh* mehrere Zeitebenen der Lebensgeschichte kunst-
voll miteinander, so sind die Poetikvorlesungen eine Collage aus sehr vielen älteren und wenigen aktuellen Texten. Dementsprechend hat der Sohn Moritz einmal
über die Arbeitsweise seiner Mutter bemerkt: „Das [...] Collagenhafte [...], das ist
ganz typisch.“[62] Auf den ersten Blick mutet diese Vorgehensweise dreist an, tischt
die Autorin doch längst Veröffentlichtes noch einmal auf. Ja, die Mehrfachverwen-
dung bereits publizierter Texte mutet an wie eine uninspirierte Form literarischen
Recyclings. Es ist denn auch kein Zufall, wenn die Forscherin Céline Weck, geb.
Da Silva, fragt: „Sarah Kirsch se moquerait-elle de son lecteur?“[63]

Worauf die Autorin eigentlich abzielt, verdeutlicht das erste Gedicht, das sie in
ihre Poetikvorlesungen einrückt. *Wenn das Eis geht* aus dem Band *Katzenleben*
fasst die bewusst kaum steuerbare, aber dennoch produktive Tätigkeit des Erin-
nerns poetisch ins Bild:

> Das schöne Mühlrad in meinem Kopf
> unaufhaltsam [sic] dreht es sich eingedenk
> Mit seinen Schaufeln Versunkenes heben [...].[64]

In den Poetikvorlesungen nun will Sarah Kirsch ein derartiges „Mühlrad“ in den
Köpfen ihrer Zuhörer*innen „installieren“ und auf diese Weise „ein rechtes To-
huwabohu erzeugen“.[65] Dazu hat sie alle ihre bis dahin entstandenen Texte durch-
gesehen und daraus ausgewählt, „was sich auf Schreiben bezieht“.[66] Zusammen-
gestellt werden also Bruchstücke aus bereits Bestehendem, die auf diese Weise
wiederaufbereitet, gleichsam recycelt werden. Der vorangegangene Leseprozess
selbst ist nach eigener Aussage diskontinuierlich verlaufen und hat Sarah Kirschs
Erinnerung erneut in Gang gesetzt. Insofern kommt die Vorbereitungsarbeit für
die Poetikvorlesungen einem sprunghaften Prozess der Re-Lektüre gleich, der
zu Digressionen einlädt.[67] Freimütig gesteht die Autorin: „[D]abei schweife ich
ab“.[68] Und wie beim dichterischen Schreiben wendet sie auch hier die Technik des

---

[62] Schneider 2018. Ähnlich ging Kirsch auch in ihren Tagebüchern vor, in die sie „Zeitungsausschnitte, Kassenbelege, Katzenbilder, kleine Zeichnungen oder Aquarelle“ einklebte; Schneider
2018. Die Bände *Spreu* und *Kuckuckslichtnelken* geben einen Eindruck davon.

[63] Da Silva 1999, Bd. 1, S. 98; Weck 2021, S. 72.

[64] Kirsch 2019, S. 5.

[65] Kirsch 2019, S. 5. Colombat hat auf die Rolle des Körpers bei der Produktion – man darf er-
gänzen: und auch bei der Rezeption – von Dichtung hingewiesen: „on pourrait dire que Sarah
Kirsch défend une conception pyhsiologique de la poésie“ (Colombat 2021, S. 111).

[66] Kirsch 2019, S. 9.

[67] Proesmans hat zu Recht darauf hingewiesen, dass „Montage und Digressionen“ zu den zentralen Verfahren Kirschs gehören (Proesmans 2000, S. 99). Sie konstatiert in diesem Zusammenhang eine „Poetik bzw. Dynamik des Zerstreuens“ (Proesmans 2000, S. 187).

[68] Kirsch 2019, S. 9.

Liegenlassens und des Umschreibens an, es findet also eine Revision und auch
ein Re-Arrangement der Texte statt. Gedichte und kurze Prosastücke werden neu
kombiniert, bei Bedarf umakzentuiert und durch die Veränderung von Präsentati-
onsanlass und -rahmen in andere Kontexte eingebunden.

Besonders schön erkennen lässt sich das am Ende der Poetikvorlesungen. Hier
zitiert Sarah Kirsch zunächst die Schlusspassage von *Allerlei Rauh*. Diese besteht
bekanntlich aus einer Naturbeschreibung, die das Prinzip ‚Dauer im Wechsel' in
Anknüpfung an den Beginn des Bandes noch einmal kaleidoskopisch veranschaulicht und dabei im Zeitraffer die Abfolge der Jahreszeiten vor Augen führt: „Nebel
und Schnee, […] das Gras liegt vom Frost darnieder, mal Schnee, mal Regen, […]
mal Sonne, mal Schnee".[69] Dann aber greift Kirsch das Stichwort „Schnee" auf
und fügt drei bis dahin noch unpublizierte Textelemente an, beginnend mit *Kommt
der Schnee im Sturm geflogen*, einem Text, der thematisiert, wie „Lettern" und
„Wörter" sich in „Bäume und Landschaften"[70] verwandeln, und der die Aufgabe
des Dichters bündig mit der Formulierung umreißt: „Mit 26 Buchstaben versuchen, das Unsagbare sagen."[71] Im Folgeabschnitt rekurriert die Autorin auf die eigene Schreibgegenwart: „Ich sitze am Fenster an diesem 3. Jänner und sehe ins
Weiße wie auf einen großen Bogen Papier."[72] Außerdem rückt sie einen soeben
entstandenen Text ein, das kurze Gedicht *Styx*. Hier lässt sich sehr schön erkennen,
wie heterogene Bruchstücke zu einem neuen Textgebilde ‚vernäht' werden.

Die letzten beiden Seiten überlässt Sarah Kirsch einem Dichterkollegen, nämlich dem tschechischen Autor Jan Skácel. Mit dem Hinweis darauf, dass sie schon
mehrfach im Privaten ein bestimmtes Gedicht aus der Kurzprosasammlung *Das
dreizehnte schwarze Pferd* „rezitiert" habe, rückt sie diesen – *Die Hannaken* überschriebenen – Text ein und schließt mit ihm ihre Poetikvorlesungen. Wie schon in
einigen ihrer Dankreden nimmt sich Kirsch hier ostentativ zurück und lässt einen
anderen Dichter für sich sprechen. Zudem schlägt sie den Bogen zurück zu ihrer
Büchner-Preis-Rede, in der sie die Lektüre von Skácels Prosa bereits empfohlen
hatte.

Auch dies ist im Übrigen eine Facette ihrer Skepsis gegenüber Selbstkommen-
taren. Wirken soll jeweils nur die Dichtung selbst, nicht aber das Reden über sie.
Mit dieser Maxime bewegt sich Sarah Kirsch durchaus in einer langen und eh-
renvollen Tradition. Schon Ingeborg Bachmann begann ihre legendär gewordenen
Poetikvorlesungen 1959 mit einer Reflexion über das Verhältnis von Dichtung und
Reflexion über Dichtung:

> Neugier und Interesse, die Sie in diesen Saal geführt haben, glaube ich zu kennen. Sie ent-
> springen dem Verlangen, über die Dinge etwas zu hören, die uns beschäftigen, also Urteile,
> Meinungen, Verhandlungen über Gegenstände, die uns an sich, in ihrem Vorhandensein,

---

[69] Kirsch 2019, S. 106.
[70] Kirsch 2019, S. 107.
[71] Kirsch 2019, S. 106.
[72] Kirsch 2019, S. 107.

genügen müßten. Also etwas Schwächeres, denn alles, was über Werke gesagt wird, ist schwächer als die Werke.[73]

Auch Sarah Kirsch leitet ihre Frankfurter Vorlesungen mit einem – Bachmanns Text leise anzitierenden – Rekurs auf die Vortragssituation ein und benennt die Situation antizipierter Hörererwartung. Allerdings formuliert sie ungleich flapsiger, auch unduldsamer: „Sie sind hier und ich bin ebenfalls hier / da Sie die Mehrheit abgeben / scheinen Sie etwas von mir zu erwarten / was könnte es sein."[74] Die gespielte Ahnungslosigkeit der zuletzt – bezeichnenderweise ohne Fragezeichen formulierten – Frage ist dabei Ausdruck ironischer Koketterie, die um die mit der Zusage, Poetikvorlesungen in Frankfurt zu halten, verbundenen Erwartungen nur allzu gut Bescheid weiß – und sie zu enttäuschen beabsichtigt. In ihrer Skepsis, ja Ablehnung gegenüber dem „Schreiben über das Schreiben"[75] trifft sich Kirsch mit Bachmann, auch wenn sie ihre Vorbehalte erst im Folgeabschnitt offen artikuliert: „Meine Devise [...] klingt so: Nix über das Schreiben schreiben, weil das das zu Vermeidende par excellence! ist."[76] Doch Sarah Kirsch zitiert an dieser Stelle nicht Ingeborg Bachmann, sondern bezieht sich auf den Ausspruch eines Schriftstellerkollegen, der an Drastik nicht mehr zu überbieten ist: „[W]ie Arthur Miller gesagt haben soll", sei „Sekundärliteratur [...] gefährlicher als die Atombombe", denn: „Eine Atombombe vernichtet eine Stadt die Sekundärliteratur vernichtet alles."[77]

Kirsch reiht sich demnach in die Reihe jener Autor*innen ein, die sich einer Offenlegung ihrer Poetik verweigern.[78] Sie spricht in diesem Zusammenhang sogar von einem selbst errichteten „Tabu".[79] Dabei ist freilich immer zu beachten:

> Sarah Kirsch's reluctance to discuss the theoretical foundation of her poetry is plainly not due to any *intellectual inadequacy*. Not only her poems, but also stories and interviews, make it clear that she is a highly articulate individual. The refusal is a conscious choice, a means of preserving a certain artistic autonomy.[80]

Die Autorin wusste natürlich, dass sie sich mit der Bereitschaft, Poetikvorlesungen zu halten, in einen performativen Widerspruch begab. Mit selbstironischer Lakonie

---

[73] Bachmann 1982, S. 182. Heute gelten Bachmanns Poetikvorlesungen als „Prototyp" der Poetikvorlesung im deutschsprachigen Raum (Wohlleben 2005, S. 63); vgl. auch Kempke 2021, S. 123.

[74] Kirsch 2019, S. 6.

[75] Kirsch 2019, S. 9.

[76] Kirsch 2019, S. 8.

[77] Kirsch 2019, S. 9. Ob es Millers Aussage in dieser Form tatsächlich gibt, ist fraglich. Es hat vielmehr den Anschein, als ob Kirsch sich hier ungenau an eine Textpassage erinnert, die sie früher einmal gelesen hat. Tatsächlich hat Miller in seinem Essay *The Playwright and the Atomic World* eine ihm spezifisch amerikanisch erscheinende „antipathy for theorizing" konstatiert (Miller 1961, S. 9). Allerdings findet sich dort nicht die zugespitzte Formulierung, auf die Kirsch sich bezieht.

[78] Vgl. hierzu Meiser/Hachmann 2022.

[79] Kirsch 2019, S. 8.

[80] Sax 1987, S. 130.

bemerkt sie dazu: „Bin sehr standhaft gewesen, jetzt: eine Spätberufene doch."[81] Umso intensiver suchte Kirsch daher nach einem Ausweg aus diesem Dilemma. Sie fand ihn offenbar darin, dass sie den selbst geschaffenen Raum ihrer Texte nicht verließ und nur gelegentlich Ergänzungen zu bereits literarisch Ausformuliertem schuf. Auf diese Weise konnte sie ihrer Devise ‚Poetologie statt Poetik' treu bleiben. Moritz Kirsch hat zu Recht über die Poetikvorlesungen seiner Mutter gesagt, sie seien „vor allem auch ein literarischer Text"[82]. In der mündlichen Vortragsform entfaltete der latente Selbstwiderspruch, der darin besteht, dass eine Dichterin es ablehnt, „über das Schreiben zu schreiben",[83] und dann ständig Texte von sich vorliest, die vom Schreiben handeln, fraglos einen besonderen Reiz, weil er offensiv ausgestellt wurde. Im gedruckten Text tritt diese Dimension in den Hintergrund, im Gegenzug lässt das typographische Schriftbild den Collagencharakter des Ganzen stärker hervortreten. Paradoxerweise belegen die in Buchform vorliegenden Poetikvorlesungen eindrucksvoll, wie poetologische Überlegungen Sarah Kirschs Schreiben von Anfang an begleitet haben.

Es stellt sich die Frage, weshalb der als druckreifes Typoskript vorliegende Text der Frankfurter Poetikvorlesungen schließlich unpubliziert blieb.[84] Zu den wenigen anderen Manuskripten dieser Reihe, die nicht im Druck erschienen, gehören Wolfgang Koeppens im Wintersemester 1982/83 angestellte Überlegungen „Ist der Schriftsteller ein unnützer Mensch?", Ludwig Harigs Reflexionen „Der berechnete Funke. Zum Sprachspiel" vom Sommersemester 1987, Dieter Kühns „Mein Lebensroman" betitelte „Skizzen zum Modell einer Autobiographie", die der Autor im Wintersemester 1992/93 präsentiert hat, Einar Schleefs „Deutscher Monolog" aus dem Sommersemester 1999, Josef Winklers Essay „Sprache. Ich kann dich nicht besiegen. Meine Waffe bist du" aus dem Sommersemester 2007[85] sowie die Poetikvorlesungen von „Michael Kleeberg (2017) und Christian Kracht (2018)".[86]

Es hat den Anschein, als ob bei der Entscheidung, die Poetikvorlesungen zu Lebzeiten nicht zu veröffentlichen, die Differenz zwischen der an den Moment gebundenen Vortragssituation und der werkhaften Fixierung des Formulierten im

---

[81] Kirsch 2019, S. 8.

[82] Schneider 2018.

[83] Kirsch, S. 9.

[84] Aus den momentan zugänglichen Quellen geht nicht klar hervor, ob die Autorin ihre Poetikvorlesungen tatsächlich für eine Publikation vorgesehen hat. Zwar berichtet Goedele Proesmans, die sich für ihre Studie über Sarah Kirschs Prosa „auf von dem Hessischen Rundfunk lizenzierte Videoaufzeichnungen dieser Vorlesungen" stützen konnte: „die Texte werden frühestens im Herbst 1999 veröffentlicht" (Proesmans 2000, S. 25, Anm. 35). Da Proesmans' Studie bereits 1999 als Dissertation an der Faculté de philosophie et lettres der Université Catholique du Louvain eingereicht wurde – vgl. https://lib.ugent.be/catalog/rug01:000860696 (28.4.2023) –, wirkt diese Aussage aber eher wie eine bloße Vermutung.

[85] Siehe https://www.uni-frankfurt.de/44355962/Archiv_Frankfurter_Poetikvorlesungen (13.1.2024).

[86] Kempke 2021, S. 20.

Druck eine Rolle gespielt hat. Da die Zuhörer*innen im Hörsaal oder am Bildschirm außerstande waren nachzuvollziehen, welche der von Sarah Kirsch vorgetragenen Textabschnitte bereits publiziert waren, entstand bei der Erstrezeption der Eindruck, man habe es mit einem neuen und eigenständigen Gebilde zu tun. In gedruckter Form freilich wird das kühn-freche Pastiche, das die Autorin dem Auditorium präsentiert hat, als Collage vorgefundener Textbausteine erkennbar. Wie es scheint, hat Sarah Kirsch längere Zeit gezögert, ob sie die Poetikvorlesungen tatsächlich publizieren soll. Schließlich beschloss sie, die seinerzeit neu verfassten und bis dato unveröffentlichten Texte im Rahmen literarischer Sammlungen vorzulegen, die meisten davon im Band *Kommt der Schnee im Sturm geflogen* (2005), einige in *Krähengeschwätz* (2010). Daraus lässt sich schlussfolgern, dass die Autorin mit der Zusammenstellung von *Kommt der Schnee im Sturm geflogen* das Vorhaben aufgegeben hat, das für Frankfurt zusammengestellte Typoskript der Poetikvorlesungen in Buchform herauszubringen.[87] Mit dem Erscheinen von *Krähengeschwätz* war der Vorrat unpublizierter Passagen aus den Poetikvorlesungen aufgebraucht. Eine zusätzliche Einzelveröffentlichung hätte dann keinen Sinn mehr ergeben.

Gleichwohl ließ die Autorin bestimmte Textformationen unverändert bestehen. So wurde die Schlusspartie der Poetikvorlesung mit den beiden Einzelelementen „Kommt der Schnee im Sturm geflogen" (incl. dem Gedicht *Styx*) und „Verläßliches" zur programmatisch zu lesenden Anfangskonstellation des Bandes *Kommt der Schnee im Sturm geflogen*. Dass es sich bei den genannten Texten zwar um Erstdrucke, nicht aber um für den gleichnamigen Prosaband geschriebenes Material handelte und dieses neun Jahre zuvor in mündlicher Form schon einmal präsentiert worden war, erfuhren die Leserinnen und Leser nicht. Erst die postume Veröffentlichung der Frankfurter Poetikvorlesungen legt diese Zusammenhänge offen. Generell muss die Forschung aus dem chronologischen Auseinanderklaffen von Textentstehung und Textpublikation auf der einen und der zu beobachtenden Tendenz des Mehrfachabdrucks und der Mehrfachnutzung von Texten auf der anderen Seite künftig methodologisch ableiten, dass das Jahr des Erstdrucks lediglich als Beleg für die Publikationsentscheidung genommen werden kann, aber keine zuverlässigen Rückschlüsse zulässt, wann ein Gedicht oder Prosastück entstand und für welche weiteren Textensembles es vorgesehen war. Der philologischen Recherche eröffnet sich hier ein ergiebiges Feld – wobei sich wohl nicht alle dabei auftretenden Fragen werden beantworten lassen, weil viele hierfür nötige Dokumente in das „Gebiet der Papierkörbe"[88] gewandert sein dürften.

---

[87] Weck kommt denn auch zu dem Schluss: „On a […] l'impression que *Kommt der Schnee im Sturm geflogen* est une sorte de bilan poétologique de Sarah Kirsch" (Weck 2021, S. 40).

[88] Assmann 1999, S. 194 – vgl. https://www.deutscheakademie.de/de/akademie/mitglieder/sarah-kirsch (28.4.2023). Diese bereits 1990 in der Antrittsrede vor den Mitgliedern der Deutschen Akademie für Sprache und Dichtung gebrauchte Formulierung begegnet einem in den Poetikvorlesungen wieder; vgl. Kirsch 2019, S. 76.

Sarah Kirsch verweigert sich mithin konsequent der Formulierung eines poetischen Programms, skizziert in der Form des Arrangements der von ihr dargebotenen Textbestandteile aber die Umrisse einer „epitextuellen Autorpoetik"[89]. Die bereits publizierten Bausteine verweisen dabei nicht nur zurück auf das Werk als Summe der bisher vorgelegten Einzelveröffentlichungen,[90] ihre Rekombination versetzt sie auch in jeweils veränderte Kontexte. Insofern haben die Poetikvorlesungen den Charakter einer von der Autorin selbst aus vielen eigenen und wenigen Fremd-Texten zusammengestellten Anthologie. Sie präsentieren sich als Flickenteppich von Vorgefundenem, der seine Heterogenität ausstellt und dessen Bestandteile nur die Gemeinsamkeit haben, dass sie allesamt aus dichterischen Kontexten stammen, jede Art von expositorischer Aussage also vermeiden.[91] Gleichwohl ergibt sich dadurch natürlich schon ein komprimiertes und verdichtetes Destillat verstreuter poetologischer Stellungnahmen aus dem Œuvre. „Nix über das Schreiben schreiben" – dieser schnoddrig formulierten, aber absolut ernst gemeinten Maxime sucht Sarah Kirsch zu entsprechen, wohl wissend, dass sie sich damit in eine unauflösbar aporetische Situation begibt. Um sie zu bewältigen, hat sie zu Lebzeiten darauf verzichtet, die momenthaft performierte eigene Rede zum Druck zu geben und damit zur bequem zitierbaren Referenzgrundlage akademischer Sekundärliteratur zu machen. Aber sie hat das ihrer Vorlesungsperformanz zugrunde liegende Typoskript sorgfältig aufgehoben, damit es irgendwann nach ihrem Tod zu einem das eigene Selbstverständnis artikulierenden Dokument der Verweigerung werden kann.

Literaturverzeichnis

Assmann, Michael (Hg.): *Wie sie sich selber sehen. Antrittsreden der Mitglieder vor dem Kollegium der Deutschen Akademie. Mit einem Essay von Hans-Martin Gauger.* Göttingen 1999, 193–195.
Bachmann, Ingeborg: Frankfurter Vorlesungen: Probleme zeitgenössischer Dichtung. In: Ingeborg Bachmann: *Werke.* Hg. von Christine Koschel, Inge von Weidenbaum, Clemens Münster. München/Zürich 1982, Bd. 4, 181–271.
Bohley, Johanna: Geschichte der deutschsprachigen Poetikvorlesungen ab 1959. In: Hachmann/Schöll/Bohley 2022, 87–104.
Bohley, Johanna/Hachmann, Gundela/Schöll, Julia: Einleitung. In: Hachmann/Schöll/Bohley 2022, IX–XI.
Colombat, Frédérique: „[...] mal sehen, wo es mich hinschreibt." La poésie de Sarah Kirsch entre inspiration et construction. In: Sous la direction de Bernard Banoun et Maryse Staiber: L'œuvre poétique de Sarah Kirsch. Subjectivité, nature, politique. Paris 2021 (De l'allemand), 91–114.

---

[89] Bohley 2022, S. 92.

[90] Insofern sind die Poetikvorlesungen Teil von Kirschs ‚Werkpolitik' (vgl. Kempke 2022).

[91] In ihrer Struktur als „literarisches Flickwerk" ähneln die Poetikvorlesungen dem Prosaband *Allerlei-Rauh* (Proesmans 2000, S. 247).

Da Silva, Céline: *La poétique de Sarah Kirsch: une esthétique du kaléidoscope.* Diss. Université de Strasbourg 2009, 2 vol., https://publication-theses.unistra.fr/public/theses_doctorat/2009/WECK_Celine_2009.pdf (30.4.2023).

Hachmann, Gundela/Schöll, Julia/Bohley, Johanna: *Handbuch Poetikvorlesungen. Geschichte – Praktiken – Poetiken.* Berlin/Boston 2022 (De Gruyter Reference).

Hachmann, Gundela: Geschichte der anglo-amerikanischen Vorlesungen über Poetik: Die Frühphase der Gattung, 1892–1941 / Verbreitung und Ausdifferenzierung der Gattung, 1947–2018. In: Hachmann/Schöll/Bohley 2022, 37–55 und 57–79.

Heimannsberg, Joachim (Redaktion): *Petrarca-Preis 1975–1979. Rolf Dieter Brinkmann. Sarah Kirsch, Ernst Meister. Herbert Achternbusch. Alfred Kolleritsch. Zbigniew Herbert.* München o. J. [1979].

Kempke, Kevin: *Vorlesungsszenen der Gegenwartsliteratur. Die Frankfurter Poetikvorlesungen als Gattung und Institution.* Göttingen 2021.

Kempke, Kevin: Werkpolitik, Werkbegriffe, Werkpolitiken und Selbstkommentierungen. In: Hachmann/Schöll/Bohley 2022, 179–192.

Kirsch, Sarah: O Falada da du hangest. [Rede zur Verleihung der Ehrengabe der Heine-Gesellschaft 1992.] In: *Heine-Jahrbuch* 32 (1993), 171.

Kirsch, Sarah: Ohne Fleiß kein Preis. Eine Danksagung. In: *Peter-Huchel-Preis. Ein Jahrbuch, begründet von Bernhard Rübenach, hg. von Wolfgang Heidenreich. 1993: Sarah Kirsch. Texte, Dokumente, Materialien.* Baden-Baden/Zürich 1995, 36–39.

Kirsch, Sarah: Flatternde Rinde. [Zu Peter Huchels *Traum im Tellereisen.*] In: Frankfurter Allgemeine Zeitung, Nr. 65, 16.3.1996, S. B4; wieder in: Marcel Reich-Ranicki (Hg.): *Frankfurter Anthologie. Gedichte und Interpretationen.* Bd. 20. Frankfurt a. M. 1997a, 155–158.

Kirsch, Sarah: Dankrede. In: *Deutsche Akademie für Sprache und Dichtung – Jahrbuch 1996.* Göttingen 1997b, 161–164.

Kirsch, Sarah: *Von Haupt- und Nebendrachen, von Dichtern und Prosaschreibern. Frankfurter Poetikvorlesungen 1996/1997.* Hg. von Moritz Kirsch. Göttingen 2019.

Magistrat der Stadt Bad Homburg v. d. Höhe (Hg.): *Friedrich Hölderlin-Preis. Reden zur Preis-Verleihung am 7. Juni 1984.* O. O. o. J. [1984].

Meiser, Katharina/Hachmann, Gundela: Ringen um authentisches Sprechen und rhetorische Verweigerung einer Poetik. Zum Verhältnis von Authentizität, Fiktion und theoretischer Reflexion in Poetikvorlesungen. In: Hachmann/Schöll/Bohley 2022, 193–208.

Miller, Arthur: The Playwright and the Atomic World. In: *The Tulane Drama Review*, Vol. 5, No. 4. June 1961, 3–20.

Proesmans, Goedele: *„Viel Spreu wenig Weizen". Versuch einer Poetologie der Sarah Kirsch anhand von fünf Prosabänden.* Frankfurt a. M./Berlin/Bern/Bruxelles/Nex York/Oxford/Wien 2000 (Europäische Hochschulschriften I/1772).

Rüther, Günther im Auftrag der Konrad-Adenauer-Stiftung: *Verleihung des Literaturpreises der Konrad-Adenauer-Stiftung an Sarah Kirsch, Weimar, 30. April 1993. Dokumentation [mit Beiträgen von Bernhard Vogel, Wolfgang Frühwald und Gerd Langguth und Gedichten von Sarah Kirsch].* O. O. [Bornheim] 1993.

Said, Edward W.: *On Late Style. Music and Literature Against the Grain* [2006]. Foreword by Mariam C. Said. Introduction by Michael Wood. London/Oxford/New York/New Delhi/Sydney 2017 (Bloomsbury Revelations).

Sax, Boria: *The Romantic Heritage of Marxism: A Study of East German Love Poetry.* New York/Bern/Frankfurt a. M. 1987 (Studies in modern German literature 15).

Schmitz-Emans, Monika: Oralität und Schriftlichkeit, Zeitlichkeit und Performanz im Spiegel Frankfurter Poetikvorlesungen. In: Assmann, David-Christopher / Menzel, Nicola (Hg.): *Textgerede. Interferenzen von Mündlichkeit und Schriftlichkeit in der Gegenwartsliteratur.* Paderborn 2018, 227–247.

Schneider, Noemi: Erinnerung an die Dichterin Sarah Kirsch. Nachgelassenes und Unvollendetes. In: *Deutschlandfunk Kultur*, 4.5.2018, https://www.deutschlandfunkkultur.de/erinnerung-an-die-dichterin-sarah-kirsch-nachgelassenes-und-100.html (16.1.2023).

Stadt- und Universitätsbibliothek Frankfurt am Main (Hg.): *Sarah Kirsch. Begleitheft zur Ausstellung*. Ausstellung und Begleitheft: Carl Paschek. Frankfurt a. M. 1997.

Steierwald, Ulrike: Das Zögern auf den Punkt bringen: Zur performativität deutschsprachiger Poetikvorlesungen. In: Hachmann/Schöll/Bohley 2022, 124–145.

Steinert, Hajo (Moderation): *Studio LCB mit Sarah Kirsch, 19.6.1996. Gesprächspartner C. W. Aigner und Frauke Meyer-Gosau*, https://www.dichterlesen.net/veranstaltungen/detail/studio-lcb-mit-sarah-kirsch-1078/ (8.4.2023).

Strebel, Volker: Treckerlärm, Hundegequietsche und Kantaten. Mithilfe von Farben, Drachen, Spaziergängen und Wolkenbildern erklärt Sarah Kirsch in ihren Frankfurter Poetikvorlesungen nichts weniger als die Welt. In: *literaturkritik.de*, Nr. 5, Mai 2019 – https://literaturkritik. de/public/rezension.php?rez_id=25546 (16.1.2023).

Weck, Céline: *La poétique de Sarah Kirsch. Une esthétique du kaléidoscope*. Paris 2021 (Critiques littéraires).

Wohlleben, Doreen: *Schwindel der Wahrheit. Ethik und Ästhetik der Lüge in Poetik-Vorlesungen und Romanen der Gegenwart*. Freiburg i. Br. 2005 (Rombach Wissenschaften – Reihe Cultura 29).

LeseReiseLyrik: Sarah Kirschs Lesereisen und Reisegedichte als bewegte Autorschaft

Sylvie Arlaud

Das Kompositum LeseReiseLyrik[1] bedarf einer kurzen Begriffsklärung. Die eigenwillige Typographie soll den Fokus auf die Lesereise als mediale (Marketing-) Praxis lenken und zugleich auf ihre einzelnen Teilelemente, wodurch das Lesen zur Reise wird und aus der Reise Gedichte destilliert werden. Beides, Lesen und Reisen, sind Grundkonstanten von Sarah Kirschs Schreiben. Dies ist bereits vielfach analysiert worden[2], sei es auf poetologischer und struktureller Ebene anhand des Reisemotivs oder auf biographisch-politischer Ebene über die effektiven Reisegelegenheiten. Sowohl Christine Cosentino also auch Anne Lemonnier-Lemieux heben den besonderen Stellenwert der Reisen und ‚Landaufenthalte' in Sarah Kirschs Werk nach den einschneidenden, weltgeschichtlichen und persönlichen Erlebnissen von 1977, 1989 und 1992[3] hervor, sei es als Fluchtbewegung oder alternative Verwurzelungsform in eine erweiterte Pflanzen- und Text-Welt.[4]

---

[1] Hachmann/Schöll/Bohley 2022; Arnold 1981.

[2] Bunzel 2003, S. 8; Cosentino 1999.

[3] Der „Umzug" (Bunzel 2003, S. 16) 1977, das Wendejahr und die Einsicht in die eigenen Stasiakten im Januar 1992, siehe auch Kirsch und Wolf 2019, S. 320–322.

[4] Consentino zeigt, dass Reisen angesichts der Erschütterungen von 1989 bis 1992 zum flüchtigen Refugium werden (Cosentino 1997, S. 7): „With the stridently implemented restructuring of Germany after 1989, and the distressing Stasi revelations, mobility on neutral foreign ground serves the purpose of a diversion, a hoped-for escape." Auf die Grundkonstanten von Flucht und Verwurzelung über Pflanzen, kollektive und private Erinnerungsbilder und Schreibverfahren in Sarah Kirschs Schreiben siehe Lemonnier-Lemieux 2023, S. 133–144 und als Fallbeispiel Kirsch [1988] 2006.

S. Arlaud (✉)
Sorbonne Université, Paris, Frankreich
E-Mail: sylvie.arlaud@sorbonne-universite.fr

J. Kittelmann et al. (Hrsg.), *Verwurzelungen. Sarah Kirsch (wieder) lesen*, Abhandlungen zur Literaturwissenschaft, https://doi.org/10.1007/978-3-662-69225-7_7

Zwei Reisen ins Ausland prägen und rahmen diese wichtige Zeit: die erste Reise ins walisische Swansea im Jahre 1989[5] und die Reise nach Portugal im Januar 1992 kurz nach der Einsicht in die eigenen Stasi-Akten. Aus beiden Reisen entstanden Gedichte, die Sarah Kirsch in *Erlkönigs Tochter* aufgenommen hat und die, wie ich zeigen möchte, die biographisch bedingte Fluchtbewegung zu einer inter- und intratextuellen Verankerung, ja Verkettung umgestalten. Der Weg nach Westen – Swansea und Porto befinden sich an Westküsten Europas – wird zum Auslöser einer paradoxen Selbstermächtigung, die angesichts des stattfindenden DDR-Zusammenbruchs und der Konfrontation mit einer fremdgeschriebenen und stasi-gesteuerten Biographie lebenswichtig ist. Heteronyme und Heteronomie durchziehen diese Gedichte, in denen sich ein starkes lyrisches Ich über mehrere Verwandlungen durch einen ‚merkwürdig' ‚schielenden'[6] Blick behauptet: Der Weg führt von der ‚Einsichtigen' zurück zum programmatischen Gedicht *Besinnung*:

Ich sage was ich gesehen merkwürdig genug
Die Leute erkennen es geht um ernsthafte Dinge [...].[7]

Die Mobilität, die sich weniger als Flucht vor denn als Distanznahme von der Weltgeschichte interpretieren lässt, bildet bei Sarah Kirsch ein identitätsstiftendes intertextuelles Programm, dessen Leitfaden über die Sprachspiele in der Einleitungsrede aus den Frankfurter Poetikvorlesungen aufgedeckt werden soll, bevor der Bewegung als autofiktionales, intertextuelles und poetologisches Motiv von Swansea nach Porto in *Mumbles Bay*, *Stechginster* und *Café Majestic* nachgestellt wird.

1 „Mobilität ist mein Segen gewesen" (Kirsch [1991] 2006, S. 337)

Es geht nun um eine besondere Form des Reisens, die an den Begriff der ‚Literaturgesellschaft' in der DDR und an den *performative turn* in den Literaturwissenschaften gebunden ist. Auch von Sarah Kirsch[8] wurde die Lesereise aus dieser

---

[5]Wales steht am Anfang und am Ende einer Schreibkrise und Schreiberneuerung: Die erste Swansea-Reise findet 1989 statt, eine zweite macht sie als Autorin in Residence des *Centers for German Contemporary Literature* der Universität von Wales im Mai 1994. Ein Dokumentarfilm des Westdeutschen Rundfunks, ein Band (Hopwood und Basker 1997) und darin besonders der Artikel von Mererid Hopwood (Hopwood 1997, S. 59–76) zeugen von dieser Zeit, ebenso wie die Ausstellung zum 100-jährigen Bestehen der Universität Wales *Poets by the Sea: German Writers Visit Swansea*. Zu späteren Reisen nach Wales siehe Kirsch 2015.

[6]Kirsch 2019, S. 78: „[…] den Blickwinkel noch ein gewisses zärtliches Schielen". In *Wiepersdorf* verfluchte das lyrische Ich diese Eigenart: „Schielendes Aug ach geh weck" (Kirsch [1977] 2013, S. 142).

[7]Kirsch [1973] 2013, S. 108.

[8]Wolfgang Hilbig wirft in seinen ein Jahr vor Kirsch in Frankfurt gehaltenen Poetikvorlesungen einen an Enzensberger geschulten kritischen Blick auf den westlichen Literaturbetrieb, wo Literaturkritik zur Begleiterscheinung, ja Ermöglichung der „Bewusstseinsindustrie" geworden ist (Hilbig 1995, S. 7).

doppelten Perspektive heraus mitreflektiert: die Autorenlesung befindet sich an der Schnittstelle zwischen Literatur- und Medienwissenschaft, Kunst und Kommunikation, Marketing und Selbstdarstellung, oder um mit Bourdieu zu sprechen: Autonomie und Heteronomie[9]. So gehörte die Lesereise zu den Reise- und Austauschmöglichkeiten der Lyriker*innen aus den Ostblockstaaten, zum Sockel der östlichen Literaturgesellschaft, und nach 1977 – neben den Literaturpreisen, Residenzen und Poetik-Vorlesungen – zu den Selbstdarstellungs- und Einkommensmöglichkeiten innerhalb des westlichen „Literaturbetriebs"[10], um nur einige Gelegenheiten für ‚Schriftsteller*innen' auf dem Weg des ‚freien' Literatentums zu nennen. Die Dichterlesung (oder Autorenbegegnung) ist als solche eine Form der gesteuerten Darstellung von Literatur und ein Ort der Verknotung zwischen verschiedenen Kreisen, Autorschaft, Leserschaft und Kritik, bzw. Literaturmarkt, in dem das Vortragen die Stimme, also auch die Positionierung der Vortragenden in den Fokus rückt.

Sarah Kirsch hat all diese Begegnungsformen gepflegt und erduldet. Ab 1974 und bis August 1977 fanden sich Dichter aus Ost und West, von Günter Grass bis Günter Kunert[11], im 17. Stock ihrer Wohnung auf der Ostberliner Fischerinsel – sowie in anderen Privatwohnungen – zu Lesungen ein, die von der Stasi akkurat dokumentiert wurden. Hans-Joachim Schädlich zitierte 1995 in einem Dokumentarfilm über Sarah Kirsch trocken aus einer Akte: „[...] da sitzen Leute, die haben Papiere in der Hand, auf den Tischen stehen jede Menge Alkohol, aber der

---

[9] Zu Autoren- und Poetikvorlesung siehe Vogel 2011, S. 156–162; Künzel/Schönert 2007; Hachmann 2021, S. 193–209, und zur Dialektik von Heteronomie und Autonomie in Bourdieus Feldtheorie siehe Bourdieu 1992, S. 85–101.

[10] Zur kulturpolitischen Geschichte dieser über Lenin bis Benjamin neu interpretierten Begriffe im DDR-Kontext siehe Peitsch 2009, S. 201–204, dort wird der Gegensatz zwischen Literaturgesellschaft und Literaturbetrieb im Zuge des IV. deutschen Schriftstellerkongresses (1956) durch den Dichter und damaligen Kulturminister Johannes R. Becher aufgestellt: Die „Literaturgesellschaft" setzt Literatur als „gesellschaftliches Zusammenleben", an dem Autoren, Verleger, Redakteure, Lektoren, Buchhändler und Leser teilnehmen, wobei dies an den „historisch notwendigen Auftrag" gebunden wird. Als Gegenpol fungierte der Begriff des „Literaturbetriebs": „Der [...] als eine der Kunst fremde Macht aufgefasst [wurde], die die Literatur – in der Bundesrepublik – zu ‚Kunstgewerbe' (268) werden lasse, in dem subjektive Willkür und leere Spielerei herrschten" (Peitsch 2009, S. 203). Zu diesem Thema siehe Bilke 1971; Dahlke 2000.

[11] Details zu den Zusammenkünften in der Wohnung Sarah Kirschs im Jahr 1977 finden sich auf dem Online-Portal des Stasi-Unterlagen-Archivs, besonders in dem Dokument: „Verhaltensweisen" der Lyrikerin Sarah Kirsch, [ohne Datum], Information Nr. 339/77 über Hinweise zu Verhaltensweisen und Aktivitäten der Lyrikerin Sarah Kirsch: https://www.ddr-im-blick.de/jahrgaenge/jahrgang-1977/report/verhaltensweisen-der-lyrikerin-sarah-kirsch/: „Hauptsächlich organisiert von der *Kirsch* und Hans Joachim *Schädlich* fand erneut am 6.5.1977 eine längere Zusammenkunft zwischen Schriftstellern und Kulturschaffenden aus der DDR und der BRD sowie Westberlin, Frankreich und der Schweiz [...] statt."

Inhalt der Beratung konnte nicht aufgeklärt werden"[12]. Das Schmuggelgut Lyrik, die Residenzen in kollektivierten Schlössern (Petzow, Wiepersdorf, Weissensee[13]), die Reisen zu Lyrikfestivals in den Osten (Prag, Georgien, an den Ohrid-See, die Russland-Reise) oder in den Westen (Paris, Italien), die 1978 unter dem Titel *Erklärung einiger Dinge* veröffentlichte Begegnung mit Schülern kurz nach Kirschs Übersiedlung,[14] das Jahr in der Villa Massimo, die Wochen in den USA und vor allem die Lesereisen durch West- und Nord-Europa im Wendejahr verdichtet Sarah Kirsch in Prosa und Lyrik zu einem roten Faden, der ihr ganzes Werk prägt, und die Zeit vor und nach dem Jahr 1977 verbindet.[15] Ab dem ‚Verwurzeln‘ in Tielenhemme[16] sind die „Alphabetisierungsreisen" der vortragenden Lyrikerin Bestandteil eines Alltags, der sie vom Schreiben ablenkt und zugleich neue ‚Schreibgelegenheiten‘ liefert.[17]

Es wäre jedoch falsch zu behaupten, dass Sarah Kirschs Blick zurück in die Zeit vor 1977 erst 1992 anfangen würde: Der Rückblick ist ein Modus ihres Schreibens fast unmittelbar nach dem ‚Umzug‘ und bestätigt sich ab 1982 mit dem Band *Erdreich*, der über die Reise in die USA zu einem radikalen Perspektivwechsel führt. *Medaillon* und besonders *Reisezehrung*[18] zeigen, dass das Schreiben nun zu einer Abrechnung mit sich selbst und ihrer Herkunft wird, mit dem eigenen Werk und den Wurzeln, die sie in Tielenhemme neu erfinden muss: „Hier war ich zu Hause",[19] schreibt sie in *Reisezehrung* und beginnt einen in Märchen und Literatur gekleideten Rückblick auf ihr Werk – jede Strophe umschreibt eigene Gedichte oder Gedichtbände – und ihr Leben hinter den Grenzen.[20]

---

[12] Zitiert nach den Aufzeichnungen in Leonore Brandts Dokumentarfilm *Pantherfrau* (Brandt 2005), wo der Stadtgottesacker in Halle immer wieder als „Refugium" der jungen Dichterin genannt wird (Kirsch, [1991] 2006, S. 337). Zu den aufgezeichneten „Verhaltensweisen" der Lyrikerin siehe BStU Info Nr. 339/77.

[13] Besonders die See-Gedichte in *Landaufenthalt* und *Zaubersprüche*, und *Der Ausflug*, *Warum die wilde...* und *Wiepersdorf* in *Rückenwind*, siehe dazu Arlaud 2021, S. 199–200.

[14] Kirsch 1978, S. 3.

[15] Bilke 1978, in: Jäger 1995, S. 104.

[16] Trende, 2015, S. 72: „Sarah Kirsch verwurzelte sich im schwankenden Moorboden, und die Eiderniederung wurde ihr zum erwanderten Lebensraum."

[17] „Und doch musste Sarah Kirsch ihr Tielenhemme, ihr T., ihr Tee, bisweilen verlassen, – etwa wenn sie, auch, vor allem um Geld zu verdienen, auf Lesereise gehen musste, auf ‚Alphabetisierungsreise‘, wie sie fand [...]" (Trende 2015, S. 74; Trende 2022, S. 242–253, hier S. 246); im Wende-Kontext: „Tatächlich war sie oft, aber nicht gern, auf Lesereisen unterwegs – auch eine Dichterin muss Geld verdienen." Dazu Kirsch [1991] 2006 und Kirsch [1988] 2006.

[18] Kirsch, *Medaillon* in *Erdreich* (Kirsch [1982] 2013, S. 210–211).

[19] Kirsch, *Reisezehrung 4* in *Erdreich* (Kirsch [1982] 2013, S. 215).

[20] Paschek 1997.

2 Kleine Poetik der LeseReise: englischroter Drache/n und winkender Oktopus

Die Einsicht in die sie betreffenden Stasi-Akten in der neu eingerichteten Gauck-Behörde[21] 1992 ist sowohl Tiefpunkt als auch Ausgangspunkt, aus dem ihr Band *Erlkönigs Tochter* entsteht. Die vielen Intertexte, die diesen Band begleiten und strukturieren, lassen sich als Antwort auf das Monströse, Schockartige[22] dieses Grunderlebnisses[23] interpretieren. Die Stasi-Akte entpuppt sich bei vielen, die die Behörde aufsuchen, als fremdgeschriebenes Tagebuch.[24] Kirsch bringt dies in Frankfurt auf den Punkt: „[…] weil und obgleich ich eine Begrüßerin geöffneter Akten schon bin, und die Möglichkeit, darin zu lesen, brachte das Erlebnis zurückgespulter Biografie und war Menschenkunde[25] für die Einsichtige da".[26] Der besondere Kontext erklärt die gespannte Dialektik von Autorinstanz und Leserschaft, die sie in *Aufwärmen* als Publikumslob- bzw. -schelte und intra- und intertextuelle Selbstentlarvung inszeniert:

> [A]ber der hübsche schimmernde Drache/ in diesem Jahr englischrot und in der Form eines Oktopus/ seinen herrlichen winddurchströmten winkenden Armen/ die wir gleich zu zählen anfangen/ seinen hochmütigen fischigen Augen/ hat sie längst überflogen/ wie meine Stimme Sie die ehrenwerte Versammlung an diesem und anderen Orten schon vorher Märkten mit fürchterlichen Sälen/ von Schulen gar Volkshochschulen – […] und wie gesagt befinden die sich in dieser Saison/ über den Dünen der Keltischen See […]/ in der Gestalt eines Oktopus, der sich vom Wind etwas einblasen lässt/ […] und jeder ist auch auf meinem eigenen Mist gewachsen ich erinnere mich an keine interessante Diskussion nach einer Lesung/ denke zurück nur an die Stille/ die ein paar Stunden danach/ in diesem Raum wieder herrscht/ wenn wir gemeinsam den Ort verlassen/ jeder bereichert ich mit dem Honorar/ uns wieder vereinzeln/ was das Schönste an solcher Zusammenkunft ist: ihre Begrenzung[27]

Die Rede öffnet den materiellen Raum des Vortrags (samt „Honorar", Vortragsort(en) aus der Vergangenheit und hierarchischer Kommunikationssituation) auf

---

[21] „Zu den ersten, die an jenem 2. Januar 1992 ihre Stasi-Akten durchblättern durften, gehörten DDR-Bürgerrechtler, die sich der ungeteilten Aufmerksamkeit von Mielkes Mannen stets sicher sein durften: Bärbel Bohley, Ulrike und Gerd Poppe, Lutz Rathenow und die Dichterin Sarah Kirsch. […] ‚Ein ‚IM' von mir ist ‚Hölderlin'. Und welches Schwein sich hinter ‚Hölderlin' verbirgt, das möchte ich wissen!', sagte Sarah Kirsch nach einem ersten Blick in ihre Akten." (*Ein Geheimdienst*… MDR 2021).

[22] Beyer-Lallauret 2009, S. 164; Williams 1997, S. 82.

[23] Cosentino 1997, S. 7; Williams 2009, S. 397 und Williams 1997. Hinweise auf die „Einsicht" in die Stasi-Akten finden sich hier: Kirsch [1994] 2006, S. 462–463; Kirsch [1994] 2006, S. 514–515.

[24] Zur problematischen ‚Interpretationsmacht' der eigenen Biografie nach Besuch der Gauck-Behörde, siehe Hertwig/Ellerbrock 2022.

[25] „Meine rückgespulte Biographie war reine Menschenkunde" (Kirsch [1994] 2006, S. 513–514; Kirsch 2019, S. 9). Siehe auch Williams 1997, S. 80–81.

[26] Kirsch 2019, S. 9.

[27] Kirsch [1996–1997] 2019, S. 6–7.

den Raum der Poesie. Die Muse, der „schimmernde [...] englischrote Drache",
mutiert zu einem fliegenden roten Oktopus mit acht „winkenden Armen" (oder
abzuzählenden Versfüßen), der sich von dem „Wind etwas einblasen lässt".[28]
Der Abschnitt kondensiert polysemische Sprichwörter und poetologische Metaphern aus fremden und eigenen Gedichten, die allesamt die fragile Grenze zwischen Fremdem und Eigenem übertreten. Das ironische Bild der vom Wind (das
Grimmsche ‚himmlische Kind' gehört zu Sarah Kirschs frühem Metaphernreser-
voir[29]) inspirierten Muse[30] (Drache/n/Oktopus) zitiert auch Sarah Kirschs schon
vor *Drachensteigen*[31] systematisch eingesetzte Wind- und Drachenmetaphorik, die
Einfluss von Biographie und Historie auf das Schreiben poetisiert. Dass sich dieser Drache/n „etwas einblasen lässt", durchkreuzt gewitzt tradierte Vorstellungen
des „hochmüthigen" Genies, das nun zum konkreten Flugobjekt (Drachen) und
zur Klatschbase wird. Die Aneignung des Fremden wird im nächsten Sprachbild
durch eine kleine Verschiebung verstärkt: Wo die Autorin vorgibt, „jeder [Satz sei]
auf [ihrem] eigenen Mist gewachsen", da zitiert sie zu Gast an der Frankfurter
Goethe-Universität Goethe gegen den Strich, der dieses Sprichwort ans Ende seiner Sammlung *Sprichwörtlich* gestellt hatte. Ihm diente es als Legitimierung für
eine Poetik der Aneignung:

> Diese Worte sind nicht alle in Sachsen
> Noch auf meinem eignen Mist gewachsen,
> Doch was für Samen die Fremde bringt,
> Erzog ich im Lande gut gedüngt.[32]

Goethes Wink nach Sachsen, den Kirsch auslässt, musste bei ihr, die ins Umfeld
der Sächsischen Dichterschule gehörte und „zu Göthens Geburtstag"[33] die DDR
verließ, vielerlei Echos wachrufen. Die Vorliebe Kirschs für Sprachbilder, Dis-
kurse und Redewendungen hatte sie früh durch Verfremdung in ihrem programmatischen Gedicht *Ich*[34] zur poetologischen Emanzipation umgeformt. Diese
‚Poetik des Verdrehens' bindet sie ebenfalls in ihrer *Prometheus*-Umdichtung aus

---

[28] Zum Drachen in den Poetikvorlesungen Weck 2009, S. 57–58, und zum OV ‚Milan': Kunert
1997, S. 12.

[29] Poetologische Windmetaphern finden sich besonders in diesen Gedichten wieder: *Ausflug*
(*Landaufenthalt*, S. 14), *Rückenwind* (Kirsch [1977] 2013, S. 145), „*Death Valley*" (Kirsch
[1982] 2013, S. 191), *Leben* (Kirsch [1984] 2013, S. 294). Zum politisch-historischen Sturm bei
Sarah Kirsch siehe Williams 1997, S. 85.

[30] „Sprechen wir nicht von Eingebungen" (Kirsch 2019, S. 79).

[31] Kirsch [1979] 2013.

[32] Goethe [1815] 1960, S. 431–463, hier S. 463. Zur Goetheschen gepaarten Pflanzenakklimati-
sierung und den ‚Droste-Ablegern' in Sarah Kirschs Garten in Tielenhemme siehe Jana Kittel-
manns Beitrag in diesem Band.

[33] Kirsch [1994] 2006, S. 446: „Zu Göthens Geburtstag fährt es uns leicht durch den Sinn".

[34] In *Zaubersprüche* (Kirsch [1973] 2013, S. 126).

„*Death Valley*"[35] und in dem sprechenden Titel *Erlkönigs Tochter* an Goethe.[36] Zudem gehört diese Dünger- und Akklimatisierungsmetaphorik seit *Erlkönigs Tochter* zu Kirschs beliebtem Repertoire, besonders in Verbindung mit der eigenen Vergangenheitsaufarbeitung nach Einsicht in die Stasi-Akten. Der „Mist", den sie zu lesen bekam, wird zum aufgelesenen Dünger[37] für seinen *Schwarze[n] Spiegel*.[38] Halb Herkules, der des Augias' Stall ausmistet, halb Viktoria (Mistgabel-Marke mehr als Siegesgöttin) gibt sich dieses Zwitterwesen der ‚Schinderei', nämlich der (konkreten und literarischen) Verarbeitung des Stasimists, dieses ‚schwarzen Spiegels' hin: „Wie sie mich ehedem anfiel zu Einsichten zwang/ die einer gewissen stolzen Demut bedurften".[39]

Die intertextuell und biographisch aufgeladenen Sprachspiele lesen sich als notwendige Abgrenzung und Wiederermächtigung des Eigenen (Leben und Werk) nach Januar 1992.[40] Die berüchtigte ‚Einfluss-Angst', die Sarah Kirsch durch das für Dichter*innen charakteristische, ja wesentliche, „schlechte Gedächtnis" in der Poetikvorlesung ironisch ausschließt,[41] wird durch das Lesen der Stasi-Akten zu einer konkret-politischen Erfahrung, die sich als Hintergrund der Gedichtanalysen anbietet. Zudem schreibt Sarah Kirsch nicht nur Goethe weiter, sondern reiht sich in eine (weibliche) Tradition der Abgrenzung von Goethe durch die Ausgegrenzten nach 1933 ein. Auch Mascha Kaléko hatte Goethes *Sprichwort* zum „Vorspruch, ziemlich frei nach Goethe" ihrer *Epigramme* umgeformt:

Zu den hier mitgeteilten Worten
Fand ich den Anlaß vielerorten.
Teils bei Hellenen und Angelsachsen,
Und teils auf eigenem Mist gewachsen.

---

[35] In *Erdreich* (Kirsch [1982] 2013, S. 190–194, hier S. 191): „[…] des Himmels Kind/ Hat die Disteln von altersher/ Geduldig zu Kugeln verdreht." Kirsch verdreht konkret das Goethesche Zerstörungsbild in eine Wiedergeburt. Die Disteln werden nicht „geköpft", sondern zu *tumbleweeds* „verdreht".

[36] Zu Goethes Poetikbegriff siehe Gaier 2018, S. 144–148.

[37] Explizite „Stasi-Kacke" (Kirsch [1991] 2006, S. 516).

[38] In *Schneewärme* (Kirsch [1989] 2013, S. 340–343).

[39] *Schneewärme* (Kirsch [1989] 2013, S. 340). Der Augiasstall findet sich explizit in ihr *Erlkönigs Tochter* einleitendes Haiku wieder: Auf die „Normannenstraße", Standort des Stasiarchivs, folgt der Blick des lyrischen Ichs auf das „Reinemachen fürs neue Jahr" (Kirsch 1992, S. 4).

[40] „Das Jahr geht hin/ Noch immer trage ich/ Reisekleider" (Kirsch 1992, S. 4).

[41] Als sie beim Abschreiben der Gedichte Gerald Manley Hopkins' Ähnlichkeiten mit einem eigenen Gedicht bemerkt, schreibt sie: „Das führt mich doch wieder zu der Theorie die ich erst selber machte und nun vertrete: daß Dichter im Gegensatz zu denen reinen Prosaschriftstellern Genies mit einem schlechten Gedächtnis sind. Die etwas nehmen und weitergeben ohne Bewußtsein. Und es gibt sie die Bruderschaft unter den Dichtern die sie berechtigt nein verpflichtet bestimmte Steine weiterzutransportieren durch die Zeit" (Kirsch 2019, S. 76). Sie setzt dann doch eine Zeile aus Hopkins' *Journal* als Motto für ihren 1996 erschienenen Band *Bodenlos* (Kirsch [1996] 2013, S. 406).

Auch was einst das Land meiner Heimat gesät,
Der Wind hat es mir in die Fremde geweht.[42]

Die Entfremdung von der Heimat und die angelsächsischen Anlässe bilden eine
weitere Verbindung zu Sarah Kirschs flüchtigem Wappentier. Kirsch lässt ihren
Drachen, der in der ersten Zeile ihres ersten in West-Berlin geschriebenen Gedichts *Drachensteigen*[43] auftauchte und wieder verschwand, über den Dünen der
keltischen See steigen und evoziert damit ihre Aufenthalte in Großbritannien und
besonders in Wales in den Jahren 1989 und 1994.[44] Der rote Drache[45] ist das Wappentier von Wales; auf dem Emblem der Universität von Wales, bei der Kirsch zu
Gast war, thront er sogar über einem aufgeschlagenen Buch samt Anker und Hammer: ein Literatur-Drache, der über die Adjektive, „englischrot" „schimmernd"[46]
intratextuell an Kirschs walisische Gedichte anknüpft. Doch das sich verwandelnde Wappentier führt nicht nur in die walisisch-patriotische Symbolwelt und
in Kirschs Lesereise nach Swansea, es öffnet auch den Blick auf Kirschs Erwar-
tungs- und Lesehorizont: Der Oktopus winkt aus einem frühen poetologischen Gedicht von Dylan Thomas herüber:

How shall my animal
Whose wizard shape I trace in the cavernous skull,
Vessel of abscesses and exultation's shell,
endure burial under the spelling wall,
the invoked, shrouding veil at the cap of the face,
who should be furious,
drunk as a vineyard snail, flailed like an octopus
Roaring, crawling, quarrel
With the outside weathers,

---

[42] Kaléko 1977, S. 141.

[43] Zum lebenspolitischen Kontext dieser Veröffentlichung siehe Bunzel 2003, S. 17–19.

[44] Drei mit dem ersten Aufenthalt verbundene Gedichte finden sich in *Erlkönigs Tochter*:
Mumbles-Bay, *Stechginster* und *Brief* (Kirsch [1992] 2013, S. 387–390). Vier 1994 entstandene Gedichte wurden in *Bodenlos* aufgenommen (*Seestück*, *Caswell Bay*, *Auslaufendes Wasser
Vollmond* und *In den Wellen*, Kirsch [1996] 2013, S. 410, 423 und 413), *Gwyll* hingegen findet
sich bislang nur in dem 1997 erschienenen Swansea-Band (Hopwood 1997, S. 5).

[45] Zu der Technik des ‚Aufwärmens' und Recyclens der eigenen Texte und zu den inhaltlichen
Verschiebungen innerhalb der zwischen 1995 und 1997 gehaltenen Poetikvorlesungen in Kassel,
Jena und Frankfurt und den Dankesreden für den Huchel-Preis (1993) und den Büchner-Preis
(1996), siehe Wolfgang Bunzels Beitrag in diesem Band. Zu den minimalen Abweichungen gehören auch die Farben des Drachens, die jeweils anderen Reisegelegenheiten und Gedichten zu-
geordnet werden können. So ist der Drache/n des Huchel-Preises nicht mehr ‚englischrot', sondern ‚hellgrün', und weist ins dänische Wattenmeer nach Rømø und in die Lyrik des ‚Hauptdrachen' Huchel. Sarah Kirsch stellt jede Lesung in einen neuen Reise- und Werkkontext, der zu den
wichtigen Stationen aus *Erlkönigs Tochter* gehört.

[46] *Stechginster* (Kirsch [1982] 2013, S. 389): „Hin auf den breiten schimmernden Sand".

the natural circle of the discovered skies
draw down to its weird eyes?[47]

Die winkenden Arme des roten Oktopusses sind bei Thomas eine der vielen Verwandlungen des ‚verhexten' Tieres, welches im Kampf mit den ‚Witterungen'
durch die Metamorphose aus der Sprach- und Spruch-Mauer befreit wird.[48] Damit
klärt sich der intertextuelle und biographische Horizont der einleitenden Sätze der
Frankfurter Rede und die besondere Bedeutung, die dabei Dylan Thomas' Poetik
und den Lesereisen nach Wales zukommt. „Mobilität ist mein Segen gewesen",[49]
schreibt Sarah Kirsch in *Schwingrasen*, und bezieht sich auf die Rettung vor patri-
archalen Strukturen in Halle und Berlin (‚Prins Herzlos', „im sozialistischen Vaterland"[50]). Diesen Gedanken nimmt sie in *Das simple Leben* auf und verbindet
ihn mit dem reaktivierten deutsch-deutschen Kontext: „Man muß unterwegs sein
um nicht zu viel über das zerbrechende ehemalige Ländchen zu sprechen [...]."[51]

3 *Mumbles-Bay:* AUTO-fiktion oder Dylan Thomas nachfahren

Ein Paradebeispiel für diese Form der ‚bewegten'[52] Autorschaft findet sich in
Kirschs Dylan Thomas-Echos in *Mumbles Bay* und *Stechginster*. Die weltbe-
rühmten Worte des walisischen Dichters, von dem engagierten Exil-Österreicher

---

[47] Thomas 2000, S. 75.

[48] Wiggington 2007; Goodby 2014, S. 121–184.

[49] „Katzenpfote" in *Schwingrasen* (Kirsch [1991] 2006, S. 337).

[50] *Schwingrasen* (Kirsch. [1991] 2006, S. 337).

[51] Und nachdem sie ihre Akten gelesen hat: „Bloß gut daß ich bald nach Portugal fliege" (Kirsch
[1991] 2006, S. 514).

[52] Das Sinnlich-Literarische dieser Bewegungs- und Begegnungsform könnte besonders in der
zweiten Swansea-Reise anhand der Begegnung mit dem Künstler C. W. Aigner gezeigt werden. Dieser war ihr Wohnungsnachbar während der zweiten Residenz, und wohl mehr, wenn
wir Hopwoods Interpretation des verschlüsselten Liebesgedichts *Gwyll* folgen (Hopwood 1997,
S. 67–70). Der aus Salzburg kommende Aigner ist Maler und Dichter: Eines seiner Aquarelle
schmückt den Band *Das simple Leben*, und die Auswahl *Luftspringerin Ein Sarah-Kirsch-Lese-
buch* aus dem Jahr 1997 (Kirsch 1997) hat auf dem Einband Vignetten von Aigner und ein Aqua-
rell Sarah Kirschs. Aigner veröffentlicht seinerseits Kirschs Aquarelle und Kirsch wird wiederum
auf Einladung Marquardts Gedichte Aigners ‚entdecken' und einleiten. Unter diesen Gedichten
befindet sich das in der Poetikvorlesung zitierte *Frösche aus Wiepersborough*, welches für die
Leserin Kirsch den Bogen zu den eigenen *Wiepersdorf*-Eindrücken und der Zeit in Swansea bün-
delt, also den Spagat der Zeit vor und nach 1977 literarisch und künstlerisch über die Schriftstel-
lerresidenz oder die Geselligkeit der Dichter verbindet.

Erich Fried übersetzt,[53] begleiten Kirschs Beschreibung der Reise an der Swansea-Küste. Den Hintergrund liefert Kirschs erster Aufenthalt in Swansea im Jahre 1989, der autofiktionale, intertextuelle und poetologische Leseschichten erlaubt. Mit der ersten Schicht tauchen wir in eine wortwörtliche AUTO-fiktion ein, in die Dichterlegende, in der das lyrische Ich im „klapprigen AUSTIN" sitzt und ihren „Vorgängern" nachfährt.[54] Der Wagen als Vehikel der (Ver)Dichtung taucht bereits in früheren Gedichten Kirschs auf, man denke an *Engel* aus *Landaufenthalt*[55] oder an *Mauer*[56], wo die Reise im Wagen mit den Autorinnen metaphorisch eine neue Lebens- und Werkseite nach 1977 begründet. In *Mumbles-Bay* zieht sich das Wortfeld der erinnerten Lese- bzw. Dienstreise durch das ganze Gedicht:

Mumbles-Bay

Weil und obgleich es ne finstere
Nacht ist – sternlos und bibelschwarz wie es
Heißt – sehe ich mich am Rand der Keltischen
See und mein grauäugiger Gastgeber sagt
Daß unsere Vorgänger (deutschsprachiger
Vortragsreisender dienstältester Germanistik-
Professor) ihrerzeit hier im klapprigen
AUSTIN sitzenblieben bei Nebel und
Wahnsinnsregen den weißen Mittelstreifen
Nicht zu verlieren. So hatte wohl jeder
Sein eigenes Meer oder der Schweizer keins.[57]

---

[53] Hopwood erinnert daran, dass Kirsch noch zu DDR-Zeiten ihre Gottfried Benn-Erstausgabe gegen Erich Frieds Dylan Thomas-Übertragungen umtauschte (Hopwood 1997, S. 67). Dylan Thomas gehört, über Fried, zu den alten ‚Bekannten' Kirschs, der durch das *Poesiealbum 77* aus dem Jahr 1974 in der DDR wieder Beachtung fand. So bereitet sie ihre Reisen nach Wales mit Thomas-Lektüren vor, zu denen sie des Öfteren der Literaturkalender verleitet. Kirschs Wende-Tagebuch zeigt, dass Witterungen, Lesereisen und Dichter-Geburtstage regelmäßig Anlass zu Einträgen, Lektüren und eigenem Schreiben liefern. Der Eintrag vom 27. Oktober 1989 vermerkt: „Dylan Thomas und Sylvia Plath haben heute Geburtstag. Das ist ein Paar" (Kirsch 2021, S. 50). Diese Zufallspaarung stammt nicht nur aus dem Kalender, sie führt wieder auf Fried zurück. Er übersetzte Plaths Gedichtband *Ariel*, in dem sich seine Übersetzung des berühmten Gedichts *Sheep in Fog* (Plath/Fried 1974, S. 12–13) befindet, auf das Kirsch auf ihrer Suche nach Schafsgedichten stoßen musste (Kirsch 2022, S. 58). Kirschs Vorliebe für Künstlerpaare findet sich bereits am Ende des Gedichts *Der Wels ein Fisch der am Grund lebt*: „Ich höre Bach und Josephine Baker das ist ein Paar" (Kirsch [1969] 2013, S. 9).

[54] Über das ‚Nachfahren' als postmoderne Poetologie des Schreibens und Lesens hat Sarah Kirsch auch anhand der Lektüre von Christoph Ransmayrs Roman aus dem Jahre 1987, *Die Schrecken des Eises und der Finsternis,* in *Schwingrasen* reflektiert (Kirsch [1991] 2006, S. 390): „Zwei gleichzeitige Expeditionen und meine eigne dazu".

[55] Kirsch [1969] 2013, S. 68.

[56] Zur Analyse dieses Gedichts mit Blick auf die russischen Intertexte siehe (Hähnel-Mesnard 2021).

[57] Kirsch [1992] 2013, S. 387.

„[D]ienstältester Germanistik-Professor" „und Vortragsreisende" „studieren" die Pubs mit ihren klingenden Namen, in die sich das „Gelegenheits-Paar", anachronistisch als Adam und Eva, vor „dem katastrophalen Orkan", der auch auf den deutsch-deutschen Kontext übertragen werden kann[58], immer wieder in ein Paradies (den „Garten Eden") zurück-„rette[t]". Die biographische Schichtung der ersten Strophe hat Mererid Hopwood aufgedeckt: Der alliterierende „grauäugige Gastgeber", der dem lyrischen Ich im Behördendeutsch ‚zugeteilte' Professor, ist der damals „dienstälteste Professor" Rhys W. Williams. Mit den „Vorgängern" sind der 1988 verstorbene Professor Morgan Waisdon und der Schweizer Schriftsteller Jürg Amann gemeint,[59] der 1985 in seinem Prosastück *Marbles-Bay* aus dem Band *Patagonien*[60] die Anekdote von dem im Nebel steckengebliebenen Wagen und der sinnlos gewordenen Aussicht auf das Meer verdichtet hat. Aus Amanns absurder Pointe mit Echo-Struktur („Man sieht nichts, sagte [der Professor]. Man sieht nichts, sagte der Gast"), die einen, wenn auch nichtexistierenden, teilbaren Eindruck vermittelt, wird bei Kirsch eine humoristisch-kryptische Bewusstseinsspaltung: „So hatte wohl jeder/ Sein eigenes Meer, oder der Schweizer keins."

> Ich jedenfalls konnte das Wasser den STERN
> VON WALES im Scheinwerferkegel auslaufender
> Kutter mühelos erkennen und ein paar kleine
> Schlafertrunkene Boote. Das ging mir
> Durch Augen und Nüstern und Ohren strikt in den
> Kopf während mein bester mir zugeteilter
> Professor wider den katastrophalen Orkan
> Die Tür eines Pubs aufreißt das mit seinen
> Samtmöbelchen Schwertfischen gezogenen
> Biergängen klingelnden Flaschen wie der
> Garten Eden erscheint. War nur der Anfang -

Reisen und Lesen verschwimmen als Fahrt im Austin ineinander, der zum Vehikel einer jeweils anderen Erfahrung von Landschaft und Poesie wird. Im Gedicht rücken die Zeitgenossen in eine sagenhafte Vorzeit, wogegen der intertextuelle Kern, der in einer fernen fiktionalen Vergangenheit liegt, über die betont sinnliche Wahrnehmung („Durch Augen und Nüstern und Ohren strikt in den/ Kopf") des lyrischen Ichs vergegenwärtigt wird. Herausfordernd hebt sich dieses Ich von den „blinden" „Vorfahrern" ab und „erkennt" „mühlos" etwas, was weniger den Reiseerlebnissen als der Bilderwelt Dylan Thomas' abgeguckt, ja mehr noch seiner Sprache, „die sich auch mit den Ohren sehen"[61] lässt, abgehört ist. Die feuchte Kulisse, der Alkohol,

---

[58] Witterung, Orkan und Sturm gehören zu den Eintragungen in Kirschs Tagebüchern und besonders in ihr Wendetagebuch (Kirsch 2022, S. 222). Über die Kreativität der Zerstörungskraft des Orkans schreibt Kirsch in *Schwingrasen* (Kirsch [1991] 2006, S. 381).

[59] Hopwood 1997, S. 60.

[60] Amann 1985.

[61] Spiegel 51/1956.

die Pubs, darunter auch die *Pilot Tavern* und das *King Arthur* Hotel in Mumbles,[62] das Meer und die Seefahrerschenke gehören zum Leben und Werk des walisischen Dichters[63] und zur touristischen Route der „Vortragsreisenden":

> Bis ich am anderen Abend abreisen mußte
> Studierte ich siebzehn verschiedene Pubs.
> Immer wie im PILOTEN für den Professor
> A quarter vom außerirdischen Bier a pint
> Für die vortragsreisende Lady. Der Sturm
> Riß Trichter und Treppen eisige Schneisen
> Tief in das Meer als wir KING ARTHUR verließen.
> Der Seele Kernhaus klapperte im Wind. Uns wunderte
> Nichts nicht daß hier Schafe
> An der Bushaltestelle aufgereiht stehn und ihr
> Kleingeld suchen.

Gesehen wird eindeutig die stark alliterierende Stimmenkulisse von Dylan Thomas' berühmtem Hörspiel *Unter dem Milchwald*.[64] Der „STERN VON WALES", der als das Fischerschiff *Star of Wales* im *Milchwald*-Text vor Anker liegt, wird nun zum fantastischen Reizwort, in dem Untergang und Neuanfang zusammenzudenken sind. Das Lokalkolorit samt englischer Vokabeln aus dem Unterhaltungslexikon, die auf die Alkoholfestigkeit der „Lady" über die „pint" des verfremdet übersetzten „außerirdischen" (alien) Biers Rückschlüsse erlaubt, ist in die Fiktion eingegangen.[65] Die Versalien sind jedoch nicht das erste Intertextualitätssignal. Es beginnt alles in den ersten Versen: aus der Atmosphäre, die sich auf die Zeit nach der Lesereise in Tielenhemme bezieht, entsteht der Erinnerungsfaden aus einem Paradoxon („obgleich oder weil") und einem von Fried übersetzten *Milchwald*-Zitat („sternlos und bibelschwarz"), welches durch den Anhang „wie es heißt" als (herrenloses) Zitat kenntlich gemacht wird. Derselbe Ausdruck Thomas' begleitet sowohl Kirschs Rückblick *Das simple Leben* als auch ihre Poetikvorlesungen. Dort liest man unter dem Titel *Splitterehen*: „Um fünf Uhr sitze ich schon wieder am Schreibtisch. Sternlos und bibelschwarz. Sehr widersetzliches Material. Meingott es wird auch immer schwerer. Man erhascht ein Splitterchen vor alles versinkt."[66]

---

[62] Hopwood 1997, S. 62.

[63] Trotz unverkennbarer Nähe scheint Kirsch sich jedoch von Thomas zu distanzieren, wie Hopwood feststellt (Spahn/Bahls 1994). Dies lässt sich als weiterer Fall lyrischer (und programmatischer) Vergesslichkeit interpretieren (Kirsch 2019, S. 76).

[64] Jan Wagner, der 2022 *Unterm Milchwald* neu übersetzt hat, erzählt in seiner Ersten Bamberger Poetikvorlesung (Wagner 2021, S. 201–225) von Thomas' Schreib– oder genauer Abschreibmethode beim Dichten. Diese erinnert interessanterweise an Sarah Kirschs Darstellung der ‚Methode Gertrud Stein' in Frankfurt (Wagner 2021, S. 212).

[65] Der Weg durch die Pub-Meile Swanseas evoziert Thomas' „Paradies-Meile", es erinnert jedoch auch an Kirschs feuchtes Jahr 1989, das für sie anscheinend allein durch Meer, Moor und Alkohol ertragbar wurde. Es sei an dieser Stelle angemerkt, dass Thomas an den Folgen seines Alkoholismus während einer Lesereise in New York verstarb.

[66] Kirsch 2019, S. 24.

Das Reizwort „bibelschwarz" öffnet den Raum von Thomas' *Spiel für Stimmen*
auf die (im Hörspiel zu Kapitän Cat sprechenden) Ertrunkenen[67] (auch „schlaf-
er*trunkene" Boote) und auf ein biblisch-mythisch-poetisches Inventar des Untergangs, das weit in Kirschs Lyrik zurückreicht.[68] Weiter schreibt Kirsch in der
Poetikvorlesung: „Im Sturm hör ich Stimmen: Menschliches Geschimpfe viel Klagen."[69]

4 Von *Stechginster* zu *Café Majestic* und zurück: bewegte Autorschaft

Das Aufkommen der „Stimmen" erläutert Kirsch an einer früheren Stelle: „Ein
anderes Mal komme ich zu Schriften, weil ich mich irgendwo [...] bewege, [...]
und statt des Echos meine[r] Schritte zurückgeworfen vom Deich, hör ich ganz
andere tappsende Schritte aus vergangener früherer Zeit [...]. **So hör ich Stimmen** [...]."[70] Wortwahl und Situation erinnern interessanterweise an den Prosatext von Dylan Thomas' *A Prospect of the Sea*: „There was a story once upon a
time whispered in the/ water voice; it blew out the echo from the trees behind/
the beach in the golden hollows."[71] Das Schreiben ist an Bewegung, Körperlich-
keit und Rhythmus gebunden und drückt über das Erhören eines ganzen Stimmen-
reservoirs das Überpersönliche aus, welches zum Verdichtungsvorgang gehört.
Wieder wird in *Stechginster* neben der Landschaft um Swansea an einem Gedicht
von Thomas weitergeschrieben: *Fern Hill*,[72] das er zu seinem dreißigsten Geburtstag seinen Kindheitserinnerungen in der Farm seiner Tante in Laugharne widmete.
Das blühende Bild der Kindheit als Herrscher im Apfelgarten Edens musste in
Sarah Kirsch eigene Erinnerungen an ihre Kindheit und dem Vertriebenwerden aus
den Apfelbäumen des Großvaters wecken. Daraus hatte sie in ihren Erinnerungen

---

[67] Diese Stimmen bilden bei Sarah Kirsch eine Kette zu anderen (beinahe) Ertrunkenen: Man
denkt an den Moorknaben der Droste natürlich, an all die Stimmen der Ertrunkenen, die in *Watt 1*
und *Watt 3* warnend aufflackern und in *Das simple Leben* im dänischen Friedhof der Namenlosen
hörbar werden (Kirsch [1991] 2006, S. 443): „Die Ertrunkenen tuscheln und reißen haarsträu-
bende Witze: so pfeift das Bentgras im Wind."

[68] Bibel-Motive, von Jonas über Noah bis zum Garten Eden finden sich seit Beginn in Kirschs
Lyrik, vgl. „Der Wels ein Fisch der am Grund lebt", „Noah Nemo" (Kirsch [1969] 2013,
S. 9; Kirsch [1982] 2013, S. 248). Zu bemerken ist jedoch, dass das Sintflut-Motiv aus *Mumbles-
Bay* in dem fünf Jahre später auch mit Swansea verbundenen *Caswell Bay* sich durch einen Per-
spektivwechsel, den man mit einer Form des *Naturewritings* verbinden könnte, umgekehrt hat:
musste das Ich vor dem Orkan in 17 Pubs fliehen, so rettet nun die Flut den Sternfisch und die
Napfschnecke (Kirsch [1996] 2013, S. 423).

[69] Kirsch [1996] 2013, S. 423.

[70] Kirsch 2019, S. 19.

[71] Thomas 1983, S. 87.

[72] Thomas 2000, S. 134–138.

und in *Landaufenthalt* eine eigene Poetik des Widerstands herauskristallisiert.[73] Der Thomas-Faden hängt an diesem gemeinsamen biblisch-natürlichen Wortfeld, das sich das Reich der Kindheit und Poesie als sinnlichen Freiraum zurückerobern will: „[B]ibelschwarz" führt von der Apokalypse über die braven kleingeldsuchenden Schafe am Ende des vorigen Gedichts zu den hellen „lammweißen" Tagen aus der letzten Strophe von *Fern Hill*. Selbst wenn die Thomas-Zitate in *Stechginster* zahlreicher sind als in *Mumbles-Bay*,[74] geht es Sarah Kirsch explizit um ein Weiterdichten in guter Gesellschaft. Das lyrische Ich steht ab der zweiten Strophe sinnbildlich

> In änglischen Schuhen worinnen
> Moorwasser schwappt lief ich
> Mit einer Meute kläffender Hunde
> Hin auf den breiten schimmernden Strand.
> Oder die Augen hüteten Lämmer
> Reisten auf der Reling vorüber-
> Gleitender Schiffe [...][75]

Als Hund hatte sich Dylan Thomas selbst in seinen autobiographischen Schriften *Portrait of the Artist as a Young Dog*[76] dargestellt: das lyrische Ich tritt nicht in Thomas' Fußstapfen, sondern in das ‚schwappende' Moorwasser. Die Landschaft wird zum verbindenden und akustischen Element der Moor-Dichter (neben Thomas die Droste, die Brontës...[77]), zur trüben Inspirationsquelle für das „schwermütige Sumpfherz"[78]. Doch nicht beschwerend ist dieses Moorwasser zu denken, sondern ‚stimmig', tonangebend: mit dem Tönen der Bauernhöfe, dem Kläffen der Hunde, dem Donnern des Meeres und dem klanglichen „Traben wilder Pferde im Traum"[79] sind es Echolalien, die dem ‚bewegten' Ich Halt und Beständigkeit verleihen. Dank der geteilten Begeisterung über die Pflanzen[80] und das Licht[81] entsteht eine Bilderflut:

---

[73] *Bilder* (Kirsch [1992] 2013, S. 69): „Ach der Vater meiner Mutter/ Treibt mich aus den vollen Bäumen".

[74] Hopwood, S. 64–65.

[75] Kirsch [1992] 2013, S. 389.

[76] Thomas, 1986.

[77] *Wegelagerei* (Kirsch [1989] 2013, S. 313).

[78] *Highland* (Kirsch [1992] 2013, S. 391).

[79] *Stechginster* (Kirsch [1992] 2013, S. 389).

[80] Kirsch 2019, S. 100: „Habe die Agaven sparsam gegossen, die vor den Ochsenaugen. Werde mir zwei Ableger mitnehmen, die es reichlich gibt. Reise öfter mit irgendwelchen begeisternden Pflanzen. Ein Schmetterlingsglaube, dass Pflanzen nicht wandern. Zwei Stück von einer Art sind besser als eins, als Weisheit aus den Tagen der Arche. [...] Kann verschiedene Erden, Standorte probieren."

[81] Das Zwiespältige dieser faszinierenden Stern- und Blütenhelligkeit (der Gedichte und Sprache Thomas') findet sich in dem Kurzgedicht *Jahrestag* ausformuliert: „Stechginsterpelz über Herz/ Weh die schöne schlagende/ See zurückgehaltene Tiefe/ Und ihre Wälder Welt Welt// Warum bist du/ Hell" (Kirsch [1996] 2013, S. 432).

Als die Käuze jagten und Sterne Ginsterblüten
Mir in den Spiegel trugen.[82]

Mit diesen Schlusszeilen, die Kirschs beliebte poetologische Spiegel-Metapher aufnehmen,[83] vollzieht das Gedicht den Weg zurück in Kirschs frühere Gedichte. Ein weiteres Echo aus Dylans Gedicht –

And nightly under the simple stars
As I rode to sleep the owls were bearing the farm away[84]

– findet sich bereits in *Reisezehrung*:

Als die Eulen zu fliegen begannen, die Käuze
Einladend riefen, lief ich im Park hin und her
Traf die Dichter rings in den Tannen.[85]

Dies knüpft wiederum an den früheren *Wiepersdorf*-Zyklus aus *Rückenwind* an und evoziert die vergangene Geselligkeit der lebenden und toten Dichter im ‚volkseignen Schloss‘; neben den Zeitgenossen begegnet das lyrische Ich den „[f] liegenden Stimmen"[86] von Bettina und Brockes. So liest sich die „Meute kläffender Hunde" als ein eigenwilliges, resistentes Bild von Intertextualität als ‚Bruderschaft unter den Dichtern‘, zu der Kirsch in Frankfurt schreibt: „[S]ie berechtigt nein verpflichtet bestimmte Steine weiterzutransportieren durch die Zeit."[87] Die Gelegenheitsgedichte aus Swansea bedeuten eine poetische Wiederbelebung[88] im Augenblick der Schreib- und Sinnkrise, sie stehen jedoch nicht am Beginn des Bandes *Erlkönigs Tochter*. Nach dem tonangebenden Haiku und den programmatischen Gedichten *Winterfeld*[89] und *Mauer*,[90] die Dichtung als Widerstand inszenieren, steht das Gedicht *Café Majestic*,[91] das sich auf ihre Lesereise im Januar 1992 unmittelbar nach Einsicht in die Stasi-Akten in Porto bezieht. Die Niederschrift dieses Gedichts und dessen Bedeutung für den Gedichtband dokumentiert sie in *Das simple Leben*:

---

[82] Kirsch [1992] 2013, S. 389.

[83] Als Abschlussarbeit am Literaturinstitut in Leipzig schrieb Sarah Kirsch ein Anti-Märchen, in dem das schreibende Ich seinen Schreibtisch in einen Spiegel rückt und im Dialog diese Position, und ihre Brechungen, bis zuletzt behauptet: *Im Spiegel. Poetische Konfession* (Kirsch 2013, S. 848–855). Siehe zur Spiegel-Metaphorik als Leitfaden ihres Frühwerkes (Cosentino 1990).

[84] Thomas 2000, S. 138.

[85] Kirsch [1982] 2013, S. 217.

[86] Kirsch [1982] 2013, S. 217.

[87] Kirsch 2019, S. 76.

[88] Kirsch [1991] 2006, S. 350: „Oder ich geh an die Steilküste von Yorkshire wo Bram Stoker gerade sitzt und an ‚Drakula‘ schreibt. Habe noch was an den Gedichtern getan. War gerade so ein schöner Abstand zu ihnen als ich sie las. Sie sind nicht optimistisch aber ganz gut. Der Sturm wie die wilde Jagd."

[89] Kirsch [1992] 2013, S. 365: „Ausgesät hab ich // Zorn in recht feinen Samen".

[90] Kirsch [1992] 2013, S. 366: „[D]a lagen am Boden die/ Königsmützen."

[91] Kirsch [1992] 2013, S. 367–368.

> Wieder zurück aus Pflanzenland wo die Camelien blühten, Mandarinen Zitronen mir auf
> den Kopf gestürzt sind, aus Pflanzen- wieder nach Stasiland […] An den Gedichtern muß
> ich noch rücken und rütteln, soll im Mai alles abgeben. Den Titel habe ich lange „Erlkö-
> nigs Tochter". […] Dann Material für Gedichte Berichte Gesichte. Alles getan. Dabei die
> mitgebrachten portugiesischen Fados gehört. […] Gehe wieder an meine Texte. Mache
> vielleict was über Porto. O Porto Oporto! böte sich an. Habe es getan. Sechs Stunden
> härteste Arbeit. Habe erst mal genug. Ablagern lassen.[92]

Wie in *Mumbles-Bay* kondensieren die ersten Strophen gehäufte Stadteindrücke
und Erinnerungen an die Lesereise[93] („Teresa"). Klischee und Lokalkolorit werden durch systematische Alliterationen („Bis in den Beichtstuhl"; „Sämtlicher
Sünde"; „Kreischend um die Kurve") und gehäufte Sinneseindrücke (vom „alten
Bacalhau" zu dem melancholischen Saudade-Ton „Oporto!", der „mahlenden"
„Electrico" und den Statuen der „Weltumsegler") poetisch aufgeladen. Wie in
Mumbles-Bay mündet das Gedicht in einen intertextuellen Strudel: Das Café ist,
wie die „änglischen Schuhe" oder die 17 Pubs, der Ort der Verdichtung: Das Ma-
rathon-Verse schreibende Ich zitiert eigentlich eine von Fernando Pessoa ima-
ginierte Biographie für eines seiner Heteronyme[94]: Ricardo Reis[95]. Nicht um
Spaltung, sondern um intertextuelle Identitäts-Schichtung als Widerstand gegen
„finstere Zeiten" (seien diese politisch oder existenziell), um eine ‚bewegte' Autorschaft, die Erinnerungssteine und Pflanzen-Ableger durch „mutige" Verschiebungen und Masken weiterträgt, geht es in Kirschs LeseReiseLyrik:

> […] Noch spür ich
> Meine mutigen Füße weil die
> Steine wie Messer wirken Camelienblumen
> Und Steine ins Gedächtnis gesunken.[96]

Literaturverzeichnis

Amann, Jürg: *Patagonien*. München 1985.
Arlaud, Sylvie: Im Netz der Gedichte: Geschichtsschichten und Wasseroberflächen in Sarah
    Kirschs lyrischem Werk. In: Bernard Banoun und Maryse Staiber (Hg.): *L'œuvre poétique de
    Sarah Kirsch. Subjectivité, nature, politique*. Paris 2021, 191–212.

---

[92] Kirsch [1991] 2006, S. 515–516.

[93] Über dic Lesereise in Portugal siehe Furtado 1997: „Sarah Kirschs Lesungen aus ihren Ge-
dicht- und Prosabänden fanden in Porto, Coimbra und Lissabon statt. Während der Diskussion
äußerte sie sich auch über andere deutsche Autoren – wie zum Beispiel über Christa Wolf – und
über die Einsicht in ihre Stasi-Akten. Im Anschluß an diese Lesereise folgte die literarische Auseinandersetzung mit dem Erlebten."

[94] Über die philosophische, moderne Bedeutung der Heteronyme Pessoas siehe Weber 2010.

[95] Das Verwandeln ist auch der Grundtenor der Poetikvorlesung: „Wenn ich es niederschreibe, so
bin ich nicht eigentlich ich, sondern auch Andere, die vor mir gelebt haben […]" (Kirsch 2019,
S. 108). In *Schwanenliebe* macht Kirsch diese Bewegungsethik durch eigenwillige Enjambements
mit „schimmernden" Anklängen an Dylan Thomas hörbar und sichtbar: „Hör nicht auf mich/ Zu
bewegen das/ Licht schlägt die/ Schimmernden Zelte auf." (Kirsch [2001] 2013, S. 515).

[96] Kirsch [1992] 2013, S. 368.

Arnold, Heinz Ludwig (Hg.): *Literaturbetrieb in der Bundesrepublik Deutschland: Ein kritisches Handbuch.* München 1981.

Dahlke, Birgit: *LiterarturGesellschaft DDR.* Stuttgart 2000.

Beyer-Lallauret, Franziska: Sarah Kirsch. In: Michael Opitz und Michael Hofmann (Hg.): *Metzler Lexikon DDR-Literatur.* Stuttgart 2009, 162–164.

Bilke, Jörg Bernhard: Planziel Literaturgesellschaft oder Gibt es zwei deutsche Literaturen? In: *aus politik- und zeitgeschichte, beilage zur wochenzeitung das parlament* 1971.

Bilke, Jörg Bernhard: Die Lesereise der Sarah Kirsch. In: *Der Literat* 1. (15.1.1978); zitiert nach Jäger, Andrea: *Schriftsteller aus der DDR. Ausbürgerungen und Übersiedlungen von 1961 bis 1989. Studie.* Frankfurt am Main/ Berlin/Bern/New York/Paris/Wien 1995.

Bourdieu, Pierre: *Les Règles de l'art. Genèse et structure du champ littéraire.* Paris 1992.

Bunzel, Wolfgang: "… dankbar daß ich entkam" Sarah Kirschs Autorexistenz im Spannungsfeld von DDR-Bezug -und "Exil"-Erfahrung. In: *Germanistische Mitteilungen* 57 (2003), 7–27.

Cosentino, Christine: *"Ein Spiegel mit mir darin".* Sarah Kirschs Lyrik. Tübingen 1990.

Cosentino, Christine: "An Affair on Uncertain Ground": Sarah Kirsch's Poetry Volume *Erlking's Daughter* in the Context of her Prose after the *Wende.* In: *Studies in 20th and 21st Century Literature* 21/1 (1997), 141–160.

Cosentino, Christine: Das Reisemotiv als Spiegel der Identitätsstabilisierung in der ostdeutschen Literatur Ende der neunziger Jahre. In: *GDR Bulletin* 26/1 (1999), 1–11.

Furtado, Maria Teresa Dias: Deutsche Literatur in Portugal. In: Dietrich Briesemeister und Axel Schönberger (Hg.): *Portugal heute. Politik – Wirtschaft – Kultur.* Frankfurt a. M. 1997, 801–812.

Gaier, Ulrich: Poetologische Positionen um 1800 (Klopstock bis Jean Paul). In: Ralf Simon (Hg.): *Grundthemen der Literaturwissenschaft. Poetik und Poetizität.* Berlin/Boston 2018, 144–148.

Goethe, Johann Wolfgang von: *Sprichwörtlich* [1815]. In: Johann Wolfgang von Goethe: *Berliner Ausgabe. Poetische Werke*, Band 1. Berlin 1960, 431–463.

Goodby, John: *The Poetry of Dylan Thomas: Under the Spelling Wall.* Liverpool 2014, 121–184.

Hachmann, Gundela/Schöll, Julia/Bohley, Johanna (Hg.): *Handbuch Poetikvorlesungen: Geschichte – Praktiken – Poetiken.* Berlin/Boston 2022.

Hachmann, Gundela: Katalysatoren der Autofiktion: Poetikvorlesungen von Hilde Domin und Marlene Streeruwitz. In: Alina Boy/Vanessa Höving/Katja Holweck (Hg.): *Vexierbilder. Autor:inneninszenierung vom 19. Jahrhundert bis zur Gegenwart.* Paderborn 2021, 193–209.

Hähnel-Mesnard, Carola: Sarah Kirsch im Dialog mit russischer und sowjetischer Lyrik. In: Bernard Banoun und Maryse Staiber (Hg.): *L'œuvre poétique de Sarah Kirsch. Subjectivité, nature, politique.* Paris 2021, 69–90.

Hertwig, Ralph/Ellerbrock, Dagmar: Why People Choose Deliberate Ignorance in Times of Societal Transformation. In: *Cognition* 229 (2022). https://doi.org/10.1016/j.cognition.2022.105247.

Hilbig, Wolfgang: *Abriss der Kritik: Frankfurter Poetikvorlesungen.* Frankfurt am Main 1995.

Hopwood, Mererid/Basker, David (Hg.): *Sarah Kirsch.* Cardiff 1997.

Hopwood, Mererid: "Es riecht nach Tang, Salz und Wahrheit": Sarah Kirsch in Wales. In: Mererid Hopwood und David Basker (Hg.): *Sarah Kirsch.* Cardiff 1997, 59–76.

Kaléko, Mascha: *In meinen Träumen läutet es Sturm. Gedichte und Epigramme aus dem Nachlaß.* München 1977.

Kirsch, Sarah: Landaufenthalt [1969]. In: Sarah Kirsch: *Sämtliche Gedichte.* München 2013, 7–73.

Kirsch, Sarah: Zaubersprüche [1973]. In: Sarah Kirsch: *Sämtliche Gedichte.* München 2013, 75–125.

Kirsch, Sarah: Rückenwind [1977]. In: Sarah Kirsch: *Sämtliche Gedichte.* München 2013, 127–162.

Kirsch, Sarah: *Erklärungen einiger Dinge. Dokumente und Bilder.* Ebenhausen bei München 1978.

Kirsch, Sarah: Drachensteigen [1979] In: Sarah Kirsch: *Sämtliche Gedichte*. München 2013, 163–185.

Kirsch, Sarah: Erdreich [1982]. In: Sarah Kirsch: *Sämtliche Gedichte*. München 2013, 187–248.

Kirsch, Sarah: Katzenleben [1984]. In: Sarah Kirsch: *Sämtliche Gedichte*. München 2013, 249–309.

Kirsch, Sarah: Allerlei-Rauh [1988]. In: Sarah Kirsch: *Gesammelte Prosa*. München 2006, 211–311.

Kirsch, Sarah: Schneewärme [1989]. In: Sarah Kirsch: *Sämtliche Gedichte*. München 2013, 311–362.

Kirsch, Sarah: Spreu [1991]. In: Sarah Kirsch: *Gesammelte Prosa*. München 2006, 395–432.

Kirsch, Sarah: Schwingrasen [1991]. In: Sarah Kirsch: *Gesammelte Prosa*. München 2006, 313–393.

Kirsch, Sarah: Erlkönigs Tochter [1992]. In: Sarah Kirsch: *Sämtliche Gedichte*. München 2013, 363–403.

Kirsch, Sarah: *Erlkönigs Tochter*. Stuttgart 1992.

Kirsch, Sarah: Das simple Leben [1994]. In: Sarah Kirsch: *Gesammelte Prosa*. München 2006, 433–524.

Kirsch, Sarah: Bodenlos [1996]. In: Sarah Kirsch: *Sämtliche Gedichte*. München 2013, 405–433.

Kirsch, Sarah: *Luftspringerin. Ein Sarah-Kirsch Lesebuch. Gesammelte Lyrik und Prosa*. München 1997.

Kirsch, Sarah: Schwanenliebe [2001]. In: Sarah Kirsch: *Sämtliche Gedichte*. München 2013, 435–516.

Kirsch, Sarah: Im Spiegel. Poetische Konfession. In: *Sinn und Form* 6 (2013), 848–855.

Kirsch, Sarah: *Aenglisch. Prosa*, München 2015.

Kirsch, Sarah: *Von Haupt- und Nebendrachen. Von Dichtern und Prosaschreibern. Frankfurter Poetikvorlesungen 1996–1997*. Göttingen 2019.

Kirsch, Sarah/Wolf, Christa: *„Wir haben uns wirklich an allerhand gewöhnt". Der Briefwechsel*. Berlin 2019.

Kirsch, Sarah: *„Ich will nicht mehr höflich sein": Tagebuch aus der Wendezeit. 31.08.1989 bis 18.03.1990*. Eckernförde 2022.

Künzel, Christine/Schönert, Jörg (Hg.): *Autorinszenierungen, Autorschaft und literarisches Werk im Kontext der Medien*. Würzburg 2007.

Kunert, Günter: Zu Sarah Kirsch. In: Meredid Hopwood und David Basker (Hg.): *Sarah Kirsch*. Cardiff 1997, 12.

Lemonnier-Lemieux, Anne: Sarah Kirsch, la fugitive et l'enracinée. In: *Cahiers d'études germaniques. L'Est à l'Ouest* 84 (2023), 133–144: https://doi.org/10.4000/ceg.17856 (27.01.2024).

Paschek, Carl (Hg.): *Sarah Kirsch. Begleitheft zur Ausstellung „Von Haupt- und Nebendrachen, von Dichtern und Nebenschreibern" (Frankfurter Vorlesungen)*. Frankfurt am Main 1997.

Peitsch, Helmut: Literaturverhältnisse. In: Michael Opitz und Michael Hofmann (Hg.): *Metzler Lexikon DDR-Literatur*. Stuttgart 2009, 201–204.

Plath, Sylvia/Fried, Erich: *Ariel*. Frankfurt a. M. 1974.

Thomas, Dylan: *Collected Poems.1934–1953*. London 2000.

Thomas Dylan: *Poesiealbum* 77 (1974).

Thomas, Dylan: A Prospect of the Sea. In: Dylan Thomas: *The Collected Stories*. London 1983, 87–94.

Thomas, Dylan: *Portrait of the Artist as a Young Dog*. London 1986.

Trende, Frank: „Nö, ich will in keene Luxusstadt hocken!" – im Urlaub nicht und auch sonst nicht. Ein nachgerufenes Nachwort. In: Sarah Kirsch: *Aenglisch. Prosa*, München 2015, 69–80.

Trende, Frank: „Ach geht mir weck!" Gedanken zum Tagebuch aus der Wendezeit von Sarah Kirsch. In: Sarah Kirsch: *„Ich will nicht mehr höflich sein": Tagebuch aus der Wendezeit. 31.08.1989 bis 18.03.1990*. Eckernförde 2022, 242–253.

Vogel, Anke: *Der Buchmarkt als Kommunikationsraum*. Wiesbaden 2011.

Wagner, Jan: Der Rausch und die Herrlichkeit. Zunächst über Dylan Thomas. Erster Bamberger Poetikvortrag. [2020] In: Jan Wagner: *Der glückliche Augenblick. Beiläufige Prosa.* Berlin 2021, 201–225.

Weber, Julia: „Sê plural como o universo" – Fernando Pessoas Spiel der Heteronymie. In: Julia Weber: *Das multiple Subjekt.* Randgänge ästhetischer Subjektivität bei Fernando Pessoa, Samuel Beckett und Friederike Mayröcker. Paderborn 2010, 25–90.

Weck [da Silva], Céline: *La poétique de Sarah Kirsch: une esthétique du kaléidoscope.* Diss. Straßburg 2009: https://publication-theses.unistra.fr/public/theses_doctorat/2009/WECK_Celine_2009.pdf (27.1.2024)

Wiggington, Chris: *Modernism from the Margins. Writing Wales in English.* Cardiff 2007 (Wiggington 2007).

Williams, Rhys W.: „Ähnlich stehle ich mit auch alles zusammen…" Sarah Kirsch's *Das simple Leben.* In: Mererid Hopwood und David Basker (Hg.): *Sarah Kirsch.* Cardiff 1997, 77–91.

Williams, Rhys W.: „Ich bin kein Emigrant, ich bin kein Dissident". Sarah Kirsch und die DDR. In: Walter Schmitz und Jörg Bernig (Hg.): *Deutsch-deutsches Literaturexil. Schriftstellerinnen und Schriftsteller aus der DDR in der Bundesrepublik.* Dresden 2009, 383–400.

Internetarchive und Videos:

Ein Geheimdienst und seine Hinterlassenschaft. Die Öffnung der Stasiakten (17.6.2021), https://www.mdr.de/geschichte/ddr/politik-gesellschaft/stasi/oeffnung-akten-bstu-gauck-behoerde-100.html (23.1.2024).

‚Verhaltensweisen' der Lyrikerin Sarah Kirsch, Information Nr. 339/77 über Hinweise zu Verhaltensweisen und Aktivitäten der Lyrikerin Sarah Kirsch [ohne Datum], https://www.ddr-im-blick.de/jahrgaenge/jahrgang-1977/report/verhaltensweisen-der-lyrikerin-sarah-kirsch/ (23.1.2024). (BStU Info Nr. 339/77).

"Poets by the Sea: German Writers Visit Swansea" als Bestandteil von "Swansea University: Making Waves since 1920". https://www.swansea.ac.uk/arts-and-humanities/arts-and-humanities-research/arts-and-humanities-research-centres-and-groups/ccgc/exhibition-ccgl/ (29.1.2024).

Brandt, Leonore: *Pantherfrau – Die Schriftstellerin Sarah Kirsch, ein Dokumentarfilm.* MDR, Leipzig 2005.

Thomas, Dylan: Hund unter der Haut. Der Spiegel 51/1956, 18.12.1956: https://www.spiegel.de/kultur/hund-unterder-haut-a-fcfeed39-0002-0001-0000-000043064857?context=issue (28.08.2024).

Spahn, Claus/Bahls, Karl Heinz: *Es riecht nach Tang, Salz und Wahrheit – Sarah Kirsch in Wales.* Westdeutscher Rundfunk, 13.7.1994.

Sprache der Chronik und Intertextualität in *Allerlei-Rauh*: Ein ökokritischer Blick auf die ‚Moorphilosophie' Sarah Kirschs

Calann Heurtier

Ausgangspunkt des vorliegenden Beitrags ist der Untertitel von dem 1988 erschienenen Prosaband *Allerlei-Rauh*, wobei das gleichnamige Grimm-Märchen (*KHM* 65) umgeschrieben und aktualisiert wird, und zwar in „*[e]ine Chronik*". Die Hypothese, mit der ich mich beschäftigen möchte, ist die folgende: Sarah Kirsch greift in diesem Buch zur Intertextualität, um die ökokritische Dimension der Sprache in Bezug auf das Motiv der Chronik zu entfalten. Dass die Sprache – und die literarische Sprache überhaupt – mit den Umwälzungen der Weltgeschichte verbunden ist, weiß man als Dichter wenigstens schon seit Paul Celan: „[Die Sprache] ging hindurch und gab keine Worte her für das, was geschah; aber sie ging durch dieses Geschehen" (Celan 2000, S. 186). Sarah Kirsch verleiht der Chronik-Gattung eine ähnliche Bedeutung, indem sie die Chronik mit einem Bericht über die Epoche identifiziert: „Literatur ist letzten Endes immer etwas Kollektives, alles zusammen ergibt eine Chronik der Gesellschaft, irgendeine Wahrheit über die Zeit, in der man lebt, das muß man zusammen machen" (Kirsch 1978, S. 87–88).

Die Chronik der Zeitepoche und die Dichtung fallen in dieser Hinsicht mit einer kollektiven Odyssee zusammen, wodurch das Ästhetische und das Ethische, sogar das Politische an der Gattung der Chronik hervorgehoben wird. Einerseits bezieht das ,Zusammenmachen' sich hier auf diese gesellschaftliche Aufgabe der Schriftsteller, welche durch die Sprache ihre Epoche wahrnehmen müssen. Andererseits geht es um die Literaturgeschichte, und zwar um die Aktualisierung des literarischen Kanons in der jetzigen Sprache in Bezug auf heutige Fragen. Die literarische und ökologische Gemeinschaft, die dadurch erscheint, verweist auf verschiedene Zeitschichten, die ineinander übergehen, und auf das Übereinstimmen

C. Heurtier (✉)
Sorbonne Université, Paris, Frankreich
E-Mail: calann.heurtier@laposte.net

© Der/die Autor(en), exklusiv lizenziert an Springer-Verlag GmbH, DE, ein Teil von Springer Nature 2024
J. Kittelmann et al. (Hrsg.), *Verwurzelungen. Sarah Kirsch (wieder) lesen*, Abhandlungen zur Literaturwissenschaft, https://doi.org/10.1007/978-3-662-69225-7_8

der Geschichte selbst mit der Literaturgeschichte. Die zeitliche, ja chronische – im altgriechischen Sinn vom χρόνος – Dimension im Werke Sarah Kirschs wurde schon von P. Kersten unterstrichen, wenn er schreibt: „Immer ist für Sarah Kirsch das, was Gegenwart genannt wird, von Vergangenem erfüllt" (Kersten 1989, S. 71), und ich möchte zeigen, dass sie gleichfalls von Künftigem erfüllt ist.

Dass die Intertextualität mit verschiedenen Zeitschichten zu tun hat, kann man schon bei der Definition des Begriffs durch Gérard Genette beobachten: *„la présence effective d'un texte dans un autre"* – ,die wirkliche Anwesenheit von einem Text in einem anderen Text' (Genette 1982, S. 8), d. i. die Verflechtung von Vergangenheit und Gegenwart auf sprachlicher Ebene. Die Intertextualität erlaubt Sarah Kirsch tatsächlich in *Allerlei-Rauh*, die Zukunft aus der Sicht der kommenden Umweltkatastrophen darzustellen und zu deuten. Aber diese Zukunft lässt sich alles in Allem als pessimistisch charakterisieren.

Die Intertextualität entwickelt sich auf verschiedene Weisen: Sowohl durch das Umschreiben des Grimm-Märchens, wovon hier nicht die Rede sein wird, denn C. Weck hat diese Dimension schon untersucht (Weck 2021), als auch durch einen Bibeluntertext, der schon an dem Untertitel zu sehen ist, da das „Buch der Chronik" ein Teil der Bibel ist. Anleihe bei Dichtern oder Zitate und Übersetzungen werden ebenfalls verwendet. Dass die Sprache eine besondere Macht hätte, darüber sollte der Kirsch-Leser nicht staunen, denn das Motiv der Hexensprüche z. B. – oder allgemeiner die Performativität (Austin 1962) – ist in ihrer Poetik von großer Bedeutung (Baillet 2021; Shen 2009).

Aber was soll eine ökokritische Dimension der Sprache heißen? Damit ist eine Rezeptionsweise der Literatur gemeint, bei der die Beziehung des Textes zur Ökologie in der Sprache selbst berücksichtigt wird: *„Ecocriticism takes as its subject the interconnections between nature and culture, specifically the cultural artifacts of language and literature"* – ,Die Ökokritik befasst sich mit den Verflechtungen von Natur und Kultur, insbesondere mit den literarischen und sprachlichen Kulturartefakten' (Glotfelty/Fromm 1996, S. XIX). Eine ökokritische Intertextualität würde also bedeuten, dass die Intertextualität aus einer ökokritischen Perspektive wiederverwertet, bzw. recycelt würde. Die literarische Tradition böte zu diesem Zweck einen unendlichen Bildervorrat und Wortschatzvorrat, um die Welt und ihre Katastrophe mit dichterischer Genauigkeit zu beschreiben. Dieser Vorrat würde als Potenz erscheinen, die immer wieder zu aktualisieren sei, was zur zeitlichen Vielschichtigkeit führt. Die Intertextualität zeugt in dieser Hinsicht nicht nur von Lesespuren, die literarische Quellen wären, sondern sie wirkt als Sprachverwandlung – Verwandlung *der* Sprache als Ausdrucksverfahren und Verwandlung der Hypotexte *in der* Sprache –, insofern als die Sprache sich als ein fortwährendes Spiel mit der Tradition entwickelt. Aber dieses Spiel versteht sich nicht nur ästhetisch, sondern auch ethisch und politisch, denn es zieht die Umweltkatastrophe in Betracht. Zuerst soll also der Bibeluntertext in *Allerlei-Rauh* analysiert, und danach der Wortschatz der Umweltkatastrophe aus der Sicht der Intertextualität untersucht werden.

Die Bibel prägt *Allerlei-Rauh* sowohl als Motiv als auch als Wortschatz. Der Gebrauch des Bibeluntertextes in *Allerlei-Rauh* wird eigentlich durch das

Paradigma der Arche Noah geprägt. Dieses Motiv tritt mehrmals in Sarah Kirschs Werken auf und ist besonders auffallend in ihren Werken der 1980er Jahre. Mit diesem Motiv endet z. B. *Erdreich* (Kirsch 2005, S. 248) im Gedicht „Noah Nemo":

> Abends beschließt er das Logbuch, öffnet
> Die große Hölderlin-Ausgabe während
> Die Nautilus ihre altmodischen Aufbauten
> Seegrasbewachsene einsame Terrassen
> Langsam ins Mondlicht schiebt. Es ist
> Sinnlos auf den Auftrag zu warten. (S. 248)

Schon bei diesem Gedicht wird hervorgehoben, wie der biblische Hypotext als eine Intertextualität mit der Arche Noah erscheint, insofern als die Jules-Verne-Figur Nemo durch den Titel mit der biblischen Figur Noah identifiziert wird. Hinzu kommt, dass der „Noah Nemo" „[d]ie große Hölderlin-Ausgabe" liest, und zwar die Stuttgarter Ausgabe in 15 Bänden. Dementsprechend ist eine zeitliche und dichterische Vielschichtigkeit mit der mythischen Ebene der Sintflut, mit dem fiktiven 19. Jahrhundert von *20.000 Meilen unter dem Meer* und der wirklichen Forschung über Hölderlin während Kirschs Epoche zu finden. All das wird hier ökokritisch mit einem tiefen Pessimismus ineinander verflochten.

Die Arche Noah erscheint als Paradigma für die Intertextualität in dem Sinne, dass die Arche Noah als Metapher für das literarische Werk erscheint: Die Sprache empfange Wörter und Zitate, die sonst verlorengehen würden. Diese noachistische Dimension der dichterischen Sprache wurde schon von Günter Kunert z. B. in seinen Frankfurter Vorlesungen verwendet, um sein dichterisches Werk zu charakterisieren (Kunert 1985). Aber Sarah Kirsch verleiht der biblisch-poetologischen Metapher eine ökokritische Dimension, die im Prosaband *Allerlei-Rauh* zur vollen Entfaltung kommt: Die Prosa von *Allerlei-Rauh* wird durch eine Ästhetik des Bunten, des *Allerleis* gekennzeichnet, bei der die Bibel nicht nur als Motiv sondern auch als *Sprache* explizit ökokritisch verwendet wird:

> Es war unglaublich, wie viele verschiedenartige Schafe der schöne Naturmensch besaß. Holländische Texelschafe, Schwarzköpfe, Romanov-Mütter, daneben mit ihren langbeinigen Lämmern, die fast ausgestorbenen Skudden, große Merinos, das Coburger Fuchsschaf, einige Leine-Schafe drängelten sich, und selbst ein Kärntner Brillenschaf konnte ich erkennen. Wunderschöne Bergschafe, deren herabgesunkene Ohren ihnen den sanften Ausdruck verleihen, quirlten als letzte in das Gewinde des Krals. Spät in der Weltzeit vielleicht, begann unser stirnbändiger Freund, öffnen wir unsere Arche mancherlei Schafen, und ich antwortete […]: Das leichte Wasser wird unser Ende nicht sein. (S. 228–229)

Hier wird die Arche durch die Sprache performativ verwirklicht, da die Erzählerin jede Schafsspezies, die ihr Freund besitzt, benennt und teilweise beschreibt. Die Liste und die Benennung (Mabee 1989, S. 79) ermöglichen diesen Effekt des Bunten, und durch sie wird das Aussterben mancher Spezies hervorgehoben, vielleicht verspätet – und leider nicht aufgehoben. Die Weltzeitlichkeit wird ebenfalls durch das metaphorische Substantiv „Weltzeit" thematisiert und ist mit den AKW und der Tschernobyl-Atomkatastrophe im April 1986, deren Ereignis zeitgleich mit dem Verfassen von *Allerlei-Rauh* stattfindet, zu verbinden, denn die Möglich-keit eines solchen Ereignisses in der Vergangenheit bedeutet die Möglichkeit von ähnlichen Katastrophen in der Zukunft. Durch den lakonischen, auf den ersten Blick lyrischen Ausdruck „das leichte Wasser" wird auf den Leichtwasserreaktor (LWR) bzw. auf das Kernkraftwerk Brokdorf hingewiesen, das im Oktober 1986, d. h. kurz nach der Tschernobyl-Atomkatastrophe, in Betrieb genommen wurde. Dass das Wasser-Motiv im lyrischen Werke Sarah Kirschs mit verschiedenen Ge-schichtsschichten in Verbindung zu bringen ist, wurde schon von Sylvie Arlaud (Arlaud 2021) gezeigt, aber das Mythologische daran wird hier umgekehrt, denn es handelt sich nicht um ein naturlyrisches Motiv, sondern um einen LWR.

Die „Arche", die durch das kollektive Possessivpronomen „unser" bestimmt wird, ist gleich hier eher dem einfachen „Boot" der Erzählerin als dem riesigen[1] schwimmfähigen Kasten der Bibel in der Übersetzung Luthers: „Das Boot war von Winter zu Winter maroder geworden und ließ stets etwas heftiger Wasser die Planken hindurch" (S. 287). Statt „Kasten" greift Sarah Kirsch hier zum üblichen Ausdruck „Arche", der sich nicht im *Alten Testament* in der Übersetzung Luthers befindet, sondern im *Neuen Testament*, bei *Matthäus*, 24.6, dann 24.37–39:

> Ihr werdet hören Kriege und Geschrei von Kriegen; sehet zu und erschreckt euch nicht. Das muß zum ersten alles geschehen; aber es ist noch nicht das Ende da. […] Aber gleich-wie es zur Zeit Noahs war, also wird auch sein die Zukunft des Menschensohnes. / Denn gleichwie sie waren in den Tagen vor der Sintflut, sie aßen, sie tranken, sie freiten und ließen sich freien, bis an den Tag, da Noah zu der Arche einging / und achteten's nicht, bis die Sintflut kam und nahm sie alle dahin, also wird auch sein die Zukunft des Menschen-sohnes.

In der Sintflut-Episode ist tatsächlich das Substantiv „Kasten" zu finden. „Kasten" verweist auf etwas Geringeres und Zerbrechliches, und entspricht der „Demuth" (S. 308) des literarischen Schaffens und des Menschenlebens, nicht nur in Bezug auf das Barock-Motiv der *vanitas* oder der Vergänglichkeit, sondern auch aus einer ökokritischen Sicht. Es handelt sich eher um „eine geringe gestrandete Arche also mit Kisten und Kasten" (Kirsch 2006, S. 200). Im Zusammenhang mit dem Kasten-Arche-Boot ist eine Ethik in Beziehung zum Alltagsleben in Tielenhemme zu finden, und zwar eine „Moorphilosophie" (S. 309), die im vorletzten Abschnitt von *Allerlei-Rauh* skizziert wird und die auf die „Trostphilosophie" (S. 221) aus der Kindheit vom Anfang des Buches echoartig verweist. Diese Ethik des Moores sozusagen, nah der *land ethic* von Aldo Leopold (Leopold 1949), wird durch die Verflechtung des Bibeluntertexts und eine pessimistische Sicht auf die Umwelt, die zuerst auf dem Alltagsleben fußt und die sich im vorliegenden Ausschnitt me-taphysisch und kosmisch entwickelt und erweitert, charakterisiert.

> Die aussterbenden Bäume, Löcher im Himmelsgewölbe, die heillos werdende Luft und die vergifteten Wasser der Erde, alles erleichterte es, deutlicher als frühere Generationen

---

[1] *1. Mose*, 6.14–15: „Mache dir einen Kasten von Tannenholz und mache Kammern darin und verpiche ihn mit Pech innen und außen. Und mache ihn so: Dreihundert Ellen sei die Länge, fünfzig Ellen die Breite und dreißig Ellen die Höhe."

die Lage zu sehen, den Aufstieg der eigenen Art aus dem Tierreich zu beklagen ob der Möglichkeit, den Planeten aus den Angeln zu sprengen. Der Erdenkloß brauchte, um weiterhin leben zu wollen, viel zärtliche Demut, ein gerüttelt Maß wahnsinniger Zuneigung für seine arme absterbende Welt. (S. 301)

Hier greift Sarah Kirsch zum biblischen Wortschatz, d. h. zur Bestimmung des Menschen durch seinen Ursprung als „Erdenkloß" (*1. Mose* 2.7), um das Menschenwesen mit seinen Wurzeln aufs Neue zu verbinden. Daher kommt es zu einer Art Säkularisierung der biblischen Intertextualität, die ironisch, sogar frech klingen kann, und die auch zur Ästhetik des Postmodernismus als Montage-Ästhetik beiträgt. Im vorletzten Abschnitt von *Allerlei-Rauh*, wo die „Moorphilosophie" als eine umweltsorgende Ethik bestimmt wird (Schmidt/Thiemann 2023), erreicht die Ironie ihren Höhepunkt: „Gott seine billige Planung, jeder frißt jeden zu seiner Zeit, nicht vorhalten und die unbedenkliche Verschwendung von einzelnen, eine Art für eine Weile aufsteigen zu lassen auf Kosten der anderen, bis ihr Stern den Zenit auch wieder verläßt." (S. 310) Daher kommt es, dass die „Moorphilosophie" als eine Ethik der Demut erscheint.

Aber sie entspricht auch einer Ästhetik, einer Ästhetik des Bunten, sogar „des Kaleidoskops" (Weck 2021). Wenn die Erzählerin den Ort beschreibt, wo der „Naturmensch" – ihr „Freund" und Nachbar in Tielenhemme – wohnt und seine Arche baut, verwendet sie ein lutherisches Wort, das jedoch trivialisiert wird, und zwar das „Gepränge": der Ort sei „ein eher alternatives denn aufgeräumtes Gepränge" (S. 226). Dieses Substantiv konnotiert einerseits etwas Feierliches, und andererseits die Pracht derart, dass die ästhetische Dimension dieser Philosophie hervorgehoben wird. Kurz gesagt bedeutet es, dass die ökokritische Perspektive eine neue Ästhetik erfordert, durch die neue Formen von Schönheit entwickelt werden können. Der allgemeine Hypotext, der mit dieser „Moorphilosophie" in Verbindung zu bringen ist, welche sich also als *esth/éthique* (Audi 2010) oder *Ästh/Ethik* des Allerleis charakterisieren lässt, ist *1. Mose*, 7.13–14:

> Eben am selben Tage ging Noah in den Kasten mit Sem, Ham und Japheth, seinen Söhnen, und mit seinem Weibe und seiner Söhne drei Weibern, / dazu allerlei Getier nach seiner Art, allerlei Vieh nach seiner Art, allerlei Gewürm, das auf Erden kriecht, nach seiner Art und allerlei Vögel nach ihrer Art.

Auffallend ist in diesem Auszug, wie das Wort „allerlei" durch die Anapher unterstrichen wird. Das Allerlei-Motiv ist also mit der Arche Noah zu verbinden: Es antwortet auf die Umweltkatastrophe, weil das Benennen von mancherlei Tieren und Pflanzen, die vom Aussterben bedroht sind, als der vielleicht zum Scheitern verurteilte Versuch erscheint, „irgend etwas zu retten" (S. 234).

Der Barockdichter Andreas Gryphius, dessen metaphysische, ja apokalyptische Lyrik als expliziter und impliziter Hypotext vom ökokritischen Diskurs Sarah Kirschs in *Allerlei-Rauh* von großer Bedeutung ist, erweist sich als die Figur, durch die der Bibeluntertext und der ökokritische Gebrauch der Intertextualität verbunden werden:

> Verglichen mit einem archaisch-natürlichen Ende, wenn der Kosmos einstmals verglühte oder erfröre, erschien mir die vorgezogene Auslöschung dieses Planeten durch sein Geschöpf den Menschen bedeutend rationeller und gleichzeitig angemessen absurd vor sich

zu gehn. Mit solchen Trauerwürmlin im Kopf keinen selbstgefälligen Misanthropen abgeben war für mich in meinem Sumpf aufgestützt ebenso schwer wie gleichzeitig leicht.
Ich brauchte [...] mich an einen Vers des Gryphius zu erinnern, und es war der Hochmut
vergangen. (S. 309–310)

In der Sumpfethik[2] wird Gryphius mit dem Motiv der Demut in Verbindung ge-
bracht und diese charakterliche Qualität wird als notwendig betrachtet, um in
einer „absterbenden Welt" zu überleben. Diese absterbende Welt wird tatsächlich
mithilfe der Lyrik Gryphius' implizit und lakonisch beschrieben: „Schlachtfelder
Massaker Ölteppiche, die schauerliche Heimat die Erde. Ein Ball des falschen
Glücks, ein Irrlicht dieser Zeit" (S. 282). Hier wird der zweite Vers vom Sonett
Menschliches Elende in die Beschreibung integriert, als wäre der Ball die Erde.
Beim Barockgedicht ist es anders, denn es geht um die Beschreibung der Men-
schennatur als etwas Fragiles und Vergängliches. Dadurch wird der ökokritische
Gebrauch der Intertextualität durch Sarah Kirsch klargestellt. Ein weiteres Bei-
spiel in Bezug auf Gryphius Lyrik wäre seine Verbindung zur Moorphilosophie:

Es kam bei meiner Moorphilosophie letzlich darauf an, wofür die Menschen ich ansah.
Hätte ich sie als hybride Entäußerung nur empfunden, wozu ich im Zorne oft neigte, wäre
ich schnell mit ihnen fertig gewesen. Mitleid kommt auf, kann denn die Wasserblas, der
leichte Mensch bestehn? Ich sah mich gezwungen, ihn dennoch als natürliches Wesen,
wie andere noch, in dieser Welt zu begreifen und die Ausgeburten seines Gehirnes, sei
es die schönste Mazurka ein gotischer Bogen oder eine Raketenstellung im Hunsrück,
gleichfalls seiner Natur zuzurechnen.

Hier wird aufs Neue ein Vers aus einem Sonett, nämlich „Vanitas vanitatum et
omnia vanitas", der zehnte Vers, in den Gedankenfluss eingefügt, doch etwas verwandelt: „Solt denn die Wasserblaß, der leichte Mensch bestehn?"
    Die Intertextualität entwickelt sich in der Chronik gleichfalls durch den ironi-
schen Gebrauch von Wörtern und Redewendungen, die bei der Lyrikerin einen besonderen Sinn annehmen. Das ermöglicht Sarah Kirsch, neue ökokritische Dimen-
sionen zu entfalten. Wenn sie zum Substantiv „Klugheitsjahrhundert" greift, um
das 20. Jahrhundert zu charakterisieren, klingt es z. B. ironisch.

Die allernächsten Nachbarn nach überzähligem Lämmlein umsonst schon befragt, radel-
ten wir nach Schüttingdeich hin, wo die Birken langwierig in verschiedenen Mooren versinken. Ich erachtete es wie jeden Tag noch als außergewöhnlich geschickt, am Ende des
Klugheitsjahrhunderts in Meerumschlungen mich eingeschmuggelt zu haben, und nicht
etwa in Donaublau oder einem Schwarzwald, oder gar geblieben zu sein, wo ich herkam
und die Sonne einem schnell viereckicht scheint.

Bei dieser ästhetisierten, aber ironisch zu denken gebenden Beschreibung werden gleichzeitig die schrecklichsten Ereignisse des 20. Jahrhunderts und die Um-

---

[2] Folgende Analyse vom Gebrauch der Lyrik Gryphius' durch Kirsch in *Allerlei-Rauh* in Bezug
auf ihre Moorphilosophie tritt in starke Resonanz mit einem von Antje Schmidt und Jule Thiemann verfassten Beitrag, der ein Kapitel des Sammelbandes *Kulturpoetik des Moores. Ressource,
Phobotop, Reservoir* bildet, obgleich dieser Band nur drei Tage *nach* dem zweiten Tag des Symposiums veröffentlicht wurde, als der vorliegende Beitrag geleistet wurde.

weltkatastrophen angedeutet. Das Substantiv ist im Hölderlins Werk zu finden, und zwar im zweiten Band (2.2) der Stuttgarter Ausgabe, wovon früher die Rede war, was von dem intratextuellen Spiel in Sarah Kirschs Werk zeugt. In diesem Band erscheint das Wort in einem Heft als Überschrift über den Hymne-Entwurf „Dem Fürsten", der sich an den späteren ersten König von Württemberg Friedrich Wilhelm Karl wendet:

Predigten durch das Fenster
gehet ihr aus eurem Klugheitsjahrhundert
Heraus, um zusammen zu seyn Feindseeligkeitsrechte (Hölderlin 1951, S. 882)

Hier hofft Hölderlin auf künftig bessere Zeiten und bezeichnet mit Ironie durch den Begriff „Klugsheitsjahrhundert" das Jahrhundert der Aufklärung. Das Substantiv tritt bei Kirsch in den zwei letzten Versen des Gedichtes *Luftspringerin* (Kirsch 2005, S. 360) als Pointe wieder auf, diesmal mit einer ironischen Umkehrung:

[…] Bis das Papierkontingent
Schwarz geschrieben ist Laika
Eine Art Engel die Luftspringerin
Mir in den Ohren liegt berühmteste
Hündin unseres Klug-
Heitsjahrhunderts.

Es geht um das erste Lebewesen im All, und zwar die Hündin Laika. Hier erscheint ein Spiel, das sowohl intertextuell als auch intratextuell wirkt, indem das Substantiv in zwei Hälften gebrochen wird („Klug- / Heitsjahrhundert"), was das Adjektiv „klug" und die bemerkenswerte nominale Einheit „Heitsjahrhundert" hervorhebt, in welcher ein „heißes Jahrhundert" anklingt. Dadurch wird der Sprache vielleicht eine ökokritische und politische Potenz verliehen, insofern es sich um „*unseres* Klug- / Heitsjahrhundert" handelt. Die Verwandlung der Possessivpronomina („euer" bei Hölderlin, „unser" bei Kirsch) suggeriert tatsächlich diese politische Dimension, die als kollektive Verantwortung auftritt. Durch die Zärtlichkeit der Beschreibung wird die Sinnlosigkeit von Laikas Opferung auf dem Altar der Wissenschaft zugunsten einer absurden Eroberung des Weltraums unterstrichen. Dadurch kommt es zu einer gewissen Ethik des Moores *a contrario*, die mit der Liebe zu tun hat – eine Liebe zu den anderen Menschen natürlich, aber auch zu allen weiteren Lebewesen:

[…] Etwas habe ich
Herzlich geliebt das hat mich
Fast übern Weltrand geblasen (V. 5–7)

Die Ethik des Moores wird gleichfalls durch eine Anspielung auf das Lehrgedicht Hesiods *Werke und Tage* entwickelt, die durch Sarah Kirsch als Inspiration für einen „Bauernkalender" (S. 253) betrachtet werden, wenn sie einen Vers (V. 344) aus Albert von Schirndings Übersetzung (Hesiod 1966) umschreibt: „Doch wer nahe dir wohnt, den lade am meisten zum Mahle. / Denn wenn unverhofft ein Unglück im Dorf dir begegnet, / gurtlos kommen die Nachbarn, die Vettern gürten sich erst noch". Während die ersten zwei Verse in die Chronik des Alltagslebens integriert werden, wird der letzte Vers umgeschrieben: „Denn wenn unverhofft ein Unglück im Dorf dir begegnet, halbangezogen kommen die Nachbarn, während die Verwandten sich langwierige Stiefel schnüren" (S. 253). Wo Albert von Schirnding „ἄζωστοι" mit „gurtlos" übersetzt, was im Griechischen das Fehlen eines Gürtels bezeichnet, verschiebt Sarah Kirsch den Ton in Richtung Ironie, indem sie die ‚Halbangezogenheit' betont, was eine burleskere Dimension entfaltet. Dieselbe Verschiebung gilt für das Ende des Verses: Von Schirnding übersetzt den synthetischen Ausdruck „ζώὕαντο δε πηοῖ" mit „die Vettern gürten sich erst noch", was den altgriechischen Parallelismus zwischen „ἄζωστοι" und „ζώὕαντο" gut übersetzt, während Kirsch die parallele Struktur abbricht, was die Wichtigkeit der Nachbarn *a contrario* beweist. Daher kommt, dass die Intertextualität eine bedeutende Rolle für die Beschreibung der Moorethik von *Allerlei-Rauh* spielt: Das Integrieren in die Erzählung von einem Vers, der ein wenig von der Chronistin umgeschrieben wird, suggeriert die Verflechtung von Sumpfökosystem und Bauern – eine Aktualisierung der uralten Nachbarethik. Das intertextuelle Spiel nimmt in dieser Hinsicht einen ökokritischen Sinn an.

Ein weiteres Substantiv, das aus ökokritischer Perspektive von großer Bedeutung ist, ist „Aschenplanet". Dadurch wird unsere Erde als schon verwüstet durch z. B. Atomkriege betrachtet. Meine Hypothese ist hier, dass Sarah Kirsch dieses Wort im Werk des Genetikers und Schriftstellers Klaus Mampell, einem Mitglied der Gruppe 47, gefunden hat. In seinem Buch *Die Entwicklung der lebenden Welt aus der Sicht der Abstammungs- und Vererbungslehre* (Mampell 1962, S. 35) beschreibt Mampell das Stadium der Erde nach der Kollision mit Irrsternen als „Aschenplanet". Dieses Substantiv tritt zweimal in *Allerlei-Rauh* auf, und jedes Mal in Bezug auf die Umwelt. Das erste Mal gerade vor der Arche Noah des „Naturmenschen", und das zweite Mal im gleichen Abschnitt, und zwar im ersten Satz dieses Abschnitts, worin der Mensch als „Erdenkloß" bezeichnet wird: „Frühlinge kamen und gingen, bis das Kind längst erwachsen war und selbst ein Kind auf den Aschenplanet ausgesetzt hatte, welches seinerseits flügge schon war" (S. 300). Hier wird die Intertextualität in Verbindung mit der Vergangenheit durch das Motiv der Kindheit gebracht, also das Kind, das Sarah Kirsch war, mit seiner „Trostphilosophie", die sich stark von der Moorphilosophie unterscheidet, obgleich die beiden Philosophien eine ähnliche Kosmologie anbieten. Aber die Intertextualität wird gleichzeitig mit dem Kindeskind verbunden: Der Aschenplanet ist schon da, aber die folgenden Generationen, die durch das Motiv der Flügel gekennzeichnet sind, werden wahrscheinlich versuchen, die Katastrophen zu vermeiden.

Aus alledem geht also hervor, wie die Intertextualität ökokritisch wirkt und wie durch sie eine Sprache, die zahlreiche Geschichtsebenen übernimmt, ermöglicht wird. Sarah Kirsch greift in *Allerlei-Rauh* zur Intertextualität und zum biblischen Hypotext, um eine bescheidene Moorphilosophie zu skizzieren, die auf Ironie und Umkehrungsverfahren fußt und die sich ästhetisch, ethisch und politisch entfalten könnte. Einem tiefen ökokritischen Pessimismus zum Trotz bleibt die Zukunft noch offen: Sarah Kirschs ambivalenter Bezug zur literarischen Tradition könnte darauf verweisen, dass die Sprache als verwandelnde Materie zwischen verschiedenen Zeitebenen, die immer zu aktualisieren sind, betrachtet werden kann. In dieser Hinsicht könnte diese Sprache *uns* helfen, künftige Katastrophen zu vermeiden.

Literaturverzeichnis

Arlaud, Sylvie: Im Netz der Gedichte: Geschichtsschichten und Wasseroberflächen in Sarah Kirschs lyrischem Werk. In: Banoun, Bernard/ Staiber, Maryse (Hg.): *L'œuvre poétique de Sarah Kirsch. Subjectivité, nature, politique*. Paris 2021, 191–212.

Audi, Paul: *Créer. Introduction à l'esth/éthique*. Lagrasse 2010.

Austin, John Langshaw: *How to Do Things with Words*. Oxford 1962.

Baillet, Florence: Magie, performativité et désenchantement dans la poésie de Sarah Kirsch. In: Bernard Banoun und Maryse Staiber (Hg.): *L'œuvre poétique de Sarah Kirsch. Subjectivité, nature, politique*. Paris 2021, 69–90.

Celan, Paul: *Gesammelte Werke in sieben Bänden* (Band 2). Frankfurt a. M. 2000.

Genette, Gérard: *Palimpsestes. La Littérature au second degré*. Paris 1982.

Glotfelty, Cheryll/Fromm, Harold (Hg.): *The Ecocriticism Reader. Landmarks in Literary Ecology*. Athens, Ga. 1996.

Hesiod: *Werke und Tage. Aus dem Griechischen übertragen von Albert von Schirnding*. München 1966.

Hölderlin, Friedrich: *Sämtliche Werke. Gedichte nach 1800. Lesarten* (Band 2.2). Stuttgart 1951.

Kersten, Paul: ‚Die Kunst der umherschweifenden Seele'. Zur Kindheitserfahrung in ‚Allerlei-Rauh'. In: *text+kritik* 101 (1989), 69–73.

Kirsch, Sarah: *Erklärung einiger Dinge. Dokumente und Bilder*. München 1978.

Kirsch, Sarah: *Sämtliche Gedichte*. München 2005.

Kirsch, Sarah: *Gesammelte Prosa*. München 2006.

Kunert, Günter: *Vor der Sintflut. Das Gedicht als Arche Noah*. München 1985.

Leopold, Aldo: *Sand County Almanach*. Oxford 1949.

Mabee, Barbara: *Die Poetik von Sarah Kirsch. Erinnerungsarbeit und Geschichtsbewußtsein*. Amsterdam/Atlanta, 1989.

Mampell, Klaus: *Die Entwicklung der lebenden Welt aus der Sicht der modernen Abstammungs- und Vererbungslehre*. München 1962.

Schmidt, Antje/ Thiemann, Jule: Chronik einer Moorlandschaft: Gelungene Interspezies-Begegnungen und anthropozäne Melancholie in Sarah Kirschs *Allerlei-Rauh* (1988). In: Joana van de Löcht und Niels Penke (Hg.): *Kulturpoetik des Moores. Ressource, Phobotop, Reservoir*. Berlin/Boston 2023.

Shen, Qinna: Shedding, witchcraft, and the romantic subect: feminist appropriation of the witch in Sarah Kirsch's *Zaubersprüche* (1973). In: *Neophilologus* 93/4 (2009), 675–689.

Weck, Céline: *Poétique de Sarah Kirsch. Une esthétique du kaléidoscope*. Paris 2021.

Gespräch mit Weide. Sarah Kirschs Gedicht *Bei den weißen Stiefmütterchen*

Urte Stobbe

Das Gedicht *Bei den weißen Stiefmütterchen* ist 1967 im Gedichtband *Landaufenthalt* erschienen. Es handelt sich um die erste eigenständige Buchveröffentlichung Sarah Kirschs, in der zentrale Gedichte wie beispielsweise *Der Wels ein Fisch der am Grund lebt*, *Schneelied*, *Legende über Lilja*, das titelgebende Gedicht *Landaufenthalt*, *Der Milchmann Schäuffele* und *Ich bin sehr sanft* enthalten sind.[1] *Bei den weißen Stiefmütterchen* zählt zu den bekannteren Gedichten Sarah Kirschs, doch anders als der Titel es nahelegt, kommen die weißen Stiefmütterchen nur als Ortsangabe zu Beginn des Gedichts vor. Von zentraler Relevanz ist ein nicht näher spezifizierter Weidenbaum,[2] mit dem das lyrische Ich innerhalb des Gedichts ins Gespräch kommt. Mehrfach ist konstatiert worden, dass Sarah Kirschs variantenreiches ‚Sprechen über Bäume‘ in dem Kontext zu sehen ist, auf diese Weise indirekt

---

[1] Zu den dominierenden Themen und den Grundkonstanten von Sarah Kirschs Poetik im Gedichtband *Landaufenthalt* siehe Cosentino 1990, S. 20–42. Zur bisherigen Rezeption hinsichtlich des Naturbezugs und zu den editorischen Besonderheiten des Gedichtbandes siehe Rector 2015, S. 120–136.

[2] Die Gattung der Weiden gehört zur Familie der Weidengewächse und umfasst ca. 450 Arten. Auch wenn nicht alle Weiden der Wuchsform nach zu den Bäumen zählen, wird im Folgenden davon ausgegangen, dass es sich um einen Weiden*baum* handelt, weil das lyrische Ich sonst nicht darunter stehen könnte (vgl. V. 3).

Dieser Beitrag verdankt sich einem Marbach-Stipendium der Deutschen Schillergesellschaft im Jahr 2023 für das Forschungsvorhaben „Sarah Kirsch als Autorin des *Nature Writing*“.

U. Stobbe (✉)
Köln, Deutschland
E-Mail: urte.stobbe@uni-koeln.de

J. Kittelmann et al. (Hrsg.), *Verwurzelungen. Sarah Kirsch (wieder) lesen*, Abhandlungen zur Literaturwissenschaft, https://doi.org/10.1007/978-3-662-69225-7_9

die Vorgaben des realen Sozialismus zu unterlaufen.[3] Zu Recht wird *Bei den wei-ßen Stiefmütterchen* nicht in diesem Zusammenhang verortet, sondern es wurde bislang vor allem als Liebesgedicht[4] kategorisiert und die sprechende Weide als fantastisches Märchenelement gewertet.[5]

Doch ein Baum in einem Gedicht, der selbst spricht – und über den nicht nur wie über ein Objekt gesprochen wird –, macht *Bei den weißen Stiefmütterchen* in hohem Maße interessant für aktuelle Forschungen zum Zusammenhang zwischen Bäumen und Texten sowie insgesamt für das Forschungsfeld der kulturwissen-schaftlichen Plant Studies.[6] Plant Studies verstehen sich als „broad framework for re-evaluating plants, their representations, and human-plant interactions".[7] Im Fokus stehen die Mensch-Pflanze-Verhältnisse und damit verbunden auch die kul-turellen Konstruktionen und Neubewertungen von Pflanzen. Ausgangspunkt ist ein v. a. von den Biowissenschaften ausgehendes, neues Pflanzenverständnis, das die Fähigkeiten von Pflanzen betont, untereinander und mit anderen Spezies zu kom-munizieren und zu interagieren.[8] Auch aus philosophischer Sicht werden Stimmen laut, in Pflanzen nicht länger passive, stumme und duldsame ‚Objekte' zu sehen,[9] sondern aus ethischer Sicht die sog. *Plant Blindness* zu überwinden.[10]

Diese Forderung verändert die Art und Weise, wie in den Literatur- und Kul-turwissenschaften Pflanzen respektive Bäume in Texten ‚gelesen' werden – bei-spielsweise dergestalt, dass sie zwar weiterhin semiotisch als Metapher oder Symbol verstanden, doch stärker als bisher zugleich als Teil der Diegese ernst genommen werden. Die traditionellen Kategorien der Literaturwissenschaft er-fahren eine Neuperspektivierung hinsichtlich der Frage, welche Eigenschaften mit der Pflanze jeweils kulturell verbunden bzw. ihr im Text zugeschrieben oder ab-gesprochen werden.[11] In welcher Weise sind die Pflanzen als Figuren konzipiert; erlangen Pflanzen im Text Stimme und Handlungsmacht (*Agency*); wie verhält es sich mit ihrer quantitativen und qualitativen Präsenz im Gedicht, wieviel Raum gibt der Text Pflanzen hinsichtlich der Redeanteile, als Handlungsort oder als

---

[3] Vgl. Petrič 2012; Stokes 2017, S. 237–239; Valtolina 2021. Allein im Gedichtband *Landaufent-halt* finden sich mit *Im Baum* und *Bäume lesen* gleich zwei Gedichte, die das Lexem ‚Baum' im Titel führen. Vgl. Kirsch 2020, S. 36, 70.

[4] Vgl. z. B. Cosentino 1990, S. 34; Hahn 1998.

[5] Silvia Volckmann betont, „daß fast jedes Naturbild Sarah Kirschs verschiedene Wurzeln hat", und führt an späterer Stelle aus: „Das Märchen repräsentiert die Einheit von Mensch und Natur, die als Grundlage jeder poetischen Naturmetaphorik [bei Sarah Kirsch, Anm. U.S.] anzunehmen ist" (Volckmann 1981, S. 100, 111). Anne Stokes sieht in der „talking willow in ‚Bei den weißen Stiefmütterchen' […] magical and fairytale elements" (Stokes 2017, S. 240).

[6] Vgl. Heimgartner u. a. 2020; Braun/Valtolina 2021; Choné/Hamman 2021; Stobbe u. a. 2022.

[7] Vieira u. a. 2017, S. 10.

[8] Vgl. z. B. Gagliano u. a. 2014; Baluška u. a. 2018.

[9] Vgl. z. B. Marder 2013; Mancuso/Viola 2015; Coccia 2020.

[10] Die sog. *Plant Blindness* zu überwinden, ist mittlerweile zum stehenden Topos der Plant Studies geworden. Die Formulierung selbst stammt von Wandersee/Schussler 1999.

[11] Vgl. Stobbe u. a. 2022, S. 16.

handlungsrelevante Entität?[12] Um das *Silencing* von Pflanzen zu kompensieren, wird die Stellung des Menschen dezentralisiert: Menschen werden nicht mehr als das Gegenüber von Natur konzipiert, sondern als eingebunden in vielfältige Multispezies-Begegnungen und Verflechtungen (*Entanglement*).

Das Gedicht *Bei den weißen Stiefmütterchen* wird zunächst 1.) auf seine Struktur hin untersucht, 2.) vor dem Hintergrund von Sarah Kirschs Zeit in Halle gedeutet, 3.) hinsichtlich der kontextuellen Rahmung innerhalb des Gedichtbandes *Landaufenthalt* gelesen, um 4.) die Rolle der Weide als weibliche Figur zu analysieren und 5.) schließlich das Frau-Baum-Verhältnis neu zu bestimmen. Ziel ist es, aufzuzeigen, dass es sich bei diesem Gedicht um mehr und anderes handelt als lediglich um ein Liebesgedicht mit fantastischen Elementen in Form einer sprechenden Weide. Vielmehr lässt sich, so die These, exemplarisch zeigen, dass sich im Gedicht bereits eine eigenständige Form der Interaktion entwickelt, die das Verhältnis zwischen Frau und Pflanze im Sinne eines möglichen Multispezies-*Entanglements* neu zu bestimmen versucht.

1 *Bei den weißen Stiefmütterchen*: zur Textstruktur

Sarah Kirsch: Bei den weißen Stiefmütterchen

Bei den weißen Stiefmütterchen
Im Park wie ers mir auftrug
Stehe ich unter der Weide
Ungekämmte Alte blattlos
5   Siehst du sagt sie er kommt nicht

Ach sage ich er hat sich den Fuß gebrochen
Eine Gräte verschluckt, eine Straße
Wurde plötzlich verlegt oder
Er kann seiner Frau nicht entkommen
10   Viele Dinge hindern uns Menschen

Die Weide wiegt sich und knarrt
Kann auch sein er ist schon tot
Sah blaß aus als er dich untern Mantel küßte
Kann sein Weide kann sein
15   So wollen wir hoffen er liebt mich nicht mehr[*]
([*] Kirsch 2020, S. 16. Mit Abdruckgenehmigung der DVA.)

---

[12]Angelehnt sind diese Fragen an die Methodik der Gender Studies, wie sie Marion Gymnich (2010, S. 256–259) formuliert: Zu berücksichtigen sind demnach das Geschlecht von Erzählinstanz, lyrischem Ich und Figuren, die Raum- und Zeitdarstellung sowie die vier Aspekte: Stimme, Blick, Körperkonzepte und *Agency* im Sinne von Handlungsmächtigkeit und Handlungsermächtigung.

Das Gedicht besteht aus drei Strophen zu jeweils fünf Versen, die füllungsfrei und reimlos gestaltet sind. Die optisch voneinander abgetrennten Textabschnitte bilden inhaltlich jeweils geschlossene Einheiten, die eine dreigliedrige Entwicklung abschreiten. In Strophe 1 wartet das artikulierende Ich, das im Folgenden als ein weibliches Ich gedacht wird,[13] vergeblich auf einen Mann. In der zweiten Strophe unternimmt das lyrische Ich verschiedene Erklärungsversuche, wieso „er" nicht am verabredeten Ort erscheint. Durch den Hebungsprall im mittleren Vers der zweiten Strophe „Wurde plötzlich verlegt │ oder" (XxXxxX │ Xx, V. 8) wird die Konjunktion zum Anzeigen einer Alternative (‚oder') besonders betont, womit die wohl plausibelste, aber zugleich auch schmerzhafteste Erklärung im nächsten Vers eingeleitet wird: „Er kann seiner Frau nicht entkommen" (V. 9). Der, auf den das lyrische Ich wartet, ist also anderweitig gebunden. Strophe 3 schließlich stellt eine (Los-)Lösung dar. Die weibliche Sprechinstanz wünscht sich für ihn – zumindest auf der Wortebene –, dass er nichts mehr für sie empfinden möge. In knapper Verdichtung werden somit drei Entwicklungsstadien einer scheiternden Liebesbeziehung abgeschritten: von der Enttäuschung über ein Nicht-wahrhaben-Wollen bis hin zu einer Akzeptanz der Situation. Die Essenz jedes Stadiums findet jeweils am Ende jeder Strophe in komprimierter Form ihren Ausdruck: „Siehst du […] er kommt nicht" (V. 5), „Viele Dinge hindern uns Menschen" (V. 10) und „So wollen wir hoffen er liebt mich nicht mehr" (V. 15).

Um die Qualität dieser Beziehung genauer zu bestimmen, ist der mittlere Vers der dritten Strophe von zentraler Relevanz. Er zeigt eine signifikante Abweichung, indem sich statt der sonst gewählten drei bis vier Hebungen pro Vers hier fünf betonte Silben finden: „Sah blaß aus als er dich untern Mantel küßte" (xXxXxxXxXxXx, V. 13). Durch Weglassung von „untern Mantel" wäre problemlos ein Vers mit drei Hebungen möglich gewesen. Doch genau darin, in dieser zusätzlichen Bewegungsrichtungsangabe, artikuliert sich die Leidenschaft des Kusses. „Er" hat sie beim letzten Mal offenbar so sehr geküsst, dass sie gänzlich in ihrer schützenden Oberbekleidung verschwunden ist. Statt ihr von Angesicht zu Angesicht zu erklären, dass sich die beiden fortan nicht mehr sehen können, lässt er den Kuss als Zeichen seiner Zuneigung für sich sprechen. Möglich ist, dass sich darin der unbewusste Wunsch artikuliert, dass dieser Kuss das sein soll, was ihr von ihm bleiben möge, scheint er doch nicht den Mut oder die Kraft aufzubringen, sich von ihr expressis verbis zu trennen, sondern sich erneut mit ihr verabredet. Die blasse Gesichtsfarbe beim letzten Treffen könnte dafür sprechen, dass ihm die bevorstehende Trennung nicht leichtfällt. All das ist jedoch Spekulation, spart das Gedicht doch *seine* Gedanken und Gefühle aus.

Während in den ersten beiden Strophen die Versschlüsse fast durchgängig weiblich und damit weich und fließend gestaltet sind, dominieren in der dritten

---

[13] Das artikulierende Ich wird im Gedicht nicht explizit als weibliches ausgewiesen. Doch selbst wenn das lyrische Ich als männliche oder nicht-heteronormative Sprechinstanz gedacht wird, bleibt davon die Grundkonstellation des Gedichts unberührt, dass ein Liebesverhältnis zwischen zwei Menschen stillschweigend von einer Seite aufgekündigt worden zu sein scheint.

Strophe männliche Kadenzen, die dem Gesagten einen festen und bestimmenden Charakter geben. Eine Klärung für das lyrische Ich deutet sich an, die jedoch nicht ihren Ausdruck darin findet, dass die letzte Strophe mit einem Punkt abgeschlossen wird. Auch zuvor wird auf Satzzeichen fast vollständig verzichtet. Nur in einem Vers ist ein Komma gesetzt, um eine sinnfreie Verknüpfung auszuschließen: „Eine Gräte verschluckt, eine Straße" (V. 7). Dass die Strophen jeweils nicht mit einem Punkt enden, zeigt den vorläufigen Charakter des darin Geäußerten. Die Zeilenbrüche verstärken den Eindruck des gehetzten Suchens und assoziativen Aufeinandertreffens der Gedanken bei der Einordnung dessen, was gerade geschieht, besonders in der zweiten Strophe.

Während sich das Geschehen innerhalb des Gedichts aus den gegebenen Informationen in den Grundzügen erschließen lässt – eine Frau bzw. ein Mensch wartet am verabredeten Ort vergeblich auf den heimlichen Geliebten –, bereitet die Bestimmung der emotiven Bewertung dieser Situation seitens des artikulierenden Ich einige Schwierigkeiten. Obgleich die Ich-Perspektive gewählt ist, die für das Artikulieren subjektiver Innensichten geradezu prädestiniert ist, verzichtet das Gedicht durchgängig auf jegliche Emphase. Weder findet sich ein expliziter Hinweis auf eine starke emotionale Bindung zwischen lyrischem Ich und dem Mann, noch artikulieren sich das Bedauern, der Schmerz oder die Wut über sein Fernbleiben in den für diese Gefühle typischen Interjektionen. Insgesamt fehlen typisierte und stereotype Gefühlscodes, die bei einer Verlustsituation zu erwarten wären. So findet sich kein Ringen um Worte oder ein unwillkürlicher Gedankenbruch in Form eines Anakoluths. Insbesondere der Schlussvers bricht mit den Erwartungen an ein Liebesgedicht: Statt der Hoffnung Ausdruck zu verleihen, dass der Mann sie noch liebt, artikuliert die Frau genau den gegenteiligen Wunsch.

2   Das Gedicht als prospektive Trennungsbewältigung

Der Schlussvers ist auch der Ausgangspunkt für die kurze Einlassung von Ulla Hahn in der Anthologie *Frauen dichten anders* (1998) von Marcel Reich-Ranicki. Hahn bekennt: „Ich verstand es nicht, genauer, ich begriff die letzte Zeile nicht. Das mußte doch heißen: so wollen wir hoffen, er liebt mich noch. Jahrelang blieb mir der Sinn dieses ‚nicht mehr' verschlossen".[14] Nun aber könne sie es verstehen: Die Frau im Gedicht habe sich sehr wohl die Liebe des Mannes gewünscht, denn sonst hätte sie nicht auf ihn gewartet. „Aber sie will diese Liebe nicht um jeden Preis. Lieber gibt sie den Geliebten frei, als daß ihm Böses widerführe […]. Wer so selbstlos lieben kann, muß sehr selbstbewußt sein. Die Frau vermag den Geliebten loszulassen, weil sie sich an sich selber halten kann."[15] Implizit legt Ulla

---

[14] Hahn 1998, S. 628.
[15] Hahn 1998, S. 629.

Hahn den Fokus auf den Aspekt der Nachvollziehbarkeit und den Erkenntnisgewinn. „Traurig und trotzig ist dieses Gedicht", doch sei sie durch die selbstbewusste Haltung der Frau „ein Stück vorwärtsgekommen".[16]

Dies wiederum ist eine typische Rezeptionsweise von Lyrik, die auf der Erwartungshaltung basiert, in Gedichten einen tendenziell subjektiven und damit indirekt auch einen möglichst authentischen Gefühlsausdruck aufgehoben zu finden. Doch wie bei Erzähltexten aus der Ich-Perspektive gilt auch für Gedichte mit artikulierendem Ich, dass dieses „Ich […] nicht unbedingt ich selbst sein muß", um es in den Worten Sarah Kirschs zu formulieren.[17] Ein homodiegetisches Erzählen bzw. Sprechen muss nicht zwingend ein autodiegetisches sein. Wolfgang Bunzel hat sich mit der Subjektkonstitution in Sarah Kirschs Lyrik beschäftigt und stellt heraus, dass die Autorin zwar häufig mit Biographemen arbeite, doch dass diese biografischen Bezüge letztlich nur simulieren, „Intimes bloßzulegen".[18] Während in anderen Gedichten Sarah Kirschs Namen abgekürzt und Orte angegeben werden, wodurch eine Rätselspannung in der Rezeption aufgebaut und zur Suche nach biographischen Hintergründen geradezu animiert werde,[19] verzichtet *Bei den weißen Stiefmütterchen* auf jegliche lebensweltliche Konkretisierung. Keine Ortsnamen, Zeitangaben und Namensnennungen finden sich in dem Text.

Berücksichtigt man indes Sarah Kirschs Journal von 1964 bis 1967[20] im Deutschen Literaturarchiv (DLA) Marbach, erschließt sich eine sehr persönliche Ebene des Gedichts. Dieses frühe Journal ist entstanden, als Sarah Kirsch in Halle lebte und damit in einer Stadt, die in mehrerlei Hinsicht eine bedeutende Rolle in ihrem Leben spielte. Halle ist der Ort, an dem sie nach einer abgebrochenen Forstlehre von 1954 bis 1959 Biologie studierte. Hier lernte die junge Studentin im Mai 1958 Rainer Kirsch kennen und heiratete ihn kurze Zeit später im September 1958. Er war es, der sie mit zu den Treffen der Arbeitsgemeinschaft Junger Autoren (AJA) beim Bezirksverband Halle des Schriftstellerverbandes nahm. Rückblickend sagt Sarah Kirsch in einem Interview, dass sie als junger Mensch stets großen Respekt vor dem Dichten gehabt habe, bis sie in Halle andere Erfahrungen machen durfte: „Erst viel später habe ich die Jungs kennen gelernt, die es wagten, Gedichte zu machen. Da habe ich mir gesagt, das kann ich auch. Und es klappte sofort."[21] Halle ist sehr wahrscheinlich auch der Ort, an dem der Gedichtband *Landaufenthalt* entstand. Anhand verschiedener Journaleinträge lässt sich ein Bild davon

---

[16] Hahn 1998, S. 629.

[17] Kirsch 1978, S. 21. Diese Aussage bezieht sich auf das artikulierende Ich im *Wiepersdorf*-Zyklus. Sarah Kirsch hielt sich zwar zuvor nachweislich in Wiepersdorf auf; dennoch besteht sie auf dieser Trennung zwischen dem Ich in ihren Gedichten und sich selbst.

[18] Bunzel 2003, S. 127.

[19] Vgl. Bunzel 2003, S. 131.

[20] Kirsch, Journal 001. Vorstufen zu dem Gedicht *Bei den weißen Stiefmütterchen* finden sich in dem Journal nicht.

[21] Radisch 2005, S. 60. Das Interview fand anlässlich des 70. Geburtstags von Sarah Kirsch in Tielenhemme statt.

zeichnen, womit Sarah Kirsch zu dieser Zeit *auch* beschäftigt war. Offenkundig hegte sie bereits im Oktober 1966 Zweifel, ob und wie es in der Ehe mit Rainer Kirsch weitergehen könne.

> Heute regnet es den ganzen Tag und ich gehe durch die Straßen mit einer Zeitung unterm Arm in der nichts steht, und Halle ist voller Rauch und es riecht nach der Kafferösterei [sic]. Nun werde ich bald das Telegramm bekommen das Rainer schickt wenn er abfährt aus der siegreichen Sowjetunion. Wie dann alles wird – ich weiß es nicht.[22]

Hintergrund dieses Journaleintrags war eine dreiwöchige Reise mit dem Deutschen Schriftstellerverband (DSV) nach Rumänien, währenddessen Sarah Kirsch mit dem finnischen Schriftsteller Pentti Saarikoski eine Affäre einging. Das war im September 1966. Zu dieser Zeit, also gegen Ende des Jahres 1966, dürfte sie zudem intensiv an ihren Gedichten für ihren ersten eigenständigen Gedichtband gearbeitet haben, denn Mitte Dezember 1966 heißt es geradezu lapidar und wie selbstverständlich: „Jetzt gebe ich gleich meinen Gedichtband ab."[23] Ein Jahr zuvor hatte sie noch mit Rainer Kirsch gemeinsam den Gedichtband *Gespräch mit dem Saurier* (1965) veröffentlicht. Nun aber zeichnet sich eine Phase beruflicher und privater Veränderungen ab, begleitet von starken emotionalen Ausschlägen. Hatte sie Pentti Saarikoski Anfang Januar 1967 noch in Prag besucht,[24] notiert sie Anfang Februar 1967: „Gestern war ich am Boden. Hab so geheult daß die Katze vom Ofen gesprungen kam und mich mit der Pfote antippte".[25] Zweieinhalb Wochen später dann der Journaleintrag:

> So schrieb ich heute an Pentti: danke für den Brief, in dem die neuen Verhältnisse beschrieben werden. Es soll Dir gutgehen mit dem neuen Mädchen in der neuen Wohnung. Sag ihr Grüße von mir und sie soll sehr gut zu Dir sein. Hauptsache ist wirklich, daß Du arbeitest. Und mich kannst Du ruhig ein bißchen vergessen, liebe sie richtig, denke nicht, Du müßtest mich lieben. Sieh mal, ich bleibe Dir immer.[26]

Ob Sarah Kirsch diesen Brief tatsächlich so geschrieben und abgeschickt hat, ist unklar. In jedem Fall ist dieser Briefentwurf in Bezug auf *Bei den weißen Stiefmütterchen* von hoher Relevanz, da sich hier eine ganz ähnliche Haltung findet wie zuvor im Gedicht: Sie gibt den Geliebten an eine andere Frau frei, weil es ihm gut gehen soll. Das allein sei wichtig. Ihre Liebe bleibe ohnehin bestehen, auch wenn er sein Herz mittlerweile einer anderen Frau geschenkt habe. Die späteren Journaleinträge zeigen indes, dass dies keineswegs der Schlusspunkt war.[27]

---

[22] Kirsch, Journal 001, 21.10.1966. Anderthalb Wochen zuvor heißt es: „Ich bin so froh daß ich noch allein bin. Rainer auf Reisen" (10.10.1966). Die Interpunktion Sarah Kirschs im Original wurde so beibehalten.

[23] Kirsch, Journal 001, 11.12.1966.

[24] Kirsch, Journal 001, 6.1.1967.

[25] Kirsch, Journal 001, 3.2.1967.

[26] Kirsch, Journal 001, 27.2.1967.

[27] So ist Sarah Kirsch noch im September 1967 erbost darüber, dass sie nicht nach Finnland zu Saarikoski fahren kann, weil ihr die Ausreisegenehmigung verwehrt wurde; vgl. Kirsch, Journal 001, 18.9.1967.

Wann genau Sarah Kirsch *Bei den weißen Stiefmütterchen* verfasst hat, lässt sich nach derzeitigem Recherchestand nicht sagen. Allein der Hinweis auf die Abgabe des Gesamtmanuskripts im Dezember 1966 und der Briefentwurf an Pentti Saarikoski im Februar 1967 legen nahe, dass das Gedicht keine retrospektive Verarbeitung einer vollzogenen Trennung darstellt, sondern eher etwas vorwegzunehmen scheint, das möglicherweise erst später in dieser oder einer anderen Form stattgefunden hat.

Wolfgang Bunzel hat zurecht betont, dass das Hervortreten als Lyrikerin in Halle keinesfalls zufällig zeitlich mit dem doppelten Namenswechsel von Ingrid Bernstein zu Sarah Kirsch zusammenfällt.[28] Der Name Sarah Kirsch ermögliche es ihr in einem „auktoriale[n] Selbsterfindungsakt"[29] eine innere und zugleich schützende Distanz zwischen sich und dem, was das lyrische Ich empfindet, einzuziehen. Das findet sich auch in Bezug auf das Gedicht *Bei den weißen Stiefmütterchen* bestätigt, nur mit dem Unterschied, dass hier weniger konkret Erlebtes als vielmehr Imaginiertes oder besser Erahntes den lebensweltlichen Ausgangspunkt seiner Entstehung gebildet haben mag. Thema des Gedichts in dieser Lesart ist das einseitig aufgekündigte Ende einer heimlichen Liebesbeziehung und der stille Versuch, einen Umgang mit dieser Situation zu finden. Vor dem Hintergrund dieser sehr privaten Äußerungen lässt sich das Gedicht wie eine in die Zukunft gerichtete, prospektive Klärung in Liebesangelegenheiten lesen.

3   Kontextuelle Rahmung innerhalb des Gedichtbandes *Landaufenthalt*

Innerhalb des Gedichtbandes *Landaufenthalt* ist *Bei den weißen Stiefmütterchen* an sechster Stelle und damit relativ am Anfang eingerückt. Es ist kontextuell von vier Liebesgedichten umgeben: Es beginnt mit *Trauriger Tag*, dann folgen *Bei den weißen Stiefmütterchen*, *Das grüne Meer mit den Muschelkämmen*, *Der Himmel schuppt sich* und schließlich *Erklärung einiger Dinge*. Diese fünf Gedichte zusammengenommen bilden innerhalb des Gedichtbandes eine Art Zyklus zum Thema Schmerz in der Liebe. Christine Cosentino zählt *Bei den weißen Stiefmütterchen*, *Das grüne Meer mit den Muschelkämmen* und *Der Himmel schuppt sich* zu den drei Liebesgedichten im Band *Landaufenthalt*, die um das Thema der „Verwundbarkeit" kreisen; es gehe darin um „die einsame, die verlassene, die […] Einsam-

---

[28] Vgl. Bunzel 2003, S. 123.

[29] Bunzel 2003, S. 121. Bunzel spricht an späterer Stelle von „Ich-Figurationen", die sich bei näherer Betrachtung als „textuelle Masken erweisen, mit deren Hilfe das Subjekt der Rede ein raffiniertes Versteckspiel inszenieren kann" (S. 125).

keit fürchtende Frau".[30] Doch sind auch *Trauriger Tag* und *Erklärung einiger Dinge* in die Reihe der Liebes- und Einsamkeitsgedichte einzureihen.[31]

Zwei der genannten Gedichte handeln von der Nicht-Existenz bzw. dem endgültigen Verlust eines geliebten Menschen. In *Trauriger Tag* imaginiert sich das lyrische Ich als Tiger, der auf der Suche nach einem anderen Tiger verzweifelt durch das verregnete Berlin streift. Die animalische Wut über die Einsamkeit drückt sich auch in einer durchlässig werdenden Mensch-Tier-Grenze aus: „Wasser scheitelt mir das Fell" (V. 2), „Ich […] schleudre die Pfoten" (V. 4) und „Ich fauche" (V. 15).[32] Das Gedicht *Das grüne Meer mit den Muschelkämmen* handelt von einem Leuchtturmwärter, dessen Frau wahrscheinlich im Meer verschwunden ist. „Ging seine Frau übers Wasser // Keine Fische wollte sie schuppen / Nicht unterm Nebelhorn schlafen" (V. 6–8).[33] Wenn sie das alles nicht wollte, weshalb ging sie dann in Anspielung auf Jesus „übers" Wasser – müsste es nicht heißen: ‚ins‘ Wasser? Der Schmerz über den Verlust seiner Frau tritt am Ende des Gedichts vor allem aus den Verneinungen und dem Ungesagten hervor: „Ach, die Laternen des Leuchtturmwärters / Finden nur Muschelkämme" (V. 9–10). Über die Gründe ihres Verschwindens ist nichts zu erfahren; deutlich wird nur, dass sie offenkundig keinen anderen Ausweg gesehen hat als ihn und vielleicht auch die Welt zu verlassen.

Die anderen beiden Gedichte sind auf den Prozess des drohenden Sich-Verlierens fokussiert. In dem Sonett *Der Himmel schuppt sich* wird die Lieblosigkeit des Geliebten beklagt, so dass sich das lyrische Ich vom Schnee wünscht, ihn aufzutauen, denn verglichen mit ihm seien Schneeflocken heiß. Aus dieser Hyperbel tritt das Leiden an seiner emotionalen Kälte hervor; am Ende fühlt sich das lyrische Ich leer und ausgezehrt: „Er magert mich ab" (V. 14).[34] Auch das Doppelgedicht *Erklärung einiger Dinge* offenbart die Auseinandersetzung mit dem Thema des Verlassen-Werdens schon in den jeweils ersten Versen. So beginnt Gedicht 1 mit „Wenn du mich verläßt Verleumdung / Ausstreust, in deiner Zeitung verkündest / Du seist betrogen" (V. 1–3) und Gedicht 2 mit „Wenn du dich meiner / Entledigen willst, eine andere Schönheit / Vorziehst, mich in den Sandsturm / Schickst" (V. 14–17).[35] Es liest sich wie ein Brandbrief der Liebe, der jedoch in der Ankündigung endet, die Hoffnung niemals aufgeben zu wollen.

---

[30] Cosentino 1990, S. 34. In *Das grüne Meer mit den Muschelkämmen* geht es primär um die Verlassenheit des Mannes, doch lässt sich das Gedicht im Sinne Cosentinos durchaus so deuten, dass ihn seine Frau aus Einsamkeitsgründen verlassen hat.

[31] Cosentino (1990, S. 34) zählt das Gedicht *Trauriger Tag* nicht zu den Liebesgedichten, sondern ordnet es der „Künstlerproblematik" zu, da es von der Selbstkonstituierung Sarah Kirschs als Künstlerin handele. Es artikuliere eine „Angriffs- und Konfrontationslust" und veranschauliche „im phantastischen Kontext Freude am Schwierigsein, am Sich-Sperren".

[32] Kirsch 2020, S. 15.

[33] Kirsch 2020, S. 17.

[34] Kirsch 2020, S. 18.

[35] Kirsch 2020, S. 19 u. 20.

Zusammen mit *Bei den weißen Stiefmütterchen* zeugen die fünf Gedichte also in Variationen von den schmerzhaften und geradezu als existenzbedrohlich empfundenen Gefühlen im Zusammenhang mit Liebe, wie etwa dem allmählichen Verlieren sowie dem endgültigen Verlust eines geliebten Menschen. Sie handeln von der Schwierigkeit, nicht nur den richtigen Partner ('Tiger sucht Tiger'), sondern auch einen Ausweg aus einer unglücklichen Beziehung zu finden, auf die sich beide nicht in gleichem Maße eingelassen haben. Das Gefühlsspektrum reicht in der Zusammenschau der fünf Gedichte von Wut, Verzweiflung und Trotz über Trauer bis hin zu einer Haltung der Überlegenheit im Beharren darauf, an der Beziehung *trotzdem* festzuhalten.

Diese kontextuelle Rahmung von *Bei den weißen Stiefmütterchen* lässt einen Aspekt stärker hervortreten, der auch in dem Gedicht selbst angelegt ist: die Uneindeutigkeit und zugleich Widersprüchlichkeit der Gefühle. Zwischen dem Mann und der Frau besteht eine Asymmetrie hinsichtlich der Frage, wer wem in der Beziehung etwas 'gibt' bzw. wer von beiden sich in der schwächeren Position befindet. Vordergründig scheint die stehengelassene Frau das 'Opfer' zu sein, weil sich der Mann für jemand anderen oder zumindest nicht für sie entschieden hat. Dass das lyrische Ich alle möglichen Gründe für sein Nicht-Erscheinen quasi schon aufsagen kann, ohne dass er dazu noch selbst anwesend sein muss, kann entweder als ein Indiz für die ausgeprägte Bereitschaft der Frau gedeutet werden, sein Verhalten stets entgegenkommend zu entschuldigen, *oder* dafür, dass er all diese 'Gründe' ihr gegenüber tatsächlich schon mehrfach und zur Genüge angeführt hat. Die Formulierung, er könne seiner Frau nicht „entkommen" (V. 9), lässt mutmaßen, dass er sich der Geliebten gegenüber schon als Opfer ausgegeben hat, um zu erklären, warum er sich nicht mit ihr treffen oder ganz für sie entscheiden kann.

Daraus ergeben sich zwei verschiedene Deutungen hinsichtlich der im Gedicht aufleuchtenden Handlungsmöglichkeiten für die Frau. Das Ende des Gedichts lässt sich so lesen, als würde sie seine Unentschiedenheit ihr gegenüber mit einem Überangebot an Liebe und Verständnis überkompensieren und sich dadurch moralisch erhöhen. In dieser Lesart liebt sie ihn so sehr, dass sie sein Lebensglück über ihres stellt: Hauptsache ihm geht es gut, und das würde ihm vermutlich am besten gelingen, wenn er sie nicht länger liebte und sich nur noch auf seine Frau konzentrieren könnte. Man kann das Gedicht aber auch so lesen, dass das lyrische Ich seiner ganzen Erklärungen überdrüssig geworden ist und sich am Ende nur noch wünscht, dass er nichts mehr für sie empfinde, damit sie endlich Ruhe vor seinen Beschwichtigungsversuchen hat. Das „Kann sein" wäre dann Ausdruck einer halb resignativen, halb gleichgültigen Haltung im Sinne von: 'Was auch immer es ist' – nur bitte keine weiteren Ausreden mehr.

Eindeutig ist das Gedicht hier nicht – und das scheint, wenn man der Selbstaussage der Autorin Glauben schenken möchte, auch nicht gewollt. Im Gegenteil: In dem Gespräch mit Schülerinnen und Schülern im Funkhaus RIAS[36] im April 1978

---

[36] RIAS ist das Akronym für Rundfunk im amerikanischen Sektor. Die Rundfunkanstalt war im West-Berliner Bezirk Schöneberg angesiedelt.

antwortet Sarah Kirsch auf die Frage, ob es sie nicht störe, dass in ihre Gedichte vielleicht etwas hineingelesen würde, was sie nicht intendiert habe:

> Das ist eine sehr gute Frage, weil ich eigentlich Gedichte schreiben möchte, in denen für den Lesenden noch Spielraum ist, wo er selbst auch etwas machen kann. Ich möchte meine Leser nicht völlig festlegen. Sie müssen nicht dasselbe empfinden, was ich empfunden habe. Es sind nur kleine Anstöße, und jeder kann sich in den Zeilen noch bewegen – und mehr will ich eigentlich gar nicht, als daß jemand sagt: So ähnlich ist es mir auch schon mal gegangen, das habe ich auch schon mal gedacht. So eine kleine Solidarisierung zwischen dem Schreibenden und dem Leser.[37]

Diese epitextuelle Äußerung legt nahe, dass Sarah Kirsch ihre Gedichte als eine Einladung versteht, im Rezeptionsprozess das eigene Welt- und Erfahrungswissen zu aktivieren und es mit dem im Gedicht angedeuteten abzugleichen. Im Rezeptionsprozess soll Empathie aufgebaut werden, um zu verstehen, wie es der artikulierenden Sprechinstanz bzw. der Protagonistin geht. Knapp dreißig Jahre später formuliert es die Autorin im Prosaband *Kommt der Schnee im Sturm geflogen* (2005) radikaler, indem sie behauptet, dass ein Gedicht stets nur zu 90 % fertig sei:

> Den Rest, das Leben haucht der Leser ihm ein. Bringt es zuende, in Einklang mit seinem Seelenzustand zur Tatzeit, den gesammelten guten und furchtbaren Erfahrungen bis dato. So verfügt man jederzeit über neue Gedichte […].[38]

Dem Prinzip romantischer Poesie folgend, bedürfe es des Lesers und der Leserin, um den Text weiter und zu Ende zu dichten – gemäß dem eigenen Welt- und Erfahrungswissen zum Zeitpunkt der Rezeption. Da sich dieses Wissen im Laufe des Lebens ändern könne, würden die konstitutiven Leerstellen des Gedichts stets neu und anders gefüllt werden, wodurch jeweils neue Gedichte entstünden. Auch wenn Sarah Kirsch diese poetologischen Äußerungen erst nach der Entstehung von *Bei den weißen Stiefmütterchen* formulierte, scheint sie das Gestaltungsprinzip der Zurückhaltung in emotionalen Angelegenheiten schon früh praktiziert zu haben. Diese Leerstellen sind es, die eine große Deutungsoffenheit zulassen. Gleichwohl bleibt die Frage, warum in diesem Gedicht die Klärung in Liebesdingen gerade im Gespräch mit einer Weide vollzogen wird.

4 Die Weide: Poetologische Dimensionen einer Baum-Figur

In der bisherigen Rezeption dominiert ein pejorativer Gestus in Bezug auf die Weide. Laut Ulla Hahn sei sie „mißgünstig, alt" und „stichelt", dass der Liebhaber tot sei.[39] Das lyrische Ich sei „so einsam […], daß sie gemeinsame Sprache spricht

---

[37] Kirsch 1978, S. 13.
[38] Kirsch 2006, S. 711.
[39] Hahn 1998, S. 628.

mit einem Weidenweib", doch gelinge es ihr, sich aus deren Bann zu lösen.[40] Das Gespräch mit dem Baum sei also Ausdruck der seelischen Not: Wenn niemand anderes sonst mit dem lyrischen Ich spricht, ,darf' es auch ein Baum sein. Monika Wolting lokalisiert das Gedicht *Bei den weißen Stiefmütterchen* in einem Park, dessen Weidenbaum aufgrund seiner Schutzfunktion für die Liebenden einen *locus amoenus* bilde.[41] Die Weide stehe eigentlich symbolisch für Weiblichkeit bzw. die Verkörperung des Weiblichen, doch die Tatsache, dass sie als blattlos und alt beschrieben wird, rücke sie in die „Nähe des Hexenhaften, Unkenden".[42] Negativ konnotiert ist auch die Beschreibung des Verhaltens: „Die allwissende Weide gehört zu den Naturkräften, die sich zu den menschlichen Seelen Zugang verschaffen."[43] Der Baum nutzt also die geschwächte Position der Frau aus, um sich mental ,einzuschleichen'. Im zweiten, von „Enttäuschung, Schmerz und Verzweiflung" dominierten Teil des Gedichts erscheine die Weide wie ein „Gespenst" und eine „Prophezeiung des Bösen"; der Baum werde zu einem *locus horribilis*, denn: „Er wurde seiner romantischen Funktion beraubt, steht eher wie ein Richter über dem Menschen".[44]

In beiden Einschätzungen wird die Weide beschrieben, als handele es sich um eine Figur. Aus narratologischer Perspektive „bilden Leser in Prozessen der textinduzierten Informationsaufnahme und wissensgesteuerten Inferenzen ein mentales Modell einer Figur."[45] Auch Pflanzen können Figuren sein, sofern sie über eine menschenähnliche äußere Erscheinung, intentionales Handeln, Sprache bzw. Sprachfähigkeit oder ein psychisches Innenleben verfügen.[46] In *Bei den weißen Stiefmütterchen* markieren die Verba dicendi („sagt sie", „sage ich", V. 5 u. 6) Redeinhalte, ebenso wie die Anreden („du", „Weide", V. 5 u. 14) auf ein Gespräch hindeuten. Durch das Weglassen der Anführungszeichen bleibt in der Schwebe, ob diese Wechselrede tatsächlich stattfindet – dann wäre die Weide durch ihre menschenverständliche Sprache eine Figur – oder ob ein innerer Dialog imaginiert wird, bei dem der Weidenbaum lediglich in der Fantasie des lyrischen Ich den Part der Gegenrede einnimmt. Dann wäre die Weide eine Projektionsfläche zur Klärung der subjektiven Befindlichkeit des lyrischen Ich. Möglich ist auch, von einer

---

[40] Hahn 1998, S. 629.

[41] Vgl. Wolting 2009, S. 199.

[42] Wolting 2009, S. 199. Eine Weide galt laut Wolting im Mittelalter als Geister- und Hexenbaum.

[43] Wolting 2009, S. 200.

[44] Wolting 2009, S. 200.

[45] Winko 2016, S. 67. Simone Winko bezieht sich hinsichtlich der Figuren-Definition u. a. auf Fotis Jannidis.

[46] Vgl. Stobbe 2019, S. 101, in Anlehnung an Winko 2016, S. 66–67. Das Phänomen denkender und sprechender und damit figürlich gestalteter Bäume ist verstärkt aus Texten bekannt, die sich an ein junges Publikum wenden – zu denken ist an Hans Christian Andersens *Der Tannenbaum* (1845), an die sprechenden Ents in J. R. R. Tolkiens *Lord of the Rings* (1937–1949) oder an *Wishtree* (2017) von Katharine Applegate. Zu letzterem vgl. Wanning 2022.

Verwandlung der Weide in eine Frau auszugehen,[47] zumal der Gestaltwechsel für Sarah Kirschs Poetologie typisch ist.[48] Im Folgenden wird jedoch durchgespielt, wie sich das Gedicht liest, wenn man von einem Baum ausgeht.

Eine Analyse des Gesprächsverlaufs zeigt gravierende Veränderungen im Verhältnis zwischen Baum und Mensch. Sind die quantitativen Redeanteile in den ersten beiden Strophen noch im Verhältnis 1:5 verteilt, d. h. die Weide wird mit nur einem Vers von der menschlichen Sprechinstanz mit ganzen fünf Versen Redeanteil dominiert, zeigt die dritte Strophe ein ausgeglichenes Gesprächsverhältnis von zwei zu zwei und damit gleich großen Redeanteilen. Qualitativ verhält es sich so, dass der eine Satz der Weide in der ersten Strophe genügt, um ihr größeres Welt- und Erfahrungswissen zum Ausdruck zu bringen („Siehst du", V. 5). Die gesamte zweite Strophe ist der weitschweifige Versuch der Beschwichtigung und Widerrede seitens des lyrischen Ich, eingeleitet mit „Ach" (V. 6). In der dritten Strophe lenkt das artikulierende Ich ein („Kann sein", V. 14). Es zeichnet sich ein dialektischer Gesprächsverlauf aus Rede, Gegenrede und Einigung ab, der ebenfalls mit der dreigliedrigen Struktur des Gedichts korrespondiert.

Bezieht man bei der Analyse der Interaktion zwischen Baum und Mensch die Lautäußerungen und Körperbewegungen als nonverbale Anteile der Kommunikation ein, erlangen bei dem Vers „Die Weide wiegt sich und knarrt" (V. 11) auch die Regungen und Geräusche der Weide eine bedeutungstragende Funktion. Beides kann das Ergebnis äußerer physischer Krafteinwirkung sein, doch sind die im Gedicht verwendeten Lexeme ‚wiegen' und ‚knarren' polyvalent und finden in unterschiedlichen Kontexten Verwendung. Man kann ein Kind in den Schlaf wiegen oder aber den Kopf bedächtig hin- und herwiegen, ebenso wie auch nicht geölte Türscharniere knarren oder die Sprechweise alter Menschen knarrend klingt. Würde indes von einem ‚Pendeln' die Rede sein, würde das behutsame Moment der Bewegung fehlen, ebenso wie bei einem ächzenden Geräusch ein Leidensdruck hinzukommt, der dem Lexem ‚knarren' abgeht. In dem Gedicht ist keine Rede von einem aufkommenden Wind, der die Bewegung und die Geräusche der Weide erklären könnte. Das wiederum legt eine selbsttätige Bewegung und Lautäußerung seitens des Baumes nahe. Es könnte sich also auch um eine pflanzenspezifische Kommunikationsform handeln.

Dieses halb pflanzliche, halb menschliche Verhalten (‚sich wiegen' und ‚knarren') zu Beginn der dritten Strophe verstärkt sich in den folgenden zwei Versen. Sie enthalten eine halb pflanzenartige, halb menschenähnliche Deutung des menschlichen Verhaltens seitens der Weide, wenn sie über den Mann sagt: „Kann auch sein er ist schon tot / Sah blaß aus als er dich untern Mantel küßte" (V. 12–13). Die Weide hält den Küssenden aufgrund seiner blassen Hautfarbe für totgeweiht – ganz so, wie bei Pflanzen ein nachlassender Farbanteil in den Blättern für ein baldiges Welken und Absterben spricht. Die Weide schließt also von sich

---

[47] So Ulla Hahn (1998, S. 628): „Der Mann kommt nicht, dafür verwandelt sich die Weide zum Weib".

[48] Vgl. Sauder 2009, S. 230.

bzw. von Pflanzen auf Menschen. Die Grenze zwischen Mensch und Pflanze wird fluide, denn es scheint am Ende nicht mehr zweifelsfrei möglich, zu bestimmen, was eindeutig als menschentypisch und was als pflanzenspezifisch gelten kann.

Insgesamt durchläuft das Gedicht verschiedene Entwicklungsstadien des Mensch-Pflanze-Verhältnisses in einer Zick-Zack-Linienbewegung. Die erste Strophe stellt eine physische Ähnlichkeitsbeziehung zwischen Frau und Weide her, indem sich der gesamte Vers 4: „Ungekämmte Alte blattlos" grammatisch sowohl auf das „ich" als auch auf die „Weide" im vorherigen Vers beziehen kann.[49] In Strophe 2 erfolgt eine Rückwärtsbewegung: Mit dem Schlussvers „Viele Dinge hindern uns Menschen" (V. 10) grenzt das lyrische Ich die Menschen von den Pflanzen ab; aus der überhöhten Position heraus wird dem Baum erklärt, wie sich das eigentlich mit den Menschen verhält. In der dritten Strophe ist wiederum eine Vorwärtsbewegung zu beobachten, da das artikulierende Ich die Argumente der Weide aufnimmt und zum Schluss aus der Haltung einer Solidarisierung („So wollen wir hoffen", V. 15) spricht. Auffällig ist, dass die Weide darauf nicht antwortet und in der Schwebe lässt, ob sie dem zustimmt, oder die Kommunikation in einem beredten Schweigen endet. Die Frage bleibt, wie nahe sich die beiden am Ende gekommen sind. Die Grenze zwischen Frau und Baum wird zwar durchlässig, aber nicht nivelliert.

5   Multispezies-Begegnungen

Das weibliche lyrische Ich steht in großer physischer Nähe zu der Weide und den Stiefmütterchen. Beide zusammen bilden mit dem lyrischen Ich eine Art ,Frauengruppe', während der Mann lediglich als Gesprächsinhalt präsent ist. Es ist auf semiotischer Ebene kein Zufall, dass als Treffpunkt der Platz bei den weißen Stiefmütterchen gewählt worden ist und eine Weide als Gegenüber für die innere Klärung der Situation dient. Stiefmütterchen, und noch dazu weiße, sind auf Friedhöfen eine gängige Bepflanzung. Sie werden auch Herzenstrost genannt, weil sie Herzschmerz lindern sollen. Zugleich symbolisieren sie das Andenken und die Erinnerung.[50] Die Weide steht als literarisches Symbol für Trauer, unglückliche Liebe und Liebesverrat sowie für die Erneuerung.[51] Die Pflanzen sind folglich nicht nur in der Diegese raumbildend, sondern sie spenden auch auf der symbolischen Ebene Trost.

Da das Setting ,im Grünen' lokalisiert ist, bietet es sich an, das Gedicht auch der Naturlyrik zuzuordnen, „die naturhafte Phänomene vergegenwärtigt, um z. B. menschliche Subjektivität zu thematisieren."[52] Silvia Volckmann hat dies in Bezug auf Sarah Kirschs Liebes- und Naturgedichte konkretisiert:

---

[49] Wolting (2009, S. 199) bezieht die Phrase „ungekämmte, Alte" ausschließlich auf den Baum.

[50] Vgl. Beuchert 2004, S. 309. Stiefmütterchen können laut Wolting (2009, S. 200) auch als „Sinnbild der Unschuld und Treue" verstanden werden.

[51] Grüning 2012.

[52] Häntzschel 2000, S. 691.

Da die erträumte Liebe kein Erfahrungskorrelat hat […] wird das Bild einer schönen Natur zu ihrer sinnlichen Stellvertreterin, zum Modellbild eines (noch?) nicht Realisierten. Natur bleibt dementsprechend immer nur Medium einer Aussage, die auf die Darstellung und den Ausdruck des Liebeswunsches abzielt – selbst dort, wo sich das Bild an dem der realen Landschaft entzündet.[53]

Übertragen auf *Bei den weißen Stiefmütterchen* tritt aus dem Gespräch zwischen Weide und Frau am Ende der Wunsch nach einer Beziehung zwischen gleichberechtigten Wesen hervor, die von Mitgefühl und Verständnis getragen ist. Denn das Verhalten der Weide lässt sich auch so deuten, dass sie das lyrische Ich an ihrem Erfahrungsschatz und an ihrer Lebensweisheit teilhaben lässt. Vordergründig ruft Sarah Kirschs Gedicht *Bei den weißen Stiefmütterchen* damit den alten Topos der Nähe zwischen Weiblichkeit und Natur auf, doch wird dieser mit einer impliziten Kritik an der bisherigen Umgangsweise mit Frauen und Pflanzen verbunden. Denn in Parks wurden Pflanzen jahrhundertelang nach den Vorstellungen der Architekten und Gärtner gepflanzt. In ähnlicher Weise geht der Mann in dem Gedicht mit der Frau um, indem er ihr anweist, wo sie sich zu treffen haben („Im Park wie ers mir auftrug", V. 2). Über alle, die Weide, die Stiefmütterchen und die Frau, wird also verfügt als wären es Dinge. Indem jedoch der Baum und die Frau ins Gespräch miteinander kommen – sei es real oder sei es in der Imagination des lyrischen Ich –, verändert sich die Situation.

Das Gedicht lässt sich folglich als Prozess der Ent-Dinglichung lesen, denn die dichotomische Trennung zwischen Mensch und Pflanze wird zugunsten einer Haltung überwunden, die auch als *Interrelatedness* bezeichnet werden kann, (‚interrelated' meint ‚verwandt', ‚verbunden' und ‚nahestehend'). Damit erlangt die Weide eine deutlich positivere Konnotation als in den bisherigen Deutungen, steht sie doch der Frau mit ihrer Lebenserfahrung zur Seite. Trotz aller Unterschiedlichkeit zwischen Baum und Frau handelt das Gedicht also auch von deren Nähe zueinander. Dass die Stiefmütterchen zwar Teil der ‚Frauengruppe' sind, aber die ganze Zeit nichts sagen oder auch sonst nicht weiter interagieren, offenbart entweder die Schwierigkeit, in ein wechselseitiges Multispezies-*Entanglement* miteinander zu treten. Oder man sieht in ihnen Akteure, die im Sinne Bruno Latours allein durch ihr ‚Da'-Sein einen ‚Unterschied machen'.[54] Auch wenn es zur Zeit der Entstehung des Gedichts diese Formulierungen noch nicht gab, zeugt *Bei den weißen Stiefmütterchen* bereits von einem ersten Schritt hin zu einer Überwindung der *Plant Blindness* und des *Silencing* der mehr-als-menschlichen Welt.

---

[53] Volckmann 1981, S. 121.

[54] Laut Bruno Latour (2014, S. 123) können auch Pflanzen als ein „Ding [gelten, U. S.], das eine gegebene Situation verändert, in dem es einen Unterschied macht".

Literaturverzeichnis

Baluška, František/Gagliano, Monica/Witzany, Günther (Hg.): *Memory and Learning in Plants.* Hannover 2018.

Beuchert, Marianne: *Symbolik der Pflanzen.* Frankfurt a. M./Leipzig 2004.

Braun, Michael/Valtolina, Amelia (Hg.): *Bäume lesen. Europäische ökologische Lyrik seit den 1970er Jahren.* Würzburg 2021.

Bunzel, Wolfgang: Das erschriebene Ich. Autorschafts- und Subjektivitätskonstruktion bei Sarah Kirsch. In: *Jahrbuch für internationale Germanistik* 35/2 (2003), 119–134.

Choné, Aurélie/Hamman, Philippe (Hg.): *Die Pflanzenwelt im Fokus der Environmental Humanities / Le végétal au défi des Humanités environnementales.* Berlin 2021.

Coccia, Emanuele: *Die Wurzeln der Welt. Eine Philosophie der Pflanzen.* Übersetzung von Elsbeth Ranke. München 2020 (frz. 2016).

Cosentino, Christine: *„Ein Spiegel mit mir darin".* Sarah Kirschs Lyrik. Tübingen 1990.

Gagliano, Monica u. a.: Experience Teaches Plants to Learn Faster and Forget Slower in Environments where it Matters. In: *Oecologica* 175 (2014), 63–72.

Grüning, Hans-Georg: Weide. In: Günter Butzer und Joachim Jacob (Hg.): *Metzler Lexikon literarischer Symbole.* Stuttgart/Weimar ²2012, 478.

Gymnich, Marion: Methoden der feministischen Literaturwissenschaft und der Gender Studies. In: Vera Nünning und Ansgar Nünning (Hg.): *Methoden der literatur- und kulturwissenschaftlichen Textanalyse. Ansätze – Grundlagen – Modellanalysen.* Stuttgart/Weimar 2010, 251–269.

Hahn, Ulla: Nach vorne leben [zu: Sarah Kirsch: *Bei den weißen Stiefmütterchen*]. In: Marcel Reich-Ranicki (Hg.): *Frauen dichten anders. 181 Gedichte mit Interpretationen.* Frankfurt a. M./Leipzig 1998, 628–629.

Häntzschel, Günter: Naturlyrik. In: Harald Fricke (Hg.): *Reallexikon der deutschen Literaturwissenschaft,* Bd. 2. Berlin/New York ³2000, 691–693.

Heimgartner, Stephanie/Nitzke, Solveig/Sauer-Kretschmer, Simone (Hg.): *Baum und Text. Neue Perspektiven auf verzweigte Beziehungen.* Berlin 2020.

Kirsch, Sarah: Ein Gespräch mit Schülern. In: Sarah Kirsch: *Erklärung einiger Dinge. Dokumente und Bilder.* Ebenhausen bei München 1978, 5–51.

Kirsch, Sarah: *Gesammelte Prosa.* München 2006.

Kirsch, Sarah: *Sämtliche Gedichte.* München ²2020.

Kirsch, Sarah: *Journal 001* (07.1964–17.02.1967), DLA Marbach, A: Kirsch, Sarah: Sign. (HS.1994.11).

Latour, Bruno: *Eine neue Soziologie für eine neue Gesellschaft. Einführung in die Akteur-Netzwerk-Theorie.* Frankfurt a. M. ³2014. (engl. 2005).

Mancuso, Stefano/Viola, Alessandra: *Die Intelligenz der Pflanzen.* Übersetzung von Christine Ammann. München 2015 (ital. 2013).

Marder, Michael: *Plant-Thinking. A Philosophy of Vegetal Life.* New York 2013.

Petrič, Tanja: Sprechen über Bäume: Emotionsdiskurs als Subversion in der DDR-Lyrik der 60er und 70er Jahre. In: Kristian Donko und Neva Šlibar (Hg.): *Gefühlswelten und Emotionsdiskurse in der deutschsprachigen Literatur.* Ljubljana 2012, 218–226.

Radisch, Iris: Interview mit Sarah Kirsch und Marion Poschmann. In: *Die Zeit* Nr. 16 (14.4.2005), 59–60.

Rector, Martin: Naturerfahrung und Subjektkonstitution in Sarah Kirschs Gedicht „Landaufenthalt". In: Sven Kramer und Martin Schierbaum (Hg.): *Neue Naturverhältnisse in der Gegenwartsliteratur?* Berlin 2015, 119–148.

Sauder, Gerhard: Kirsch, Sarah (geb. 1935). In: Monika Schmitz-Emans/Uwe Lindemann/Manfred Schmeling (Hg.): *Poetiken. Autoren – Texte – Begriffe.* Berlin/New York 2009, 230–231.

Stobbe, Urte/Kramer, Anke/Wanning, Berbeli (Hg.): *Literaturen und Kulturen des Vegetabilen. Plant Studies. Kulturwissenschaftliche Pflanzenforschung.* Berlin 2022.

Stobbe, Urte: Plant Studies: Pflanzen kulturwissenschaftlich erforschen – Grundlagen, Tendenzen, Perspektiven. In: *Kulturwissenschaftliche Zeitschrift* 4/1 (2019), 91–106.

Stokes, Anne: „Mich schwindelt vor Farbe und Duft“: Nature and Subjectivity in Sarah Kirsch's *Landaufenthalt*. In: *German Life and Letters* 70/2 (2017), 226–240.

Valtolina, Amelia: Bäume lesen. Natur als Provokation in den Gedichten von Sarah Kirsch. In: Michael Braun und Amelia Valtolina (Hg.): *Bäume lesen. Europäische ökologische Lyrik seit den 1970er Jahren*. Würzburg 2021, 39–50.

Volckmann, Silvia: *Zeit der Kirschen? Das Naturbild in der deutschen Gegenwartslyrik: Jürgen Becker, Sarah Kirsch, Wolf Biermann, Hans Magnus Enzensberger*. Königstein/Ts. 1981.

Vieira, Patricia/Gagliano, Monica/Ryan, John C. (Hg.): *The Language of Plants. Science, Philosophy, Literature*. Minneapolis 2017.

Wandersee, James H./Schussler, Elisabeth E.: Preventing Plant Blindness. In: *The American Biology Teacher* 61/2 (1999), 82–86.

Wanning, Berbeli: Wenn Bäume sprechen – Pflanzliche Protagonisten in der Kinderliteratur. In: Stobbe, Urte/Kramer, Anke/Wanning, Berbeli (Hg.): *Literaturen und Kulturen des Vegetabilen. Plant Studies. Kulturwissenschaftliche Pflanzenforschung*. Berlin 2022, 97–112.

Winko, Simone: Lyrik und Figur. In: Dieter Lamping (Hg.): *Handbuch Lyrik. Theorie, Analyse, Geschichte*. Stuttgart [2]2016, 66–73.

Wolting, Monika: *Der Garten als Topos im Werk von Marie Luise Kaschnitz, Undine Gruenter und Sarah Kirsch*. Warschau 2009.

Schwestern im Sedimentgestein. Spuren der Naturdichtung Annette von Droste-Hülshoffs in (unveröffentlichten) Texten Sarah Kirschs

Jana Kittelmann

In Erinnerung an Erwin Bail (1942–2024)

1   Zur Einführung: Intertextualität bei Kirsch

Das Werk von Sarah Kirsch ist reich an intertextuellen Anspielungen und Bezügen. Der Rekurs auf andere Dichterinnen und Dichter sowie die produktive Auseinandersetzung, Rezeption, Umformung, Anverwandlung oder der gewollte Bruch mit Traditionen, Motiven, Figuren und Topoi der Literaturgeschichte durchziehen die Schriften der Vielleserin Kirsch und prägen ihre poetologischen Verfahren und den spezifischen *Sound* ihrer Texte in erheblichem Maße.[1] Die Verortung und Verwurzelung im literarischen bzw. literaturhistorischen Diskurs spiegelt sich nicht zuletzt in Kirschs Tagebüchern[2] wider, in denen nicht nur aktuelle Erscheinungen und Publikationen von Kolleginnen und Kollegen mitunter bitterböse und herrlich trocken kommentiert, sondern regelmäßig auch Geburtstage und Jubiläen von (meist verstorbenen) Dichterinnen und Dichtern erwähnt werden. Diese Erinnerungen bilden kleine, aber bedeutsame Marksteine und Orientierungspunkte innerhalb von Kirschs diaristischem Zeitstrahl. In einer anlässlich der Verleihung des Peter-Huchel-Preises 1993 formulierten *Selbstauskunft* hat Kirsch Einblicke

---

[1] Vgl. dazu auch Staiber 2021.

[2] Vgl. diesbezügliche zahlreiche Passagen in den noch zu Lebzeiten publizierten sowie in den posthum herausgegebenen Tagebüchern.

J. Kittelmann (✉)
Berlin, Deutschland
E-Mail: jana.kittelmann@izea.uni-halle.de

© Der/die Autor(en), exklusiv lizenziert an Springer-Verlag GmbH, DE, ein Teil von Springer Nature 2024
J. Kittelmann et al. (Hrsg.), *Verwurzelungen. Sarah Kirsch (wieder) lesen*, Abhandlungen zur Literaturwissenschaft, https://doi.org/10.1007/978-3-662-69225-7_10

173

in ihre Lektüren gegeben. Neben weltliterarischen Klassikern, Adalbert Stifter und Theodor Storm gehörten unter anderem Heinrich von Kleist, Wilhelm Raabe und Selma Lagerlöf zu den prägenden Leseeindrücken der Kindheit und Jugend Kirschs. Später, als Kirsch schon in Halle an der Saale Biologie studierte und im Literaturzirkel um Gerhard Wolf erste poetische Versuche unternahm, kam die Beschäftigung mit Schriftstellern der Empfindsamkeit und Aufklärung hinzu. Während Kirsch an Dichtern wie Ewald Christian von Kleist, ihrem „Gott"[3] der frühen Hallenser Jahre, oder Gleim – dessen Haus sie als gebürtige Halberstädterin jeden Sommer während eines Schulausfluges besuchen musste und sich unter all den Perückenköpfen furchtbar langweilte[4] – insbesondere die Praxis, mit und über Freundinnen und Freunde zu schreiben, schätzte,[5] fand sie nach eigener Aussage in der Naturdichtung Klopstocks lebenslange poetische Impulse.[6] So wird der Dichter, dessen Poem vom Schlittschuhlaufen bei Kirsch besonders großen Eindruck hinterließ, etwa in der Erzählung *Allerleih-Rauh* mehrfach zitiert.

Grimm'sche Märchenfiguren, das Personal nordischer Chroniken, antike Hirten, Schwanengewänder, mythologisch-literarische Landschaften, herzlose Prinzen, Songtexte der Beatles, die auf einem Fluss fahrenden Brontë-Schwestern oder die Waldhorn spielenden Töchter des Komponisten Johann Friedrich Reichardt lassen sich im poetischen Interieur und Setting von Kirschs Texten ebenso aufspüren wie Goethe, Schiller, Heine, Fontane oder Herder, aus deren Werk zuweilen Bruch- und Versatzstücke in die eigene Dichtung überführt oder zu denen Bezüge hergestellt werden. Dabei handelt es sich nie um eine bloße Nennung oder schlichte Bezugnahme, sondern immer um lebendige Reflexion, Auseinandersetzung, Wechselwirkung, Mystifikation, Erfindung und Vermischung mit der eigenen dichterischen Welt und Sprache. Oft sucht sie sich das Material einfach so zusammen, „wie man es gerade braucht".[7] Verwurzelung kann schnell im Losreißen enden. So wird zum Beispiel im Gedicht *Fluchtpunkt* Heinrich Heines mehrwöchige Reise durch den Harz mit der eigenen Reisepraxis und Gegenwart des lyrischen Ich konfrontiert. Während Heine Zeit, Muße und keine innerdeutsche Ländergrenze zu überwinden hatte, ist das postmoderne Ich des Gedichts, das 1982 im Band *Erdreich* erschienen ist, gehetzt, oberflächlich und ruhelos:

Heine ging zu Fuß durchs Gebirge
Er vertrödelte sich in Häusern, auf Plätzen
Und brauchte zwei Wochen für eine Strecke
Die wir in einem Tag durchgefahrn wären
Unsere Reisen führen von einem Land

---

[3] Kirsch 1993, S. 46.

[4] Vgl. die entsprechende Passage in *Kuckuckslichtnelken* (Kirsch 2023, S. 71).

[5] Kirsch selbst hat diese Verfahren praktiziert. So kommen in ihren Gedichten immer wieder Freundinnen und Freunde bzw. Kolleginnen und Kollegen wie Elke Erb, Heinz Czechowski, Rainer Kirsch und andere vor, so unter anderem im *Wiepersdorf*-Zyklus. Vgl. dazu auch Kirsch 1993, S. 47 sowie Egyptien 1989.

[6] Kirsch 1993, S. 46.

[7] Kirsch 1993, S. 42.

Gleich in das nächste Einzelheiten
Können wir uns nicht aufhalten lassen
Uns zwingen die eignen Maschinen
Ohne Verweilen weiterzurasen Expeditionen
Ins Innre der Menschen sind uns versagt
Die Schutthalten Irrgärten schönen Gefilde
Bleiben unerforscht und verborgen […][8]

Als ‚glitzerndes Trugbild' erweisen sich ebenso Fontanes Ribbecker Schloss und dessen herbstgolden leuchtende, schmackhafte Birnen im Gedicht *Reisezehrung*. In faszinierender und sprachlich einzigartiger Codierung spielt Kirsch mit intertextuellen Verweisen, kreiert Bezüge, um sie wenige Augenblicke später wieder aufzulösen. Es herrscht bewusst geschaffene Uneindeutigkeit. So ist nicht ganz klar, ob der Titel des Bandes *Erlkönigs Tochter* zu Goethe, zu Herder oder zu beiden hinführt. Kirsch bleibt dazu auch in ihrer *Selbstauskunft* von 1993 unbestimmt. Herder hatte mit dem Gedicht *Erlkönigs Tochter* den Stoff erstmals literarisch verarbeitet und seinen Freund Goethe damit bekannt gemacht. Die auf *grünem Land* – so auch der Titel zweier Gedichte Kirschs – mit Elfen tanzende Tochter des Erlkönigs, die den zu Pferd reitenden Herrn Oluf als Bräutigam erwählt und damit ins Verderben und in den Tod reißt, scheint zwar thematisch als Vorbild auf Kirschs Gedichtband zu passen. Die apokalyptischen Szenerien, die den Band durchziehen und unter anderem in Gedichten wie *Watt I* und *Watt II* wirkungsmächtig und sprachgewaltig entworfen werden, erinnern in ihrer Schaurigkeit, Düsternis, Unheimlichkeit und visionären Unsicherheit allerdings eher an Goethes Gedicht. Zudem eröffnet sich in der in karger nordischer Landschaft platzierten „Ernsthaften Verabredung"[9] des lyrischen Ichs mit apokalyptischen Reitern weitere (intermediale und bildliche) Bezüge zu Shakespeares *Macbeth*, Albrecht Dürer oder Caspar David Friedrichs *Mönch am Meer*: „Im zerfledderten Himmel ich konnte\ Die Füße nicht lösen und schlich\ Als hätte mich Caspar Davids\ Schlechterer Vetter\ Mit Pech auf den Strand gemalt.\ Von den Halligen tönte\ Gänsegeschrei"[10], heißt es in *Watt I*.

Dabei bilden für Kirsch nicht nur männliche Schriftsteller, sondern vor allem Schriftstellerinnen eine fortwährende Bezugs- und Orientierungsgröße. Kirsch thematisiert in ihrem Werk wiederholt die eigene Verwurzelung in der Literatur von Frauen, stellt sich ganz bewusst in eine Genealogie weiblicher Dichtung, die vor allem zu Annette von Droste-Hülshoff und Bettina von Arnim zurückführt. Deutlich früher als Christa Wolf, Ingeborg Drewitz, Erika Burkart oder Ulla Hahn hat Kirsch den Blick auf weibliche Traditionslinien und Poetologien eröffnet und einen wichtigen, ja 1974 mit dem Gedicht *Der Droste würde ich gern Wasser reichen* vielleicht sogar den wichtigsten Impuls für eine weiblich bzw. feministisch orientierte literarische Traditionsreihe gegeben, die heute noch von würdigen

---

[8] Kirsch 2005, S. 205.
[9] Kirsch 2005, S. 394.
[10] Kirsch 2005, S. 393.

Kirsch- und Droste-Nachfolgerinnen wie Marion Poschmann fortgeführt wird.[11] Kirsch hat mit Paratexten, Vor- und Nachworten bzw. Nachsätzen, Kolleginnen und Autorinnen wie Bettina Wegner oder Helga Schubert gefördert und unterstützt.[12] Mit *Die Pantherfrau. Geschichten aus dem Kassetten-Rekorder* gelang Kirsch nichts Geringeres als die Etablierung einer weiblichen Reportageliteratur in der DDR.[13] In der BRD, wo der Band mit leicht verändertem Titel einige Jahre später erschien, erregten die Reportagen ebenfalls Aufsehen.

Zwar erinnern gewisse Schreibpraktiken Kirschs, etwa das Verfassen und Versenden von Briefgedichten,[14] an empfindsame Dichterinnen wie Anna Louisa Karsch, die die Praxis des Briefgedichts bzw. des Gedichtbriefes meisterhaft beherrschte und zelebrierte. Eigene literarische Vorbilder und größere Schwestern fand Kirsch jedoch vor allem in Dichterinnen des 19. Jahrhunderts. Über Kirschs Schreibtisch in Tielenhemme hängt heute noch ein Bildnis Bettina von Arnims, gemalt von einem nicht bekannten Maler, dessen Original sich im Schloss Wiepersdorf befindet. Kirsch verfasste viele ihrer Gedichte und Prosatexte demnach im Angesicht Bettinas; eine Szenerie, die sich bereits in der Erzählung *Geschenk des Himmels* findet, die Kirsch auch in ihrer *Frankfurter Poetikvorlesung* intensiv bespricht. Hier schreibt das erzählende Ich im Gartensaal des Schlosses auf einem Sofa unter dem Bild Bettina von Arnims: „Lag dann im Gartensaale unter Bettinens Bild auf dem uralten Sofa schrieb trank und las."[15] Im Gedicht-Zyklus *Wiepersdorf* – erschienen im Band *Rückenwind* – tritt das lyrische Ich dann wiederholt in einen direkten Dialog mit Bettina, spricht sie mit Du an und suggeriert eine zeitübergreifende, zeitlose Vertrautheit und Nähe, die sich schnell in der Wiepersdorfer Landschaft einstellt:

Vergißmeinnichtblaue Finger zum Himmel und
Selbstverständlich Unmassen Vögel ringsum
In Büsche und Bäume geworfen. Ich staunte
Vor Stunden noch enge im Hochhaus
In der verletzenden viereckigen Gegend, nun
Das – dachte bloß noch: Bettina! Hier
Hast Du mit sieben Kindern gesessen, und wenn
Landregen abging
Muß es genauso geklappert haben Ende Mai
Auf die frischgespannten Blätter – ich sollte
Mal an den König schreiben.[16]

---

[11] Vgl. dazu das Interview zwischen Sarah Kirsch und Marion Poschmann (Radisch 2015) sowie Poschmanns Gedicht *Die Mergelgrenze* (Poschmann 2021).

[12] Vgl. Kirsch 1979; Kirsch/Schubert [1975] 2022.

[13] Vgl. dazu Grundgeiger 2018.

[14] Siehe dazu Abb. 1. Das Gedicht *Verwilderung* wurde von Kirsch auch als Briefgedicht verschickt.

[15] Kirsch 1986, S. 9.

[16] Kirsch 2005, S. 137–138.

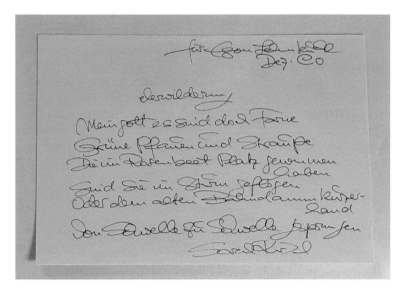

Abb. 1 Sarah Kirsch: als Brief versandtes Gedicht „Verwilderung", Privatbesitz

Über meteorologische Phänomene, die Geräusche des Regens und den Gesang der Vögel sowie Besonderheiten der Jahreszeit wird Wiepersdorf als gemeinsamer Erlebnisraum der einst hier lebenden Bettina von Arnim und der nun hier weilenden Dichterin Sarah Kirsch entworfen. Die Verbundenheit geht so weit, dass das lyrische Ich respektive Kirsch in Anlehnung an Bettina von Arnims legendär-revolutionäre, überaus mutige und 1843 erschienene Sozialreportage *Dies Buch gehört dem König* ebenfalls an den König schreiben will. Nach 130 Jahren scheint sich freilich kaum etwas geändert zu haben. Die Könige herrschen uneingeschränkt. Menschlichkeit und Politik sind noch immer kein Bündnis eingegangen. Die Dichterinnen leiden an den Königen des Herzens und des Staates. In der „ungeheueren Sanftheit von Sarah Kirschs lyrischer Sprache" ist, wie Wolfgang Frühwald nach Günter Kunert bemerkt hat, zugleich „eine zersetzende und eine aufklärerische Kraft am Werk".[17] Dies gilt ganz besonders für die sozialkritisch anmutenden Verse im Zyklus *Wiepersdorf*, wo es in der neunten Strophe heißt:

> Dieser Abend, Bettina, es ist
> Alles beim alten. Immer
> Sind wir allein, wenn wir den Königen schreiben
> Denen des Herzens und jenen
> Des Staats. Und noch erschrickt unser Herz
> Wenn auf der anderen Seite des Hauses
> Ein Wagen zu hören ist.[18]

---

[17] Frühwald 2003.
[18] Kirsch 2005, S. 142.

Vermeintliche Geborgenheit weicht Enttäuschung. Die hier angedeutete Resignation, die Einsamkeit und das Alleinsein sowie die Angst vor Überwachung und Repression können dabei auch auf die Situation weiblichen Schreibens sowohl im Preußen des 19. Jahrhunderts als auch in der DDR der frühen 1970er Jahre übertragen werden.[19] Bei der Lektüre entsteht der Eindruck, dass Kirsch die Wiepersdorfer Gegend ein Stück weit auch als weibliche Topographie, als von weiblichen Erfahrungs- und Erlebniswelten durchzogene und verletzte Landschaft charakterisiert, oder wie es im Nachsatz für Helga Schuberts Erzählband *Lauter Leben* heißt: „Und sie ermuntert uns: Eher lassen wir uns vom Donner erschmeißen, bevor wir uns mit Verhältnissen begnügen, die nicht menschlich sind. Oder: LIEBER EIN BLUTIGES OHR UND ZUFRIEDEN.“[20]

2 Poetische Schwesternschaft

Eine Dichterin, die die Zwänge, denen sie unterlag, fortwährend thematisierte und in ihrer Lyrik verarbeitete, war Annette von Droste-Hülshoff, Kirschs große, ältere *Dichterschwester* (Walter Gödden). Schon im Alter von 19 Jahren dichtete sie unter dem Titel *Unruhe*:

> Fesseln will man mich am eignen Herde!
> Meine Sehnsucht nennt man Wahn und Traum.
> Und mein Herz, dies kleine Klümpchen Erde,
> Hat doch für die ganze Schöpfung Raum![21]

Droste-Hülshoffs *Am Turme* mit dem symbolträchtigen Wunsch, sich das Haar zu lösen und im Winde flattern zu lassen, sich also starren sozialen Mustern und vorgefertigten Geschlechterrollen zu entziehen, faszinierte neben vielen anderen Autorinnen auch Sarah Kirsch, die anerkennend kommentiert: „Ich hab gut reden einhundertfünfzig Jahre hintennach.“[22]

Zu der dichterischen Verwandtschaft der beiden Schriftstellerinnen ist viel geschrieben worden.[23] Marcel-Reich Ranickis Charakterisierung Kirschs als „[d]er Droste jüngere Schwester“[24] hat sich nicht nur in der Literaturwissenschaft, sondern auch in der literarischen Öffentlichkeit schnell verfestigt. Für Kirsch war demnach nicht Bettina von Arnims Königsbuch, sondern Droste-Hülshoffs *Ledwina*-Fragment ein „Geschenk des Himmels“: Der von ihr 1986 für den Verlag Kiepenheuer und Witsch besorgten Ausgabe ausgewählter Werke Droste-Hülshoffs

---

[19] Vgl. dazu auch Mabee 1989, S. 153–164.

[20] Kirsch/Schubert [1975] 2022, S. 173.

[21] Droste-Hülshoff 1994, 171–172.

[22] Kirsch 1986, S. 13.

[23] Vgl. u. a. Gödden 1993, Gödden 2000.

[24] Reich-Ranicki 2017, S. 380.

stellt Kirsch diese kurze Erzählung voran, in der sie ihren überwältigenden Lektüreeindruck zugleich als dichterisches Erweckungserlebnis festhält. Von einer „anstandslosen" Sprache der Droste ist darin die Rede, von „Wörter[n]] wie ‚Donner'" und einer „teuflischen Schönheit" der Prosa. Der ‚Drive' von Droste-Hülshoffs *Ledwina* läßt der Erzählerin „das Herz spring[en]".[25] Diese versetzt sich hinein in die Schreib- und Lebenswelt Drostes, hört nachts sogar die Zugbrücke des Hülshoffschen Wasserschlosses knarren. Im Band *Spreu* wird diese Verbindung noch stärker deutlich. Hier besucht Kirsch auf einer Lesereise das Schloss Meersburg am Bodensee, wo Droste-Hülshoff 1848 starb. Kirsch schaut durch „Annettens Perspektiv", ihr „riesenhaftes zusammenschiebbares Fernrohr."[26] Schon im Gedicht *Der Droste würde ich gern Wasser reichen* spielt die Naturbeobachtung durch Ferngläser bzw. „Brillen" eine zentrale Rolle. Das gemeinsame Interesse an Naturkunde schwingt immer mit.

In der Nacht auf der Meersburg sieht Kirsch denselben Mond wie Droste-Hülshoff. Sie träumt von deren Schwester Jenny. Es sind botanische Träume von blühenden Aurikeln, felsenbezwingendem Giersch, Pflanzentausch und Blumengeschenken. Sowohl im Droste-Gedicht und in *Spreu* als auch in der Erzählung *Geschenk des Himmels* entwirft sich Kirsch als „verbündete Seele", die die Dichterin „in ihrem Klugheitsjahrhundert mit den beschränkten Postkutschen drin der erste Dampfwagen schon" nicht hatte. Die Modernität insbesondere von Droste-Hülshoffs Lyrik, die in ihrer Zeit nicht anschlussfähig war und die von ihren Zeitgenossen bis auf wenige Ausnahmen[27] nicht erkannt wurde, ist für die Nachgeborene Kirsch essentiell. In ihrem Werk scheint sie ein Stück weit die Antworten auf die Fragen Droste-Hülshoffs zu geben, auf die deren Zeit noch keine Antworten hatte. Kirsch selbst hat gewohnt kryptisch in *Geschenk des Himmels* von einem ‚Auftrag' Drostes gesprochen, von einer Fortführung entworfener Gedanken und ungeschrieben bzw. unvollendet gebliebener lyrischer Texte. Dort ist davon die Rede, dass die Droste mitunter zu mutige und großartig kühne Gedichte weit von sich geschoben habe, die Kirsch nun 150 Jahre später schreiben will: „kurzum ich habe in diesem einzigen Fall wie sies mir auftrug den Versuch unternommen wie in der eigenen Arbeit nach lange verflogener Zeit zu reduzieren was stets noch ein guter Arbeitsgang ist".[28] Im Tagebuchband *Krähengeschwätz* findet sich eine Passage, in der berichtet wird, dass die Verwalterin der Droste-Hülshoff-Dichterstätte in Meersburg Kirsch ein Stück vom Gewürzstrauch aus dem Garten der Dichterin schenkte, die die „Spätgeborene" in ihren Tielenhemmer Garten einpflanzte. Die Pflanze der Droste sollte Wurzeln schlagen im Garten Kirschs. Die poetische Seelenverwandtschaft/Schwesternschaft bzw. Genealogie/Verwurzelung zwischen Droste-Hülshoff und Kirsch begründet sich nicht zuletzt aus der Landschaft

---

[25] Kirsch 1986, S. 11. Vgl. auch die Passagen zu Droste-Hülshoff in: Kirsch 2019.

[26] Kirsch 1991, S. 10.

[27] Zu diesen wenigen Ausnahmen gehörte Adalbert Stifter. Vgl. Detering 2020, S. 191–212.

[28] Kirsch 1986, S. 13.

heraus, in der beide lebten und schrieben, deren Elemente, Pflanzen, Tiere, Gestalt, Nutzungsformen, Zustand und Konstellationen ihre Texte prägten.[29] Vor allem die westfälische Natur und Landschaft Drostes wirkt vorbildhaft für Kirschs eigene Lebens- und Schreibumgebung im Holsteinischen Tielenhemme:

> Denn alles das mir seit seiner [Knabe im Moor, J. K.] Lektüre als Moor vorgestellt war kam mir in so hohem Grad erbärmlich vor daß meine Genugtuung endlichen einen Landstrich mit dem längsten Schwingrasen drin zu bewohnen völlig verständlich erscheint zumal hier vor kurzem ein Panzer versank.[30]

Im handschriftlichen Manuskript *Waldgedichte, Wild-Sonette* hat Kirsch notiert: „Die nördliche Natur sollte doch karg sein, zurückhaltend."[31] Diese Kargheit und zurückhaltende Schönheit nordischer Landschaften bildet nicht nur den topographischen Background, sondern prägt auch den semantischen, inhaltlichen und sprachlichen Gehalt sowohl vieler Gedichte Kirschs als auch Droste-Hülshoffs. Die Schlüsselstellung der Natur, deren Reflexion, Beobachten, Erkennen und sprachliche (mitunter auch wissenschaftliche) Erschließung und Benennung, die Nähe zu Pflanzen und Tieren sowie das Schreiben in ländlicher Umgebung zwischen Flüssen, Mooren und Schwingrasen ist für das Werk beider zentral. Kirschs (selbst erzeugte) dichterische Nähe geht dabei über das bloße Würdigen der Älteren oder das Benennen einer Gefolgschaft weit hinaus. Vielmehr schließt sie ein poetologisches ,Bündnis' mit Droste, das facettenreich und vielfältig ist. Es reicht von der direkten Ansprache über Lektüre und Erinnerung bis hin zum intertextuellen Bezug, etwa im Gedicht *Vorläufige Verwurzelung*:

> Angehäufter nützlicher Tand
> Schafe Post ertrunkener Dichter
> Sensen und Sicheln verjährtes Gras
> Gummistiefel für schaurige Moore
> Schlüssel für Nichts und Wiedernichts
> An fernen Küsten habe ich Schwalben
> Wahrlich ein Hausstand der leben läßt[32]

Hinter der gemeinsamen (sprachlichen) Verwurzelung in der nordischen kargen Landschaft eröffnet sich eine Verwurzelung Kirschs im Schreiben Droste-Hülshoffs. Anhand von Droste-Hülshoffs Gedichtzyklen *Haidebilder, Fels, Wald und See* und Texten Kirschs, darunter auch Entwürfe aus dem unveröffentlichten Manuskript *Waldgedichte, Wild-Sonette*, soll im folgenden zweiten Teil der Versuch unternommen werden, diese poetologischen Verwurzelungen und literarischen Spuren ein wenig zu konkretisieren. Es geht um Perspektiven, Blickrichtungen, Motive, literarische und naturkundliche Praktiken, um Grabungen, Schwebezustände, Verschmelzungen, um Dichten über die Natur sowie aus der Natur heraus.

---

[29] Vgl. u. a. Kramer 2021.

[30] Kirsch 1986, S. 14.

[31] DLA Marbach, Kirsch, Sarah: Sammlung Waldgedichte, Wild-Sonette.

[32] Kirsch 2005, S. 258.

3 Fels, Wald und See – Waldgedichte, Wild-Sonette

Droste-Hülshoffs besondere Beziehung zur Natur artikuliert sich vor allem in den Gedichtzyklen *Haidebilder* und *Fels, Wald und See*. Ein Großteil der Gedichte ist im sogenannten ‚Gedichtewinter' 1842/43 auf der Meersburg entstanden und beide Zyklen sind 1844 als Erstdruck publiziert worden. Darin finden sich so berühmte und ihrer Modernität und Radikalität frappierende Gedichte wie *Im Moose* oder *Die Mergelgrube*. Letzteres hat Kirsch einmal als „Geheimtip" unter DDR-Literaten beschrieben.[33] Roland Borgards hat darauf hingewiesen, dass sich Drostes Poetik in den *Haidebildern* und *Fels, Wald und See* vor allem aus den Elementen „Zeichen, Erlebnis, Materialität"[34] zusammensetzt. Tatsächlich werden bei Droste-Hülshoff in ähnlich atmosphärischer Dichte und individueller Wahrnehmung wie in Kirschs Lyrik Vögel, Insekten, Pflanzen, Pilze, Moose, Steine beschrieben und dichterisch anverwandelt. Alles erfährt eine präzise Benennung, konkrete Beobachtung und detaillierte Darstellung. Die Gedichte bzw. die in ihnen geschilderten Naturphänomene sind situiert in verschiedenen Landschaften: Weiher, Moor, Garten, See, Wald, Heide, Steppe oder Berge. Alles unterliegt dem Kreislauf der Natur und den Jahreszeiten.[35] Meteorologische Besonderheiten wie Nebel, Sonne, Regen, Kühle, Hitze oder winterliche Starre, die auch bei Kirsch so häufig vorkommt, wechseln sich ab und erzeugen subjektive Stimmungen und poetisch exklusive Erlebnisse des lyrischen Ichs. Die dargestellten Naturzusammenhänge sind dabei, wie Borgards vermerkt, „mehr als nur Objekte der Dichtung, sie sind darüber hinaus häufig auch konstitutive Elemente des Dichtens selbst".[36] Droste-Hülshoff blickt nicht mehr auf die Natur als ästhetisches Objekt, sondern ist in ihr, dichtet aus ihr heraus. Das lyrische Ich zeichnet sich durch ein bewusstes und reflektiertes Mit- und Teilsein von Natur aus, das die Dominanz des menschlichen Daseins infrage stellt. Auch Kirsch wird schreiben: „Ersprießlicher ist der Umgang mit Pflanzen\ Sie kehren wieder oder es herrscht\ Gewißheit daß sie in einem einzigen Sommer\Ihr grünes Leben verschleudern […]."[37] Drostes und Kirschs Natur ist meist eine archaisch-elementare Natur, obgleich beide immer auch die Wechselwirkungen von Kultur und Natur in den Blick nehmen.

---

[33] „Die Mergelgrube zum Beispiel war uns Schreibern im Kleinen Ländchen bevor wir die hochmodernen ausländischen Schriften ans Gestade uns zogen immer ein Geheimtip gewesen" (Kirsch 1986, S. 10).

[34] Borgards 2018, S. 651.

[35] Die Zeitzustände und Geschichtsschichten sind bei Kirsch oft durchlässig. Durch einige wenige Worte, Objekte und Attribute kann aus dem eigenen Dorf schnell ein Dorf des 18. oder 19. Jahrhunderts werden: „Wie sich vor unseren geübten Augen\ Alles verwandelt das Dorf fliegt im Schnee\Um Jahrhunderte rückwärts\ Man braucht dazu ein paar Krähen\ Kopfweiden am Weg altmodische Hunde\Liebe und Treue gelten du ziehst mich\Über Gräben trägst mein gestohlenes\ Bündelchen Holz durch den Abend\ Lebendiger Rauch hüllt die Dächer."

[36] Borgards 2018, S. 656.

[37] Kirsch 2005, S. 295.

Wie 150 Jahre später bei Kirsch gibt sich in vielen Texten Droste-Hülshoffs eine hohe poetische Sensibilisierung und Bewusstseinsschärfung für Umweltfragen zu erkennen. In Droste-Hülshoffs Dichtung deutet sich eine Art Resonanzraum (proto-)ökologischen Denkens an, lange bevor sich Ökologie als Wissenschaft und ‚Bewegung' etabliert. Der von Ernst Haeckel eingeführte Begriff Ökologie kommt in keinem ihrer Gedichte vor. Dennoch scheint Drostes Lyrik in Anlehnung an die Ausführungen von Heinrich Detering ökologisch konkretisierbar zu sein. So heißt es bei Detering: „Drostes Gedichte versuchen Natur als einen umfassenden, systematischen und dynamischen Lebenszusammenhang zu begreifen. [Es ist] sinnvoll, diesen Grundzug von Drostes Naturdichtung als in einem sehr spezifischen Sinne ‚ökologisch' wahrzunehmen".[38] Damit verbunden scheint ein sowohl für die Droste als auch für Sarah Kirsch programmatischer Versuch, hinter Naturphänomene zu kommen, fortwährend die Perspektiven zu wechseln, nicht über die Natur, sondern aus der Natur – wörtlich genommen – sogar aus dem Erdreich heraus zu dichten.

Bei Kirsch findet sich häufiger die Vogelperspektive. Bussarde, Rotmilane, Graureiher, Falken, Kiebitze, Kraniche, Schnepfen, Zaunkönige und andere Vögel bevölkern die Texte der Hobbyornithologin. Nicht selten blickt das lyrische oder erzählende Ich in Gestalt einer Krähe oder eines Schwanes auf die Welt, allerdings nicht panoramatisch, rundumblickend und erhaben, sondern meist fokussiert auf einzelne konkrete Elemente. Zugleich wird in Kirschs Gedichten immer wieder die dichterische Perspektive von unten gewählt, am radikalsten vielleicht im Gedicht *Wintergarten I*, in dem das lyrische Ich in einer Art Fischperspektive unter dem zugefrorenen Eis liegt und durch die frostige, lichtdurchlassende Decke in den Himmel schaut: „Ich liege unter dem Eis ausgestreckt/In einer Haut durchsichtigen Lichts."[39]

Kirsch und Droste-Hülshoff verbindet ein Interesse an Dingen und Phänomen jenseits eines tradierten literarischen Blicks auf die Natur. Dichterisch nachgespürt wird Käfern, Würmern, Pflanzen, Wurzeln oder Zwiebeln. Ein Gedichtband Kirschs trägt den Titel *Erdreich*. Im gleichnamigen Gedicht geht es um „Nachrichten aus dem Leben der Raupen".[40] In Kirschs nachgelassener Sammlung *Waldgedichte, Wild-Sonette* findet man die Verse:

Liegen im Erdreich
Liebreich gebettet
Ranunkelhändchen
Anemomenfüßchen[41]

---

[38] Detering 2020, S. 24.
[39] Kirsch 2005, S. 370.
[40] Kirsch 2005, S. 225.
[41] DLA Marbach, Kirsch, Sarah: Sammlung Waldgedichte, Wild-Sonette.

Worte wie diese scheinen inspiriert von Drostes *Im Moose*, das zwar alles andere als liebreich, sondern radikal modern und „hypersensibilisiert"[42] daherkommt, in dem es aber auch um Zwischenräume, um der Sinneswahrnehmung kaum mehr zugängliche Dinge und Abläufe geht.[43] Das lyrische Ich nimmt flüsterndes Kraut, nagende Raupen und fallende Blätter wahr. Die Grenzen zwischen menschlicher und pflanzlicher Natur scheinen in *Im Moose* zeitweilig aufgelöst oder zumindest verschwommen:

> Als jüngst die Nacht dem sonnenmüden Land
> Der Dämmrung leise Boten hat gesandt,
> Da lag ich einsam noch in Waldes Moose.
> Die dunklen Zweige nickten so vertraut,
> An meiner Wange flüsterte das Kraut,
> Unsichtbar duftete die Haiderose.
>
> Und flimmern sah ich, durch der Linde Raum,
> Ein mattes Licht, das im Gezweig der Baum
> Gleich einem mächt'gen Glühwurm schien zu tragen.
> Es sah so dämmernd wie ein Traumgesicht,
> Doch wuste ich, es war der Heimath Licht,
> In meiner eignen Kammer angeschlagen.
>
> Ringsum so still, daß ich vernahm im Laub
> Der Raupe Nagen, und wie grüner Staub
> Mich leise wirbelnd Blätterflöckchen trafen.
> Ich lag und dachte, ach so Manchem nach,
> Ich hörte meines eignen Herzens Schlag,
> Fast war es mir als sey ich schon entschlafen.
> […]
> Und – horch, die Wachtel schlug! Kühl strich der Hauch –
> Und noch zuletzt sah ich, gleich einem Rauch,
> Mich leise in der Erde Poren ziehen.[44]

Der Dämmer- bzw. Zwischenzustand zwischen Schlaf und Wachsein, Leben und Tod, Tag und Nacht ist auch für Texte Kirschs charakteristisch. Beide Dichterinnen teilen ihre Vorliebe für die Zeit der Dämmerung, für ungewisse und unbestimmte Natursituationen. Während sich das lyrische Ich in *Im Moose* nicht sicher ist, ob es noch lebt oder schon im Sarkophag liegt, heißt es auch im Gedicht *Winter* von Sarah Kirsch: „Ich dachte nun wäre\ die Ewigkeit angebrochen\ Und ich blickte\ Klopfenden Herzens\ Durch einen Sargspalt."[45]

Das Erdreich kann schnell zum Totenreich werden: So auch in einem Gedicht, das sich wiederum in Kirschs *Waldgedichten, Wild-Sonetten* findet und wo sich die unterirdischen Toten schließlich als zurückgeschnittene und schützend eingepackte Rosen im Winter entpuppen:

---

[42] Borgards 2018, S. 651.

[43] Vgl. dazu auch Kramer 2018; Detering 2020, S. 68–71; Grywatsch 2009; Grywatsch 2013.

[44] Droste-Hülshoff 1985, S. 81.

[45] Kirsch 2005, S. 350.

Wenn der erste Schnee bei uns bleibt
Erkenne ich Spuren im sanften Weiß
Spinnwebenschritte verlorene Beeren
Darunter wieder das Totenreich
Ein trüber Wartesaal ohne Licht
In weißen zerstoßenen Tassen ist nichts ~~blüht Schimmel~~
Vermummte lehnen auf Bündeln und Schachteln
Alles erscheint mit Stricken verschnürt
Haltloser Halt im feuchten Quartier
Sie sehen nach Oben und warten schon lange
Auf die Erlösung auf die Entwarnung
Ihre Kinder in Bindfädenmänteln
Lassen sie winzige Bündelchen tragen
Wenn ich genauer hinsehen will
Lerne ich die Gesichter zu finden zu unterscheiden
Tauchen die zurückgeschnitten
Rosen im Gartenbeet auf.[46]

Ähnlich wie bei Droste-Hülshoff ist das Dasein in der Natur fragil, der Wechsel einer Existenz zwischen über und unter der Erde jederzeit möglich und bedrohlich nah. So auch in den im Nachlass überlieferten Versen:

Vergessen Zauberei
Mit mir selbst wenn es
So weiter schneit bleibt er
liegen und wenn er
Liegen bleibt sehen die Mieten
Nicht so barbarisch aus
Diese Plastikfolien sind
Eine Verhöhnung
Jeglicher Dorfkultur jetzt
setzt sich die Katze
Auf mein Papier jetzt
Muß ich um sie
Herumschreiben sie hat
Nasse Pfoten vom Schnee und
Erinnerte sich wieder an
Dieses seltsame [flaumige]
Zeug das die Vögel in Scharen
Ihr vor das Maul treibt
Jetzt schließe ich die
Kellertür ab jetzt
Kippe ich den Garten-
Tisch seitlich jetzt
Hab ich Schnee im Gesicht
Bin aber noch
Über der Erde. [Hervorh. J. K.][47]

---

[46] DLA Marbach, Kirsch, Sarah: Sammlung Waldgedichte, Wild-Sonette.
[47] DLA Marbach, Kirsch, Sarah: Sammlung Waldgedichte, Wild-Sonette.

Das „noch über der Erde" impliziert, dass es jederzeit damit zu Ende sein, dass man auch in die Sphäre unter die Erde wechseln könnte.

4 Graben und Dichten

Unter oder in die Erde zu gehen, in früheren, tiefenzeitlichen, prähistorischen Erdschichten zu graben und dort Dinge aufzuspüren und zu finden, reizten Droste und Kirsch gleichermaßen. In deren Gedichten werden wiederholt solche Praktiken geschildert, die zugleich poetologisch bedeutsam erscheinen. Das Graben in stein- oder bronzezeitlichen Hügeln oder Mergelgruben wird zur sprachlichen Praxis. So steht etwa innachgelassenen Versen Kirschs zu lesen:

> Auf dem Feuersteinhügel
> Grab ich nach alten Geräten
> Weht ein kalter Wind
> Den bunten Schmetterlingsflügel
> Mählich grau und blind.
> [*Alternative:* Ein bunter Schmetterlingsflügel
> Weht allein im späten Wind.][48]

Hat Droste Kirsch zu diesen dichterischen Grabungen inspiriert? Nicht nur in ein *Geschenk des Himmels*, sondern auch in der *Selbstauskunft*[49] sowie in *Spreu* – und dort hinter dem knappen Satz „Ein kleines fast weißes Ammonshorn aus den Weinbergen hervorgeholt"[50] – offenbart sich Kirschs Wissen um Droste-Hülshoffs Interesse für Geologie und Paläontologie, im 19. Jahrhundert junge und schnell populär werdende Disziplinen, die der biblisch-mosaischen Deutung der Erdgeschichte ernsthafte Konkurrenz machten.[51] Die Dichterin stellte selbst Grabungen an. In einem Brief an Wilhelm Junkmann aus dem Jahr 1839 heißt es dazu:

> Ich muß jetzt, auf ärztlichen Befehl, fleißig Steine klopfen, was ich nicht halb so gerne tue
> als früher freywillig, doch zuweilen klopfe ich mich wieder in den Eifer hinein, und habe
> meine Freude und Bewunderung an den Schalthieren und Pflanzen, die, den Worten des
> Psalmisten zum Trotz (Der Mensch verdorrt wie eine Blume des Feldes) ihr zerbrechli
> ches Daseyn durch Jahrtausende erhalten haben, es wird mir zuweilen ganz wunderlich,
> wenn ich manche Stengel oder Muscheln, genau in der Form, wie sie damals der Augen-

---

[48] DLA Marbach, Kirsch, Sarah: Sammlung Waldgedichte, Wild-Sonette.

[49] Vgl. dazu Kirsch 1993, S. 55: „Ja, die [Droste-Hülshoff, J K.] habe ich schon immer geliebt, und das geht bis auf die Schulzeit zurück. Bei ihr kann man eine ganze Menge lernen. Zuerst hat mir ihr naturwissenschaftlicher Blick gefallen, und wenn ich mir vorstelle, daß dieses adlige Fräulein über Spinnen und Versteinerungen in der Mergelgrube geschrieben hat, das war bestimmt nicht salonfähig damals. Bei ihr habe ich auch gelernt, wie schön sie lügen kann und übertreiben. Dieses Übertreiben, das ist etwas, was mir persönlich auch sehr nahe ist."

[50] Kirsch 1991, S. 14.

[51] Vgl. dazu Robertson 2000.

blick verborgen hat, wieder hervor treten sehe, gleichsam in ihrer Todeskrümmung – ich wollte ich träfe einmahl auf ein lebendiges Tier im Stein! – was meinen Sie, wenn ein Mensch mahl so aus seiner viertausendjährigen Kruste hervor kriechen könnte.[52]

Schöner und eindrücklicher sind geologische Grabungen wohl selten beschrieben worden.

Und auch Droste Hülshoffs *Die Mergelgrube*, das die Zeitgenossen kalt ließ und erst spätere Generationen an Dichterinnen und Dichter faszinierte, packt einen von der ersten bis zur letzten Zeile. Darin wird ein lyrisches Ich, das sich am Ende des Gedichts interessanterweise als männlich entpuppt, durch Schlaf und Traum in eine Tiefenzeit, ja sogar ins Innere der Erde geschickt bzw. begibt es sich selbst dorthin. Der Spaten wird angesetzt und es wird gegraben im Mergel, im Sedimentgestein, einer Mischung aus Kalk und Ton, die meistens auch andere Gesteinsarten enthält. So vielfältig wie die Gesteinsschichten ist auch das lange, sieben Versgruppen umfassende Gedicht der Droste, das Elemente des Lehrgedichts, des Erlebnisgedichts und des Volksliedes in sich vereint.[53] Knapp umrissen stellt sich der Inhalt des sowohl inhaltlich und sprachlich als auch strukturell überaus komplexe und zunächst hermetisch wirkende Gedicht so dar: Wie bereits erwähnt, steigt ein lyrisches Ich in eine Mergelgrube, gräbt dort, beschreibt mehrere Gesteinsarten, findet Fossilien, wird mit verschiedenen Zeiten – der Urzeit und dem alten Ägypten – konfrontiert, taucht bzw. wacht wieder auf, trifft in einer ländlichen Szenerie auf einen Schäfer und unterhält sich mit ihm über Naturgeschichte, wobei schnell klar wird, dass sich dieser nicht von den neuesten geologischen Erkenntnissen und Funden überzeugen lässt, sondern an der Genesis und der Sintflut als Erklärung der Erdgeschichte festhält:

> Da zog ein Lächeln seine Lippen auf:
> Der lügt mal, Herr! doch das ist just der Spaß!
> Von Schlangen, Bären, die in Stein verwandelt,
> Als, wie Genesis sagt, die Schleusen offen;
> Wär's nicht zur Kurzweil, wär es schlecht gehandelt:
> Man weiß ja doch, daß alles Vieh versoffen.
> Ich reichte ihm die Schieferplatte: „Schau,
> Das war ein Thier." Da zwinkert er die Brau,
> Und hat mir lange pfiffig nachgelacht –
> Daß ich verrückt sey, hätt' er nicht gedacht![54]

Instinkt, biblische Weltdeutung, neueste naturwissenschaftliche Erkenntnisse und subjektives Erleben verbinden sich in diesem Gedicht zu einer hochkomplexen Mischung und erdgeschichtlichen Vision. Werfen wir einen Blick auf den ersten großen Teil, der letztendlich auch Parallelen zu Sequenzen für Sarah Kirschs Poetologie und Sprache in Bänden wie *Katzenleben* aufweist. Kirsch hat dazu vermerkt, dass sie insbesondere bei der Arbeit an diesem ersten in Tielenhemme entstandenen Band, in den offenbar auch Ideen und Entwürfe aus *Waldgedichte,*

---

[52] Droste-Hülshoff an Wilhelm Junkmann, 26. August 1839. In: Droste-Hülshoff 1993, S. 66.

[53] Vgl. dazu Jordan 2006; Schnyder 2018.

[54] Droste-Hülshoff 1985, S. 53.

Wild-Sonette eingegangen sind, an „die Biologie und den Kosmos" gedacht habe. Gedanken, die ebenfalls für Droste-Hülshoffs Lyrik zentral sind. So beginnt die Mergelgrube mit den sprachmächtigen, geradezu kraftvollen Zeilen:

> Stoß deinen Scheit drei Spannen in den Sand,
> Gesteine siehst du aus dem Schnitte ragen,
> Blau, gelb, zinnoberroth, als ob zur Gant
> Natur die Trödelbude aufgeschlagen.
> Kein Pardelfell war je so bunt gefleckt,
> Kein Rebhuhn, keine Wachtel so gescheckt,
> Als das Gerölle, gleißend wie vom Schliff
> Sich aus der Scholle bröckelt bei dem Griff
> Der Hand, dem Scharren mit des Fußes Spitze.

Einige Zeilen später ist die dichterische Perspektive komplett in das Sedimentgestein hinein verlagert. Das Erdreich avanciert sowohl zum Erlebnis- als auch zum poetischen Sprachraum:

> Tief in's Gebröckel, in die Mergelgrube
> War ich gestiegen, denn der Wind zog scharf;
> Dort saß ich seitwärts in der Höhlenstube,
> Und horchte träumend auf der Luft Geharf.
> Es waren Klänge, wie wenn Geisterhall
> Melodisch schwinde im zerstörten All;
> Und dann ein Zischen, wie von Moores Klaffen,
> Wenn brodelnd es in sich zusamm'gesunken;
> Mir über'm Haupt ein Rispeln und ein Schaffen,
> Als scharre in der Asche man den Funken.
> Findlinge zog ich Stück auf Stück hervor,
> Und lauschte, lauschte mit berauschtem Ohr.
> Vor mir, um mich der graue Mergel nur,
> Was drüber, sah ich nicht; doch die Natur
> Schien mir verödet, und ein Bild erstand
> Von einer Erde, mürbe, ausgebrannt;
> Ich selber schien ein Funken mir, der doch
> Erzittert in der toten Asche noch,
> Ein Findling im zerfall'nen Weltenbau.
> Die Wolke theilte sich, der Wind ward lau;
> Mein Haupt nicht wagt' ich aus dem Hohl zu strecken,
> Um nicht zu schauen der Verödung Schrecken,
> Wie Neues quoll und Altes sich zersetzte –
> War ich der erste Mensch oder der letzte?[55]

Der Blick in und aus der Grube, die präzise Beobachtung und das Sammeln der Gesteine, das Hineinlauschen in die Natur und die olfaktorische Wahrnehmung der Erdschichten wirken in dichterischer Hinsicht ebenso modern und visionär wie die Schreckens- und Endzeitvisionen einer ausgebrannten Erde in der Mitte des Gedichts. Die erstaunlich aktuell anmutende Vision einer verödeten Erde und die Angst, der letzte Mensch zu sein, verbindet sich bei Droste mit einer „abgründigen

---

[55] Droste-Hülshoff 1985, S. 50–52.

Melancholie", die wie Peter Schnyder bemerkt hat, „durch die Reflexion über das erdgeschichtliche Woher und Wohin ausgelöst" wird.[56]

Ist das Graben in der Erde zugleich ein Frevel und ein Verbrechen an ihr? Zu Droste-Hülshoffs Lebzeiten nahm der Bergbau in der Region Westfalen rasant zu, vermutlich hat sie die Gruben in ihrer Umgebung wahrgenommen. Was sich in der *Mergelgrube* als endzeitliche Traumsequenz entpuppt und schnell wieder auflöst, ist bei Kirsch hingegen Realität geworden, etwa im Gedicht *Geröll*, das in Setting und Bildsprache an die *Mergelgrube* erinnert:

> Mühlsteine Schleifsteine aufgerissene
> Schern spitze Messer wohin ich auch
> Blicke leere Himmel abgestorbene
> Felder die überschlagenden
> Glocken im Turm der Leichenzug
> Weitsichtbar auf dem einzigen Hügel
> Grabsteine Flursteine der hohe Mut
> Flog mit den Schwalben davon.[57]

Tod und Vergänglichkeit sind der Landschaft nun fest eingeschrieben. Wiederholt nimmt Kirsch in ihren Gedichten die verschmutzte, verwundete und verletzte Erde in den Blick.[58] Im Gedicht *Frühling* heißt es etwa: „Erde reißt auf vor Schmerzen,\ Wundre sich niemand".[59] Unter anderem in *Watt I* und *Watt II*, in *Krähengeschwätz*, *Grünes Land*, in Versen aus *Waldgedichte, Wild-Sonette*, in denen ein Gehängter über Steinzeitgräben „schaukelt"[60] oder in dem im Band *Katzenleben* zu findenden Gedicht *Die Geologen*, in dem von „heidnischen Gruben" die Rede ist, wird die von Menschen zerstörte, industriell ausgebeutete und verlassene Welt thematisiert: „Die abgeschlagene Sonne tagelang\ Außerhalb dieser Dampfwelt\ Der Nebel flattert dicht daß den Vöglein\Die Stirne zerbersten im Flug\ Nach Menschen brauchen wir\Gar nicht zu fragen Nirgendwo."[61]

5   Schluss

Die demütige, ,ökologische' und zugleich rebellische[62] Wahrnehmung und ‚Übersetzung' der Natur ist nur eine Parallele zwischen Droste-Hülshoff und Kirsch, die, wie es in *Selbstauskunft* heißt, ihre Lyrik eigentlich nicht als Naturgedichte

---

[56] Schnyder 2018, S. 243.

[57] Kirsch 2005, S. 307.

[58] Vgl. dazu auch Hambuch 2021.

[59] Kirsch 2005, S. 351.

[60] Vgl. DLA Marbach, Kirsch, Sarah: Sammlung Waldgedichte, Wild-Sonette: „Von weitem die Briefe da trug schon der Zeisig\Die Tannenmeise die Augen tagelang über die Felder\Wo der Ehrlose schaukelt über Steinzeitgräben."

[61] Kirsch 2005, S. 278.

[62] Vgl. dazu auch Reich-Ranicki 2017, S. 382.

verstanden wissen wollte. Vielmehr sah sich Kirsch als ein „Stück Natur" und dichtete nicht nur über diese, sondern aus ihr heraus. Zugleich ist die Natur sowohl Kulisse als auch Reflexionsfläche von Zweifeln, Ängsten, Selbstbekenntnissen, Melancholie, Träumen, Niederlagen, Verlusten, Wissen und Erleben. Mit dieser (literarisch) vielfältigen, emotional, psychisch und epistemisch aufgeladenen Beziehung zur Natur führt Kirsch nicht zuletzt eine von Droste-Hülshoff begründete Perspektive und Wahrnehmung fort.

Literaturverzeichnis

Borgards, Roland: Natur. In: Cornelia Blasberg/Jochen Grywatsch (Hg.): *Annette von Droste-Hülshoff Handbuch*. Berlin/Boston 2018, 649–658.

Detering, Heinrich: *Holzfrevel und Heilsverlust. Die ökologische Dichtung Annette von Droste-Hülshoffs*. Göttingen 2020.

Droste-Hülshoff, Annette von: *Historisch-kritische Ausgabe: Werke, Briefwechsel: Bd. I, 1: Gedichte zu Lebzeiten*. Hg. von Winfried Woesler. Bearb. von Winfried Thiess. Tübingen 1985.

Droste-Hülshoff, Annette von: *Historisch-kritische Ausgabe: Werke, Briefwechsel: Bd. IX*. Hg. von Winfried Woesler. Tübingen 1993.

Droste-Hülshoff, Annette von: *Historisch-kritische Ausgabe: Werke, Briefwechsel: Bd. II: Gedichte aus dem Nachlaß*. Hg. von Winfried Woesler. Bearb. von Bernd Kortländer. Tübingen 1994.

Egyptien, Jürgen: Im Park der Hermaphroditen. Sarah Kirschs „Wiepersdorf"-Zyklus. In: Heinz Ludwig Arnold (Hg): *Sarah Kirsch* (Text+Kritik 101). München 1989, 61–67.

Frühwald, Wolfgang: *Die „Endlichkeit dieser Erde". Laudatio auf Sarah Kirsch*. Gehalten anlässlich der Verleihung des Literaturpreises der Konrad Adenauer Stiftung, 23. Januar 2003.

Gödden, Walter: Sarah Kirsch und Annette von Droste-Hülshoff im Park von Haus Rüschhaus. Vortrag anlässlich der Eröffnung der Sarah-Kirsch-Gedenkstätte in Limlingerode. In: *Literatur in Westfalen* 5 (2000), 313–328.

Gödden, Walter: *Dichterschwestern. Prosa zeitgenössischer Autorinnen über Annette von Droste-Hülshoff*. Paderborn 1993.

Grundgeiger, Carolin: Die Pantherfrau: Sarah Kirsch als Begründerin der Interviewliteratur in der DDR In: *Sinn und Form* 70 (2018), 344–351.

Grywatsch, Jochen: Poetische Imagination und räumliche Struktur. Zu einer Poetologie des Raums bei Annette von Droste-Hülshoff. In: Jochen Grywatsch (Hg.): *Raum. Ort. Topographien der Annette von Droste-Hülshoff*. Hannover 2009, 69–94.

Grywatsch, Jochen: „Wo Träume lagern langverschollner Zeit". Zum Verhältnis von Traum und Zeit in den Epen und der Landschaftsprosa der Annette von Droste-Hülshoff. In: Cornelia Blasberg in Verb. mit Jochen Grywatsch (Hg.): *Zwischen-Zeiten. Zur Poetik der Zeitlichkeit in der Literatur der Annette von Droste-Hülshoff und der ›Biedermeier‹-Epoche*. Hannover 2013, 211–234.

Hambuch, Doris: Ecopoetic Elements in the Work of Sarah Kirsch, Ahmed Rashid Thani, and Derek Walcott. In: Gianna Zocco (Hg.): *The Rhetoric of Topics and Forms*. Berlin, Boston 2021, 477–490.

Jordan, Lothar: Annette von Droste-Hülshoffs langes Gedicht „Die Mergelgrube". Paläontologie und literarische Innovation. In: Dietrich von Engelhardt/Hans Wißkirchen (Hg.): *Von Schillers Räubern zu Shelleys Frankenstein. Wissenschaft und Literatur im Dialog um 1800*. Stuttgart/New York 2006, 131–156.

Kirsch, Sarah: DLA Marbach, A: Kirsch, Kirsch, Sarah, Sammlung: Waldgedichte, Wild-Sonette.

Kirsch, Sarah: Vorwort. In: Bettina Wegner: *Wenn meine Lieder nicht mehr stimmen*. Reinbek bei Hamburg 1979, 7–8.

Kirsch, Sarah: Geschenk des Himmels. In: Sarah Kirsch (Hg.): *Annette von Droste-Hülshoff. Werke. Ausgewählt von Sarah Kirsch.* Köln 1986 [Unveränderter Reprint der Originalausgabe, 2018].

Kirsch, Sarah: *Spreu.* Göttingen 1991.

Kirsch, Sarah: *Selbstauskunft.* In: Wolfgang Heideneich (Hg.): *Sarah Kirsch. Texte, Dokumente, Materialien.* (Peter Huchel Preis. Ein Jahrbuch). Baden-Baden/Zürich 1993.

Kirsch, Sarah: *Sämtliche Gedichte.* München 2005.

Kirsch, Sarah: *Von Haupt- und Nebendrachen Von Dichtern und Prosaschreibern. Frankfurter Poetikvorlesungen 1996/1997.* Hg. von Moritz Kirsch. Göttingen 2019.

Kirsch, Sarah: *Nachsatz.* In: Helga Schubert: Lauter Leben [1975], München 2022.

Kirsch, Sarah: *Kuckuckslichtnelken.* Göttingen 2023.

Kramer, Anke: Im Moose. In: Cornelia Blasberg/Jochen Grywatsch (Hg.): *Annette von Droste-Hülshoff Handbuch.* Berlin/Boston 2018, 276–279.

Kramer, Anke: Flora und Fauna bei Annette von Droste-Hülshoff. In: Jörg Albrecht u. a. (Hg.): *Droste-Landschaft. Lyrikweg. Ein Wanderbuch.* Münster 2021, 37–44.

Mabee, Barbara: *Die Poetik von Sarah Kirsch. Erinnerungsarbeit und Geschichtsbewußtsein.* Amsterdam/Atlanta 1989.

Poschmann, Marion: Die Mergelgrenze. In: Jörg Albrecht u. a. (Hg.): *Droste-Landschaft. Lyrikweg. Ein Wanderbuch.* Münster 2021, 104–106.

Radisch, Iris: Interview mit Sarah Kirsch und Marion Poschmann. In: Iris Radisch: *Die letzten Dinge. Lebensendgespräche.* Hamburg 2015, 133–147.

Reich-Ranicki, Marcel: Der Droste jüngere Schwester. Über die Lyrik Sarah Kirschs (1980). In: Marcel Reich-Ranicki: *Meine deutsche Literatur seit 1945.* Hg. von Thomas Anz. München 2017, 380–391.

Robertson, Ritchie: Faith and Fossils. Annette von Droste-Hülshoff's Poem ,Die Mergelgrube'. In: Jürgen Barkhoff/Gilbert Carr/Roger Paulin (Hg.): *Das schwierige neunzehnte Jahrhundert.* Tübingen 2000, 345–354.

Schnyder, Peter: Die Mergelgrube. In: Cornelia Blasberg/Jochen Grywatsch (Hg.): *Annette von Droste-Hülshoff Handbuch.* Berlin/Boston 2018, 242–246.

Staiber, Maryse: Zu Sarah Kirsch, „Watt II": „Ich Erlkönigs Tochter" aus intertextueller Perspektive. In: Bernard Banoun/Maryse Staiber (Hg.): *L'oeuvre Poétique de Sarah Kirsch. Subjectivité, Nature, Politique.* Paris 2021, 219–236.

„Es war alles abenteuerlich in dieser Zeit […].“ – Sarah Kirschs Kindheits- und Jugenderinnerungen an Halberstadt in *Kuckuckslichtnelken*

Moritz Bense

„Alles ging drunter und drüber"[1] – mit diesen Worten ließe sich die chaotische Kriegs- und Nachkriegszeit in Deutschland wohl am treffendsten zusammenfassen. Die Jahre des Zweiten Weltkrieges unter dem Terrorregime des Nationalsozialismus sowie die daran anknüpfenden Besatzungsmonate, in denen versucht wurde, das ungeheure Ausmaß der Zerstörung zu beseitigen, hinterließen tiefe Spuren im kulturellen Gedächtnis der deutschen Bevölkerung. In jenen Tagen bestimmten Angst, Trostlosigkeit und Pessimismus den Alltag der Menschen, von denen nicht wenige nach den Enttrümmerungsarbeiten weiteres Leid unter der DDR-Diktatur zu tragen hatten.

Schwer traf es auch die Einwohner*innen Halberstadts, die durch den Krieg ihr Zuhause verloren hatten und nach 1945 an einen Wiederaufbau ihrer Heimatstadt angesichts der weitreichenden Extermination nicht mehr glaubten. Schließlich gehörte Halberstadt nach dem Zweiten Weltkrieg zu den am umfangreichsten zerstörten Städten auf deutschem Territorium.[2] Eine Zeugin dieser schrecklichen Ereignisse und prägenden Umbrüche in der am Rand des Harzes gelegenen Stadt war die Dichterin Sarah Kirsch, die fünfzehn Jahre ihres Lebens in Halberstadt gewohnt hatte. Ihre Kindheitserfahrungen hat sie bereits in einigen ihrer Werke verarbeitet, wie zum Beispiel in dem Prosatext *Allerlei-Rauh*.[3] Eine eindringlichere und wesentlich ausführlichere Schilderung ihrer in Halberstadt verbrachten

---

[1] Kirsch 2006, S. 11.
[2] Vgl. Scholke 1974, S. 136.
[3] Siehe hierzu Proesmans 2000, S. 47.

M. Bense (✉)
Halle an der Saale/Halberstadt, Deutschland
E-Mail: moritz.bense@student.uni-halle.de

J. Kittelmann et al. (Hrsg.), *Verwurzelungen. Sarah Kirsch (wieder) lesen*, Abhandlungen zur Literaturwissenschaft, https://doi.org/10.1007/978-3-662-69225-7_11

Kindheit und Jugend liefert die Autorin in *Kuckuckslichtnelken*. Diese in Prosa verfasste, autobiographische Erzählung, welche die ersten achtzehn Lebensjahre Kirschs umfasst und von ihrer Geburt 1935 bis zum Arbeiteraufstand im Jahr 1953 reicht, wurde allerdings von der Forschung (mit Ausnahme von zwei Rezensionen[4]) kaum in den Blick genommen, weshalb sie folglich weitestgehend noch unerschlossen ist.

Der hier vorliegende Beitrag knüpft nahtlos an jenes Forschungsdefizit an und widmet sich Sarah Kirschs früher Lebensphase in der Erzählung *Kuckuckslichtnelken*. Es soll hierbei der Frage nachgegangen werden, wie die Autorin ihre Kindheits- und Jugenderlebnisse innerhalb des Textes darstellt. Einleitend mit einer kurzen Beleuchtung der besonderen Merkmale des Werkes sollen in einer zweiteiligen Analyse die Erfahrungen in ihrer subjektiven Beschreibung Kirschs herausgearbeitet sowie die historischen Kontexte der geschilderten Ereignisse erläutert werden: Der erste Teil der Analyse befasst sich mit den Kindheitsjahren von 1935 bis 1945; der zweite Teil beschäftigt sich mit den Jugendjahren von 1945 bis 1953. Das Ziel des Beitrages ist es, Sarah Kirschs persönliche Sicht auf ihre Kriegs- und Nachkriegszeit in Halberstadt darzulegen, um aufzuzeigen, wie sie sich in der Retrospektive auf das vergangene Erlebte zu ihrer Kindheit und Jugend positioniert.

1 *Kuckuckslichtnelken*: Sarah Kirschs autobiographische Erzählung

Sarah Kirschs Autobiographie ist nicht nur durch ihren geringen Umfang von 110 Seiten gekennzeichnet, sondern auch durch die kuriose Betitelung *Kuckuckslichtnelken*, zahlreiche Illustrationen sowie einen äußerst markanten Sprachgebrauch. Im Folgenden sollen diese Besonderheiten der Erzählung vorgestellt, und außerdem untersucht werden, inwieweit sie mit dem Inhalt von Kirschs Memoiren zusammenhängen.

Lychnis flos-cuculi: Der Titel

Kirschs autobiographische Erzählung trägt den sonderbaren Titel *Kuckuckslichtnelken*. Was auf den ersten Blick wie ein Fantasiegebilde – ein Neologismus – aussieht, entpuppt sich beim zweiten Hinschauen als ein real existierendes, krautiges Nelkengewächs, das sich vor allem durch seine vierfingrig aufgeschlitzten, rosaroten Blütenblätter auszeichnet. Dieses Pflänzchen spielt allerdings keine große Rolle im zu untersuchenden Text und wird in diesem nur einmal namentlich er-

---

[4] Siehe Zwernemann 2006; Eger 2006.

wähnt – und zwar mit seiner lateinischen Bezeichnung „Lychnis flos-cuculi"[5]. Dass Kirsch ihre Kindheits- und Jugenderinnerungen mit *Kuckuckslichtnelken* betitelt, ist dennoch nicht willkürlich. Vielmehr kann die Blume vieldeutig auf die Autobiographie ausgelegt werden. Als sogenannte Pionierpflanze ist sie Erstbesiedler vegetationsfreier bzw. unbewachsener Böden.[6] Insofern kann sie in Bezug auf die erlebten Verwüstungen im Zweiten Weltkrieg, durch die ebenfalls ein Großteil der Flora ausgemerzt wurde, einerseits als Zeichen der Hoffnung und des Neubeginns gedeutet werden. Sie ist aber auch eine relativ früh blühende Pflanze, die bereits ab April ihre Blütenpracht zur Schau stellt.[7] Als Kind des Frühlings, sprich des Jahresbeginns, steht die Kuckuckslichtnelke andererseits symbolisch für Sarah Kirschs Lebensbeginn. Verstärkt wird diese Deutungsweise durch den Einband des Büchleins. Dieser ist in einem Zartrosa gehalten und stellt dementsprechend eine Hommage an die Blütenfarbe des namensgebenden Gewächses dar. Innerhalb der Farbsemantik gilt Rosa als typische Kinderfarbe für Mädchen.[8] Der Titel und der farbige Einband des Buches verdeutlichen, dass im Mittelpunkt der autobiographischen Erzählung ein Kind bzw. junges Mädchen am Anfang seines Lebens steht.

In den ‚süßen' Apfel gebissen

Entgegen des Titels ziert aber keine Abbildung einer Kuckuckslichtnelke den Buchdeckel, sondern das Bild eines halben Apfels, das direkt in das Kerngehäuse der Frucht blicken lässt. Ein ähnliches Motiv findet sich in den vorhandenen neun Illustrationen des Grafikers und Malers Siegfried Klapper: Bis auf eine Ausnahme zeigen die Bebilderungen stets einen aufgeschnittenen Apfel in verschiedenen Reifestadien. Auch die Illustrationen besitzen mehrere Deutungsebenen für die Autobiographie. Der abgebildete Blick auf den Apfelkern zeigt zum einen, dass Kirsch in ihren Kindheitserinnerungen eine „Autorin der genauen Ansage"[9] ist, die ihre Schilderungen nicht mit weltanschaulichen Kommentaren oder Belehrungen ausschmückt, sondern den ‚Kern' der Dinge exakt auf den Punkt bringt. Zum anderen verweisen die Apfelkerne als Kernstücke der Frucht sinnbildlich auf die Ursprünge von Kirschs Dasein, ihren ‚Lebenskern', der sie geprägt und zu der Person gemacht hat, die sie zum Zeitpunkt des Verfassens war.

Darüber hinaus besitzt der Apfel eine wichtige Bedeutung für Kirschs Kindheit. Die Apfelbäume im Garten ihres Großvaters schenkten Kirsch auf der einen Seite

---

[5] Kirsch 2006, S. 100.
[6] Vgl. ADAC Naturführer 2006, S. 38.
[7] Vgl. ADAC Naturführer 2006, S. 38.
[8] Vgl. Kaufmann 2006, S. 101–102.
[9] Eger 2006.

Geborgenheit und versorgten sie auf der anderen Seite mit ihren süßen Früchten, von denen sich die junge Dichterin während des Krieges hauptsächlich ernährt habe.[10] Zusätzlich fungieren die Apfelbäume als Schutzpatronen Kirschs, da sie unter jenen während des schweren Bombenangriffes auf Halberstadt am 8. April 1945 Schutz gefunden und daher den Kriegsterror überlebt hat.[11]

Aus Teenager-Munde: Sprache und Stil

Die autobiographische Erzählung Kirschs ist zuletzt auch durch einen besonderen Sprachgebrauch geprägt: Neben Begriffen wie „ooch", „a bisserl" oder „Kopp",[12] die den verschiedensten Mundarten entlehnt sind, sowie Begriffen des fremdsprachigen Wortschatzes wie dem Englischen (z. B. „last but not least"[13]), finden sich im Text auch Ausdrücke wie „Maul", „geschmissen" oder „Hammer",[14] die eher dem jugendlichen Jargon entstammen. Durch die Verwendung von Letzterem entsteht der Eindruck, dass Kirsch passend zu ihren Kindheits- und Jugenderinnerungen eine Jugendsprache imitiert.

Nebstdem verwendet Kirsch stellenweise eine wissenschaftliche Fachsprache. Gemäß ihrer Liebe zur Botanik sowie ihrer beruflichen Tätigkeit als Biologin[15] verzichtet sie darauf, die Pflanzen mit ihren profanen deutschen Namen anzusprechen. Stattdessen benennt sie die Blumen und Gewächse botanisch korrekt mit ihren lateinischen Bezeichnungen. So finden unter anderem der Waldlorbeer als „Daphne laureola"[16] oder (wie bereits dargestellt) die titelgebenden Kuckuckslichtnelken als Lychnis flos-cuculi Eingang in die Erzählung.

2 Zwischen Hakenkreuzen und Apfelbäumen: Kirschs Kindheit zur NS- und Kriegszeit 1935–1945

Sarah Kirsch wurde als Ingrid Hella Irmelinde Bernstein am 16. April des Jahres 1935 in Limlingerode geboren. In diesem kleinen Harzer Örtchen verbrachte sie die ersten drei Jahre ihres Lebens und wohnte zusammen mit ihren Eltern im Pfarrhaus ihres Großvaters väterlicherseits, der als Gemeindepfarrer tätig war.

---

[10] Vgl. Kirsch 2006, S. 13.
[11] Vgl. Kirsch 2006, S. 42.
[12] Siehe hierzu Kirsch 2006, S. 56, 58 u. 91.
[13] Kirsch 2006, S. 90.
[14] Siehe hierzu Kirsch 2006, S. 37, 42 u. 73.
[15] Vgl. Stopka 2022, S. 73.
[16] Kirsch 2006, S. 64.

Kirschs Vater war studierter Techniker und Ingenieur, der in Limlingerode eine Reparaturwerkstatt für Uhren und elektrische Geräte betrieb. Nachdem der Großvater verstorben war und Kirschs Vater neue Arbeit als Mechaniker auf dem Halberstädter Flugplatz gefunden hatte, zog ihre Familie 1938 nach Halberstadt um.[17] Die folgenden Ausführungen widmen sich Kirschs Erfahrungen bis zum Ende des Zweiten Weltkrieges.

Leben in Großvaters Haus

In Halberstadt zogen Kirsch und ihre Eltern in das große Mietshaus des Großvaters mütterlicherseits ein, genauer gesagt in das angrenzende Gartenhaus, welches sie sich mit einer weiteren Familie teilen mussten. Jenes Grundstück lag nach Kirschs Aussage außerhalb der ehemaligen Stadtmauer sowie in der Nähe des damaligen Güterbahnhofes, der Spritfabrik und des Gaswerkes. Eine konkretere Adressangabe liefert uns die Dichterin in ihrem Text *Katzenpfote*, welcher in der Prosa-Sammlung *Schwingrasen* publiziert wurde. Dort heißt es, dass sich ihre Kindheitswohnung in der Wehrstedter Straße befunden habe.[18] Darüber hinaus sei der Hof auf der einen Seite durch ein ‚Flüsschen‘ begrenzt gewesen – gemeint ist wahrscheinlich der Kulk, ein kleiner Nebenarm der Holtemme. All jenen Beschreibungen zufolge lag das Wohnhaus der Bernsteins aller Wahrscheinlichkeit nach innerhalb der heutigen Wehrstedter Siedlung am Rande Halberstadts (siehe Abb. 1). Angesichts der unmittelbaren Nähe zum Güterbahnhof, auf dem gelegentlich Güterzüge mit Munitionsladungen Halt machten, empfand Kirsch ihr Wohnviertel als eine „schön gefährlich[e]“, aber auch „herrliche räudige Gegend“[19].

Das großväterliche Fachwerkhaus wurde an insgesamt dreizehn Familien vermietet, die in ihrer Zusammensetzung nicht unterschiedlicher und gegensätzlicher hätten sein können: Tür an Tür lebten dort Nationalsozialist*innen, Kommunist*innen sowie (zumindest anfänglich) Juden und Jüdinnen, zu denen sich im Verlauf der Kriegsmonate Umsiedler*innen und evakuierte Flüchtlinge gesellten. Kirsch äußert voller Begeisterung über jenes ‚Multi-Kulti‘ ihres Wohnhauses: „Es war großartig! Ein soziales Durcheinander, ein Abklatsch der Welt.“[20] Die Kinder der einzelnen Familien entwickelten sich recht schnell zu Kirschs Spielgefährt*innen, mit denen sie zu ihrem größten Vergnügen das angrenzende Flüsschen in einen persönlichen Kinderspielplatz verwandelte. Kirschs Großvater, der ihrer Familie einen Wohnraum zur Verfügung stellte, war Schlossermeister und Betreiber einer Werkstatt für Nähmaschinen. Sein mürrisches Wesen löste bei dem etwa

---

[17] Vgl. Kirsch 2006, S. 5–6.
[18] Vgl. Kirsch 1991, S. 28.
[19] Kirsch 2006, S. 9.
[20] Kirsch 2006, S. 10.

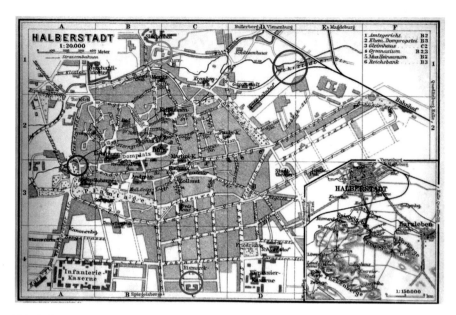

Abb. 1 Stadtplan von Halberstadt 1910. Gedruckt Leipzig 1911. In: Deutsche Schutzgebiete, https://deutsche-schutzgebiete.de/wordpress/projekte/kaiserreich/koenigreich-preussen/provinz-sachsen/halberstadt/ (26.02.2023). Farbliche Markierungen von Moritz Bense. Legende zur Abb.:
Roter Kreis: Standortbereich des Wohnhauses der Familie Bernstein in der Wehrstedter Straße (innerhalb der heutigen Wehrstedter Siedlung).
Grüner Kreis: von Sarah Kirsch besuchte Volksschule (Volksschule II) in der Hospitalstraße (heutige Gröpertorschule).
Violetter Kreis: von Sarah Kirsch besuchte Mittelschule in Westendorf am jüdischen Friedhof (heute nicht mehr existent).
Blauer Kreis: von Sarah Kirsch besuchte Oberschule (Käthe-Kollwitz-Gymnasium) am heutigen Käthe-Kollwitz-Platz (ehemals Bismarck-Platz).

vierjährigen Mädchen zunächst Unbehagen aus; nach und nach konnten die beiden aber ein freundschaftliches Verhältnis zueinander aufbauen. Als sehr prägend stellt Kirsch die „herrliche Bibliothek"[21] ihres Großvaters dar. Durch diese ist sie bereits im frühen Alter mit Büchern in Berührung gekommen und entwickelte eine große Vorliebe für die (klassische) Literatur. Zu ihrer allerersten Lektüre zählten nach eigener Aussage die humoristischen Erzählungen *Leberecht Hühnchen* von Heinrich Seidel oder die Dramen von Henrik Ibsen. Ein äußerst gutes und enges

---

[21] Kirsch 2006, S. 25.

Verhältnis pflegte Kirsch zu ihrer Mutter, mit der sie einen Großteil der Kriegszeit zusammen verbrachte. Diese Innigkeit der beiden spiegelt sich darin wider, dass sie gerne Unsinn trieben und miteinander lachten.[22] Kirschs Mutter gewährte ihrer Tochter alle notwendigen Entfaltungsmöglichkeiten, indem sie diese gleichberechtigt behandelte, ihr gewisse Freiräume gewährte und sie nicht rund um die Uhr kontrollierte. So durfte Kirsch, entgegen den anderen Kindern, den häuslichen Tätigkeiten und Gesprächen der Frauen beiwohnen. Diese Art der Erziehung seitens der Mutter erlaubte es Kirsch, „Leben auf[zu]schnappen"[23]. Jene positive Darstellung der Beziehung zu ihrer Mutter schlägt sich auch in Kindheitserinnerungen anderer Prosatexte Kirschs nieder, wie zum Beispiel in *Allerlei-Rauh*.[24] Zu ihrem Vater konnte Kirsch dagegen kein so enges Verhältnis wie zur Mutter aufbauen. Ursächlich dafür war zunächst dessen ,seltsame' Lebensweise: Als spirituell und esoterisch veranlagter Eigenbrötler isolierte sich Kirschs Vater, verbrachte seine Zeit allein in seinem Zimmer und distanzierte sich von seinem unmittelbaren Umfeld. Zusätzlich hält Kirsch in ihrer Erzählung fest: „Er besaß null Empathie, während meine Mutter fast zu viel davon hatte."[25] Diese zwiespältige Beziehung zwischen den beiden intensivierte sich, als Kirschs Vater, der keiner politischen Partei angehörte, sich aber gerne nach der herrschenden Klasse richtete, im Verlauf des Krieges vom bösartigen „Bazillus des Nationalsozialismus"[26] befallen wurde. Jene nationalsozialistische ,Infektion' führte dazu, dass er seine Tochter zum zwanghaften Ausführen des Hitlergrußes anhielt, die Veränderungen der Grenzverläufe akribisch auf einer Weltkarte mit Stecknadeln nachzeichnete und propagandistische Radiomitteilungen zur politischen Lage mitverfolgte.[27] Kirsch entwickelte recht schnell eine Abneigung gegen die Weltanschauung ihres Vaters. Später nahm sie aus Protest gegen den väterlichen Nationalsozialismus und Judenhass den typisch jüdischen Vornamen ,Sarah' als Pseudonym an. Damit setzte sie ein Zeichen der Solidarität für die jüdischen Frauen in der NS-Zeit.[28] Ihrem Vater gab Kirsch auch die Schuld am tragischen Tod ihres kleinen Bruders, der 1939 geboren wurde. Da ihr Vater aufgrund seiner Impfgegnerschaft den Jungen nicht impfen ließ, verstarb dieser 1942 im Alter von drei Jahren an Diphtherie. Jener Schicksalsschlag war für die kindliche Kirsch ein traumatisches Erlebnis.[29]

---

[22] Vgl. Kirsch 2006, S. 22.

[23] Kirsch 2006, S. 17.

[24] Vgl. Proesmans 2000, S. 12.

[25] Kirsch 2006, S. 28.

[26] Kirsch 2006, S. 36.

[27] Vgl. Kirsch 2006, S. 36–37.

[28] Vgl. Proesmans 2000, S. 12–13.

[29] Vgl. Kirsch 2006, S. 14–15.

Horrorschauplatz ‚NS-Schule'

Im Jahr 1941 wurde Kirsch eingeschult. Sie besuchte eine Volksschule, die nach ihrer Aussage als großer Backsteinbau in der zu Fuß zehn Minuten entfernten Unterstadt (einer sogenannten „Armeleutegegend"[30]) lag und nach der strikten, nationalsozialistischen Geschlechtertrennung in den Bildungseinrichtungen eine reine Mädchenschule war. Von den insgesamt vier Volksschulen, die Halberstadt zur damaligen Zeit besaß,[31] treffen jene Beschreibungen ausschließlich auf die Volksschule II bzw. heutige Gröpertor-Sekundarschule in der Hospitalstraße zu (siehe Abb. 1). Anstatt einer kinderfreundlichen Einrichtung, welche die Schülerinnen für den Unterricht begeistern konnte, erwartete Kirsch eine ‚Anstalt des Schreckens'. Gemeinsam mit weiteren vierzig Mitschülerinnen im Klassenzimmer war sie den ‚sadistischen' Lehrmethoden der nationalsozialistisch überzeugten Lehrer*innen ausgesetzt. Diese drangsalierten die Kinder mit Rohrstockschlägen sowie Zusammenstauchungen in einem verletzenden, rauen Tonfall und verwandelten somit den Schulalltag in den puren ‚Horror'. So wagte es Kirsch – eingeschüchtert durch die Autorität der Lehrkräfte – zum Beispiel nicht, auf die falsche Beschriftung der Himmelsrichtungen im Unterrichtsraum aufmerksam zu machen. Generell bestand für Kirsch die Notwendigkeit, nicht allzu groß aufzufallen, da ihre Familie wegen des brisanten Nachnamens ‚Bernstein' von vornherein stigmatisiert war und nur schwer den Ariernachweis erhielt.[32] Außerordentlich schrecklich waren für Kirsch auch die Unterrichtsstunden selbst. Ihr missfiel vor allem das diskriminierende Sitzordnungsprinzip, bei welchem die Kinder nach Leistung ihren Sitzplatz erhielten. Angesichts ihrer Rechenschwäche wurde Kirsch im Matheunterricht auf die sogenannte ‚Eselsbank' in der letzten Reihe verwiesen. „[E]infach grauenhaft"[33] empfand die Dichterin ebenfalls die ständigen Fahnenappelle, bei denen zwischen den Hakenkreuzflaggen und mit erhobenem Arm das Deutschlandlied auf dem nach Urin stinkenden Pausenhof der „bedrückenden Uraltvolksschule"[34] gesungen werden musste. Doch das Allerschlimmste für sie war das wöchentliche Gemeinschaftsduschen im finsteren Kellergewölbe des Schulgebäudes, welches in ihr nicht nur Beklemmnis auslöste, sondern ihr auch wie „die Unterwelt nach den Sagen des klassischen Altertums"[35] vorkam.

Der NS-Schule konnte Kirsch in summa nichts Positives abgewinnen, sodass sie resümierend festhält: „Ich [...] fand alles grauenhaft. Das Beste ist der Schulweg gewesen."[36]

---

[30] Kirsch 2006, S. 8.

[31] Zu den Volksschulen in Halberstadt vgl. Hartmann 2015, S. 72.

[32] Vgl. Proesmans 2000, S. 13.

[33] Kirsch 2006, S. 31.

[34] Kirsch 2006, S. 19.

[35] Kirsch 2006, S. 33.

[36] Kirsch 2006, S. 7.

Glücksvitamine tanken im Garten

Einen erfreulichen Ausgleich zum unliebsamen Schulalltag gab ihr der großväterliche Garten, wo Kirsch sich von den schrecklichen Unterrichtsstunden erholen
konnte und den sie als ihr „Rückzugsgebiet"[37] betrachtete. In jener kleinen Grün-
anlage verbrachte Kirsch den Großteil ihrer Freizeit: Zwischen den Baumkronen
der ihr sehr am Herzen liegenden Apfelbäume flüchtete sie sich in die Tiefen der
literarischen Welt, entdeckte beim Lauschen des Drosselgesangs die Leichtig-
keit des Seins und genoss die Geborgenheit, die ihr die heimischen Kräuter und
Gewächse schenkten. Folglich etablierte sich der Garten zu Kirschs zweiter Heimat, in der es ihr so „wunderbar"[38] erging, dass sie glaubte, fliegen zu können.
Jener glückselige und freudespendende Aufenthalt unter freiem Himmel, bei dem
der ein oder andere vitaminreiche Apfel genüsslichst verspeist wurde, scheint für
Kirsch in der Rückschau „das Schönste auf der Welt"[39] gewesen zu sein. Ihre sich
schnell formierende Affinität zur Natur wurde im Laufe der Kindheitsjahre durch
etwaige kleine Ausflüge in das Bodetal oder durch Besichtigungen der Tropf-
steinhöhlen in Rübeland verstärkt. Über diese kleinen naturkundlichen Exkursionen
äußert sich Kirsch auf ähnliche positive Weise: „[H]errlich ist das gewesen."[40]
    Das enge Verhältnis zur Natur in ihrer Kindheit sollte Kirschs späteren Lebens-
weg außergewöhnlich stark prägen. Beeinflusst durch die jugendliche Naturliebe
entschied sich Kirsch im Erwachsenenalter bewusst für ein naturwissenschaftliches Studienfach – so absolvierte sie von 1954 bis 1959 ein Studium der Biologie
an der Martin-Luther-Universität Halle-Wittenberg, aus dem sie als diplomierte
Biologin hervorging. Doch nicht nur auf ihre Berufswahl als Biologin nahm die
Naturpassion Einfluss, sondern auch auf ihre Lyrik. Essentiell für Sarah Kirsch
war die Naturdichtung, in der sie Flora und Fauna, aber auch Naturzerstörung
und -ausbeutung sowie Umweltkatastrophen thematisierte. Die Natur, zu der sich
Kirsch seit ihrer Kindheit in Halberstadt hingezogen fühlte, bestimmte sowohl ihre
berufliche als auch ihre schriftstellerische Identität.[41]

Wetterbericht: Heute Bomben – der Kriegsalltag

Infolge zunehmender, verlustreicher Niederlagen der deutschen Truppen und der
damit einhergehenden Verschiebung des Grenzverlaufes nach Mitteldeutsch-
land wurde Sarah Kirsch ab 1944 nicht nur Zeugin eines enormen Zustroms von

---

[37] Kirsch 2006, S. 13.
[38] Kirsch 2006, S. 16.
[39] Kirsch 2006, S. 14.
[40] Kirsch 2006, S. 40.
[41] Vgl. Stopka 2022, S. 74.

Flüchtlingen aus den Ostgebieten und der Umfunktionierung Halberstädter Schulen in Lazarette, sondern auch zahlreicher Bombenangriffe alliierter Flugzeuge. Der Luftkrieg diente im Zweiten Weltkrieg als wichtigstes militärisches Mittel zur Bekämpfung des Gegners. Dabei hatten die Bombardierungen zwei wesentliche Aufgaben: Zum einen gedachten das britische und amerikanische Militär in Form des Lufterrors eine moralische Destabilisierung des Feindes zu erreichen. Kontinuierliche Bombardements der Städte versuchten, den Kampfeswillen der deutschen Zivilbevölkerung zu brechen bzw. deren Moral zu zermürben, auf dass diese die Ausweglosigkeit des Krieges erkennen und sich gegen die eigene Regierung wenden sollte.[42] Zum anderen konzentrierten sich die alliierten Angriffe auf wichtige militärische Grundpfeiler des Dritten Reiches. Durch eine forcierte Zerstörung des Verkehrsnetzes sowie wirtschaftlich bedeutsamer Institutionen sollte das Industrie- und Rüstungspotential Nazi-Deutschlands systematisch geschwächt oder gänzlich zerstört werden.[43] Trotz der aussichtlosen Situation aufgrund des verheerenden Bombenkrieges bemerkte Kirsch Anfang des Jahres 1944, dass vermehrt Reden von Adolf Hitler oder Joseph Goebbels übertragen wurden, die an das deutsche ‚Volk‘ appellierten.[44] Entgegen der absehbaren Niederlage bemühte sich die nationalsozialistische Propaganda zum Kriegsende hin, mit Durchhalteparolen die Menschen vom „greifbaren Endsieg" zu überzeugen.[45]

Halberstadt wurde als „Verkehrsknotenpunkt von wichtiger strategischer Bedeutung"[46] sehr häufig Opfer von Fliegerangriffen. Ein beliebtes Ziel für Bombardierungen war der Güterbahnhof in der Nähe vom Wohnhaus der Bernsteins. Kirsch konnte seit Januar 1944 beobachten, wie Bomben auf diesen abgeworfen sowie dortige Munitionszüge von Jagdfliegern beschossen wurden.[47] Bis Anfang 1945 ereigneten sich monatlich Bombardements und Tieffliegerangriffe auf Halberstadt, bei denen sowohl der Güter- und Hauptbahnhof als auch der ortsansässige Rüstungsbetrieb zur Herstellung von Flugzeugteilen, die Junkers-Werke, schwer beschädigt wurden.[48] Infolgedessen bestimmten die von der Luftwarnzentrale am Domplatz ausgehenden Fliegeralarme den Alltag der Halberstädter Bevölkerung. Über die Zunahme der Warnmeldungen im Zuge des Näherrückens der Fronten und die ständige Angst, sich vor den nahenden Bombenfliegern verstecken zu müssen, äußert Kirsch rückblickend: „Damals waren die Lebensumstände schon sehr desolat, […] es gab täglich und nächtlich mehrere Fliegeralarme."[49]

---

[42]Vgl. Kluge 2014, S. 95.

[43]Vgl. Hartmann 2015, S. 12.

[44]Vgl. Kirsch 2006, S. 34–35.

[45]Vgl. Hartmann 2015, S. 10.

[46]Hartmann 2015, S. 20.

[47]Vgl. Kirsch 2006, S. 39.

[48]Vgl. Hartmann 2015, S. 17–19.

[49]Kirsch 2006, S. 39.

Als äußerst traumatisch empfand die Dichterin einen massiven Bombenangriff auf den Halberstädter Güter- und Hauptbahnhof im Februar des Jahres 1945, der zu weitreichenden Verwüstungen im umliegenden Wohngebiet und der Tötung von etwa zweihundert Menschen führte.[50] Kirsch und ihre Mutter flüchteten sich in den nicht allzu tiefen Keller des großväterlichen Hauses; die Detonation der Bomben brachte jedoch zum Schrecken beider die Kellerdecke großflächig zum Einsturz. Erschüttert von diesem Ereignis vermieden es die beiden fortwährend, bei Alarm in den Keller zu gehen. Stattdessen suchten sie auf dem am Stadtrand gelegenen Friedhof Schutz. Ungeachtet des über Halberstadt stattfindenden Fliegerterrors vergnügten sich die beiden dort in der Ruhe der Bäume, betrieben das ein oder andere „herrliche[] Spiel“[51] miteinander und vergaßen für einen kurzen Moment den Krieg.

Umherstreifende ‚Zebras‘

Nicht minder verborgen blieben Kirsch die nationalsozialistischen Judenverfolgungen in Halberstadt. Die Präsenz der einst großen jüdischen Gemeinde war in ihrem Einschulungsjahr 1941 kaum noch zu spüren. Stetig verringerte sich die Anzahl der in der Altstadt lebenden Juden und Jüdinnen, bis 1942 die letzten jüdischen Einrichtungen liquidiert und die verbliebenen jüdischen Halberstädter*innen in verschiedene Konzentrationslager deportiert wurden.[52] Auch die jüdischen Mitbewohner*innen im großväterlichen Wohnhaus mussten von einem Tag auf den anderen ihr Quartier räumen. Bestürzt urteilt Kirsch, dass über ihr abruptes Verschwinden aus Halberstadt „kaum jemand gesprochen [hat].“[53] Darüber hinaus erblickte sie gelegentlich kleine Arbeitstrupps von KZ-Insassen, die wegen ihrer gestreiften Kleidung von der Bevölkerung „Zebras“[54] genannt wurden und aus dem KZ Langenstein-Zwieberge stammten.

Dieses Lager hat folgende Hintergrundgeschichte: Im März des Jahres 1944 sah sich das NS-Regime angesichts der verheerenden alliierten Fliegerangriffe dazu gezwungen, den Bombardierungen entgegenzuwirken. Unter der Leitung des Reichsministers für Rüstung und Kriegsproduktion Albert Speer wurde zur Sicherung der Fertigung deutscher Jagdflugzeuge der sogenannte ‚Jägerstab‘ gegründet – ein interministerieller Stab, der für die Untertageverlagerung der deutschen Rüstungsproduktion, insbesondere der Luftfahrtindustrie, sorgen sollte.[55] Zur Errich-

---

[50] Vgl. Hartmann 2015, S. 20–21.
[51] Kirsch 2006, S, 42.
[52] Vgl. Schulze 2003, S. 145.
[53] Kirsch 2006, S. 11.
[54] Kirsch 2006, S. 12.
[55] Vgl. Valantin/Bertrand 2018, S. 14.

tung der unterirdischen Anlagen zog die NS-Regierung umfangreich KZ-Häftlinge
als Zwangsarbeiter heran und errichtete Außenlager an den betroffenen Baustel-
len. Im Rahmen eines solchen Baukommandos des ‚Jägerstabs‘ entstand unter
den Decknamen ‚Malachit‘ oder ‚B2‘ im April 1944 als Außenlager des KZ
Buchenwald zwischen Langenstein und Halberstadt das Konzentrationslager Langenstein-Zwieberge. Die rund 7000 männlichen Insassen mussten unter Aufsicht
der Waffen-SS in den Thekenbergen ein kilometerlanges Stollensystem schaffen, das für die unterirdische Produktion von Flugzeugteilen der Junkers-Werke
genutzt werden sollte.[56] Entgegen vieler Halberstädter*innen teilten Kirsch und
ihre Mutter hinsichtlich der bisweilen in der Stadt herumlaufenden KZ-Häftlinge
aus Zwieberge allerdings nicht die Meinung, „dass es sich bei den Gefangenen
um Verbrecher handelte“[57]. In der Kriegsendphase verschlechterte sich die Lage
der Inhaftierten drastisch: Nahrungsmangel, Infektionen durch Lagerüberfül-
lung sowie Schwerstarbeit im Stollen unter unmenschlichen Arbeitsbedingungen
und der Terror des Aufsichtspersonals führten zu einer hohen Sterblichkeit und
machten das praktizierte Programm „Vernichtung durch Arbeit“ zur wortwörtli-
chen Realität.[58] Auch an Sarah Kirsch ging die Ausmergelung der KZ-Häftlinge
nicht spurlos vorbei, denn ihr „Anblick […] wurde immer furchtbarer, wie sie
sich mechanisch bewegten“[59]. Doch auch darüber verloren die Erwachsenen laut
der Dichterin kein Wort – das grausame Schicksal jener Menschen, von denen ein
Großteil entweder im Lager selbst oder während des ‚Todesmarsches‘ 1945 ums
Leben gekommen ist, wurde totgeschwiegen. Kirschs Betroffenheit hängt aber
auch mit einem persönlichen Fall in der eigenen Familie zusammen. Der Adop-
tivsohn ihres Onkels war jüdischer Abstammung und wurde in ein KZ eingesperrt.
Die Familie Bernstein sammelte für diesen Cousin Lebensmittelkarten, welche sie
ihm zuschickten und durch die er den KZ-Aufenthalt überlebte.[60]

Eine Stadt wird dem Erdboden gleichgemacht

Im April 1945 erlebte Kirsch den letzten großen Bombenangriff auf Halberstadt
mit, der zum Untergang der Stadt führte. Seit Anfang des besagten Monats dran-
gen die amerikanischen Truppen immer weiter ins mitteldeutsche Territorium vor
und eroberten weite Gebiete des Harzes und Harzvorlandes, sodass Halberstadt

---

[56] Vgl. Wesenberg 2004, S. 90.

[57] Kirsch 2006, S. 12.

[58] Vgl. Fauser 2001, S. 71–72.

[59] Kirsch 2006, S. 39.

[60] Vgl. Kirsch 2006, S. 12.

unmittelbar in den Frontbereich rückte. Nach einem ersten Bombardement am 7. April 1945, der den Hauptbahnhof völlig zerstörte, folgte am 8. April 1945 der alles vernichtende Bombenangriff der US-Luftflotte.[61] An jenem Frühlingssonntag flüchteten Kirsch und ihre Mutter wie viele Einwohner*innen aus der Stadt und suchten auf der Chaussee in Richtung Klein Quenstedt Schutz in den ausgehobenen, von blühenden Apfelbäumen umringten Panzerlöchern. Von dort aus wurden sie Zeugen davon, wie alliierte Flugzeuge einen Bombenteppich auf Halberstadt abwarfen und einen „ungeheuren Brand“[62] verursachten, der die alten Fachwerkhäuser in den Straßen der Altstadt in Feuerfallen verwandelte. Zur Erzeugung dieses tödlichen Flammensturms ging die amerikanische Luftkriegsführung in zwei Angriffswellen gegen Halberstadt vor: In einem ersten Zug fielen Luftminen zur Öffnung der Dächer sowie Sprengbomben zur Außerkraftsetzung der Wasserleitungen; anschließend sorgten Brandbomben für das Entfachen eines Flächenbrandes.[63] Auf diese Weise zerstörten die abgeworfenen 504 Tonnen Sprengbomben sowie 50 Tonnen Brandbomben rund 80 % der Stadt innerhalb einer halben Stunde und töteten mehr als 2000 Menschen.[64] Bestürzt berichtet Kirsch vom tragischen Schicksal einer Freundin aus ihrer Parallelklasse, die durch das Inferno ihre gesamte Familie verloren hatte und mit zahlreichen Verbrennungen nur knapp den Angriff überlebte.[65]

An jenem Tag meinte es das Schicksal gut mit Sarah Kirsch, die nur „zufällig am Leben geblieben war“.[66] Eigentlich wollten sie und ihre Freundinnen ins Kino gehen – dass sie es nicht taten, bewahrte sie vor dem Tod. Schließlich stand das Kino Capitol im Stadtzentrum, welches komplett dem Erdboden gleichgemacht wurde.[67] Für die zum damaligen Zeitpunkt neunjährige Kirsch war der Bombenangriff am 8. April 1945 ein „weltanschaulicher Schock“[68], der sich in ihr Gedächtnis eingebrannt hat. Die hinterlassenen, seelischen Narben dieses prägenden Ereignisses waren für Kirsch sogar noch in ihrer gegenwärtigen Schreibsituation zu spüren:

> Bomben- und Tieffliegeralarme waren lange präsent. Es hat Jahrzehnte gedauert, bis ich ein Flugzeug hören konnte, ohne dem Impuls, mich in den nächsten Straßengraben zu hauen, fast nachzugeben. Ich träume bis heute, dass Fliegeralarm ist, und ich steh mit meinem Kind […] da und weiß nicht, wohin ich mich wenden soll.[69]

---

[61] Vgl. Hartmann 2015, S. 35–36.

[62] Kirsch 2006, S. 43.

[63] Vgl. Kluge 2014, S. 96.

[64] Vgl. Kluge 2014, S. 98.

[65] Vgl. Kirsch 2006, S. 43.

[66] Kirsch 2006, S. 105.

[67] Vgl. hierzu Kluge 2014, S. 9–10, 57.

[68] Kirsch 2006, S. 105.

[69] Kirsch 2006, S. 105.

3 „Auferstanden aus Ruinen": Kirschs Jugend im Nachkriegsdeutschland und in der DDR 1945–1953

Nach dem vernichtenden Bombenangriff auf Halberstadt ließen Kirsch und ihre Mutter die noch brennende Stadt erstmal hinter sich und suchten ihre Verwandten in dem bei Oschersleben gelegenen Örtchen Krottorf auf. Bei diesen blieben sie eine Woche, bis sie kurz vor Kirschs zehntem Geburtstag wieder nach Halberstadt in das nicht zerstörte Wohnhaus des Großvaters zurückkehrten.[70] Die folgenden Ausführungen beleuchten Kirschs Jugendjahre bis 1953.

„Achtung: Russen!" – ‚Trümmer-Halberstadt' unter alliierter Besatzung

Zum Zeitpunkt ihrer Rückkehr stand Halberstadt bereits unter der Besatzung amerikanischer Truppen, welche am 11. April 1945 in die Stadt einmarschiert waren. Die ‚Amis' traten gegenüber den Kindern als gutmütige und spendable Menschen auf, die vor allem die Mädchen mit Schokolade beschenkten, obwohl es ihnen nach dem Fraternisierungsverbot untersagt war, mit der deutschen Zivilbevölkerung Kontakt aufzunehmen.[71] Doch die positive Stimmung währte nicht lange, da Ende Mai 1945 Nachrichten über das Näherkommen der russischen Truppen eintrafen, die die Amerikaner ablösen sollten. Die Gerüchte darüber, wie grausam das Sowjetmilitär gegen die deutsche Bevölkerung in den Ostgebieten des Reiches vorging, lösten bei den Halberstädter*innen Angst und Hoffnungslosigkeit aus.[72] Auch in Kirschs Wohnhaus sorgten die Meldungen für Entsetzen: Die Nachbarfamilien flüchteten sich in den Keller und erwarteten das Schlimmste, denn „vor den Russen fürchteten sich alle".[73] Am 1. Juli 1945 zogen die sowjetischen Truppen mit Panzern in Halberstadt ein und beschlagnahmten zahlreiche Wohnhäuser, in denen sie sich unerlaubt einquartierten. Obwohl Kirsch betont, dass die Russen für Kinder keine Bedrohung darstellten und an diese sogar gelegentlich Geschenke verteilten, war die Furcht vor den russischen Truppen nicht gänzlich unbegründet: So ereigneten sich bis Ende 1946 etliche Plünderungen, Vergewaltigungen und Morde seitens der Sowjetsoldaten.[74]

Ihre alte Heimatstadt erkannte Sarah Kirsch nach dem Wiedereinzug ins großväterliche Haus kaum wieder: Etwa eineinhalb Millionen Kubikmeter Trümmer, 25.000 obdachlos umherirrende Menschen sowie unzählige Leichenberge zierten

---

[70]Vgl. Kirsch 2006, S. 44.

[71]Vgl. Hartmann 2002, S. 7.

[72]Vgl. Hartmann 2002, S. 12.

[73]Kirsch 2006, S. 65.

[74]Vgl. Hartmann 2002, S. 21–22.

die Straßen Halberstadts.[75] Als zehnjähriges Mädchen wurde Kirsch in der nach
Schutt, Qualm und Verwesung stinkenden Stadt schonungslos damit konfrontiert,
wie täglich Leichen abtransportiert und in Massengräbern verscharrt wurden.[76]
Angesichts der schweren Verwüstungen und der Nahrungsmittelknappheit bestimmten Chaos, Elend und Anarchie den Alltag in der ‚Trümmerwüste‘. So äußert Kirsch, dass in der unmittelbaren Nachkriegszeit kriminelle Zustände in der
Stadt vorherrschten – Gesetzlosigkeit in Form von Plünderungen und Diebstäh-
len stand an der Tagesordnung. Entgegen der Kriegszeit, in der sich die Menschen
gegenseitig unterstützten und halfen, kümmerten sich die Leute nach dem Krieg
nur noch um sich selbst und scherten sich nicht mehr um das Leben anderer.[77] Im
Gegensatz zu vielen anderen Halberstädter*innen mussten Sarah Kirsch und ihre
Mutter in jener Zeit, in der es fast nichts zu essen gab, keinen Hunger leiden. Dank
einer Verwandtschaft in Chicago erhielten sie gelegentlich Care-Pakete mit Le-
bensmitteln.[78]

Trotz der desaströsen Lebensumstände im Frühjahr des Jahres 1945 empfand
Kirsch, dass es in ihrer Erinnerung „ein herrlicher Sommer [war], der folgte. Ohne
Schule, ohne Fliegeralarm.“[79] Zusammen mit den anderen Kindern verwandelte
sie die in Schutt und Asche liegende Stadt in einen Spielplatz, auf dem sämtliche Trümmerfunde zu Spielzeugen umfunktioniert wurden. In ihrem persönlichen
„Trümmerparadies“[80] begab sich Kirsch nicht nur auf abenteuerliche Erkundungs-
touren und Schatzsuchen in den freigelegten Kellern der Häuser, welche hinsichtlich des Risikos einstürzender Wände nicht ungefährlich waren, sondern schürte
auch ihre Botanikbegeisterung durch das Studieren der sich langsam herausbilden-
den Ruderalflora. Ein Ende nahm dieser „zauberhafte[] Sommer“[81] im Spätherbst
1945, als der Unterricht wieder aufgenommen wurde. Einhergehend mit dem Wie-
derbeginn der Schule wechselte Kirsch aufgrund einer Überfüllung von ihrem ver-
hassten, „alten stinkigen Kasten“[82] in eine Mittelschule am Jüdischen Friedhof im
Stadtviertel Westendorf (siehe Abb. 1). Bis auf den recht erfreulichen Deutschun-
terricht, der Kirschs Begeisterung für die Literatur weiter beflügelte, konnten die
anderen Lehrstunden ihre mangelhafte Euphorie am Schulleben nicht aufbessern.
Die aus den östlichen deutschen Gebieten neu hinzugekommenen Lehrer*innen,
die größtenteils an einem Kriegstrauma litten, machten zuungunsten der Schüler
einen „lahmarschigen Unterricht ohne Methode“.[83] Dennoch sei die Mittelschule

---

[75] Vgl. Hartmann 2015, S. 70.

[76] Vgl. Kirsch 2006, S. 45.

[77] Vgl. Kirsch 2006, S. 67–68.

[78] Vgl. Kirsch 2006, S. 99–100.

[79] Kirsch 2006, S. 44.

[80] Kirsch 2006, S. 50.

[81] Kirsch 2006, S. 46.

[82] Kirsch 2006, S. 50.

[83] Kirsch 2006, S. 52.

für die Kinder guttuend gewesen, da es keine ständige Angst durch Fliegeralarm sowie keine aufgezwungene Ideologie gab. Diese Umstände ermöglichten eine unbeschwerte und freie Entfaltung: „Unsere Seelen durften sich strecken."[84]

Für Kirsch war der Lebensabschnitt zwischen dem Kriegsende und der Gründung der DDR insgesamt eine „wilde Zeit der Einübung in Frechheit, Freiheit und Lebenskunst".[85] So hält sie in ihrer Autobiographie resümierend über diese Zeitspanne fest: „Es war alles abenteuerlich in dieser Zeit, und wenn man Geschmack daran fand, an diesem Improvisieren, dem etwas Abnormalen, so ging es einem gold. Ich fand diese halbwilden Zeiten jedenfalls höchst interessant."[86]

Lernen für Genosse Stalin – Schulalltag in der DDR

1949 etablierte sich die DDR-Diktatur. Im selben Jahr absolvierte Sarah Kirsch als Achtklässlerin an der Mittelschule ihre Abschlussprüfung und erhielt eine Empfehlung für die weitere Lehre an einer Oberschule. Daraufhin besuchte sie das ehemals als Lyzeum fungierende Käthe-Kollwitz-Gymnasium am Bismarckplatz bzw. heutigen Käthe-Kollwitz-Platz (siehe Abb. 1). An dieser „halbwegs vernünftigen Schule"[87] lebte Kirsch in der neunten Klasse zusammen mit ihrer Mädchenbande ihre rebellische und pubertäre Phase in vollen Zügen aus: Gemeinsam spielten sie den ehemaligen Nazi-Lehrer*innen Streiche, fälschten Entschuldigungszettel oder unternahmen unerlaubte Ausflüge ins Harzgebirge. Darüber hinaus lernte sie nicht nur die naturwissenschaftlichen Fächer Physik und Chemie lieben, sondern ging auch erstmalig mit Freude in den Unterricht. Vor allem durch ihren Deutsch- und Lateinlehrer, welcher von der gesamten Klasse angehimmelt wurde, erkannte Kirsch, „dass Bildung etwas ganz Fabelhaftes ist".[88] Die positive Sicht auf ihr Gymnasium veränderte sich jedoch Anfang der fünfziger Jahre, als die SED im Zuge der Festigung der DDR einen großen Bedeutungszuwachs erfuhr. Der ideologische Einfluss der sozialistischen Einheitspartei schlug sich schnell im Unterricht nieder und verwandelte die Schule erneut in eine unliebsame Institution. Sarah Kirsch störte besonders der starre, altmodische und unanschauliche Unterricht, der den Schüler*innen den Freiraum nahm, die Dinge selbst zu erforschen.[89] Auch das modifizierte Unterrichtsangebot missfiel ihr: Da Englisch als Sprache des ‚Klassenfeindes' bzw. der ‚Westfeinde' größtenteils aus dem Lehrplan revidiert war, wurden die Schüler*innen (gezwungenermaßen) dazu angehalten,

---

[84] Kirsch 2006, S. 58.
[85] Eger 2006.
[86] Kirsch 2006, S. 48.
[87] Kirsch 2006, S. 90.
[88] Kirsch 2006, S. 81.
[89] Vgl. Kirsch 2006, S. 100–101.

Russisch als Fremdsprache zu belegen. Gegen den Russischunterricht entwickelte Kirsch ähnlich wie ihre Mitschüler*innen eine Abneigung, die vorrangig der „vorsintflutlichen Lehrmethode"[90] zuzuschreiben war: Ein passiver Sprachgebrauch führte dazu, dass sie das Russische trotz der sechs Lehrstunden pro Woche nur ansatzweise beherrschen konnten. Daneben verdross der Geschichtsunterricht ebenfalls Sarah Kirsch: Die sozialistische Verklärung historischer Ereignisse wie der russischen Oktoberrevolution war in ihren Augen „einfach lästig"[91]. Noch mehr widerstrebte ihr aber die bewusste Ausklammerung der NS-Geschichte im Unterricht: Nicht nur die eigene Stadtgeschichte wurde ausgespart, sondern auch die Tatsache, dass Halberstadt ein eigenes Konzentrationslager besessen hatte. Zwar fanden im KZ Langenstein-Zwieberge, das seit September 1949 als Mahn- und Gedenkstätte genutzt wurde, angeordnete Versammlungen statt, doch diese wurden ohne eine wirkliche Anteilnahme am Schicksal der Opfer durchgeführt – bis sich niemand mehr dafür interessierte.[92] Die Erinnerungskultur der DDR war stets auf den Antifaschismus ausgerichtet, welcher als Staatsdoktrin das Regime legitimieren sollte. Da sich die DDR vollumfänglich als ‚antifaschistischen' Staat im Gegensatz zum ‚faschistischen Westen' verstand, erfolgte hinsichtlich der Schuldfrage keine relevante Auseinandersetzung bzw. Aufarbeitung. Daraus resultierte eine Hierarchisierung der Opfergruppen: Im Vordergrund stand die Erinnerung an die antifaschistischen (kommunistischen) Widerstandskämpfer*innen. Eine Erinnerung an die anderen Opfer des Nationalsozialismus, zu denen auch die getöteten Häftlinge des KZ Langenstein-Zwieberge zählten, musste sich dem unterordnen und war somit sekundär.[93]

Ab der zehnten Klasse hatte auch die sozialistische Jugendorganisation FDJ einen großen Einfluss am Käthe-Kollwitz-Gymnasium. Ihr anzugehören wirkte sich maßgeblich auf den weiteren Karriereweg aus: Nur wer von der *Freien Deutschen Jugend* eine positive Beurteilung erhielt, wurde zu einem Studium an einer Universität zugelassen. Die Schüler*innen mussten sich entweder der Autorität der FDJ fügen oder entsprechende Konsequenzen tragen. Nach Kirschs Meinung war dies „[e]in böser Zustand. Man ward zur Unwahrheit verdonnert"[94], um sich mit der Organisation gut zu stellen. Wer nicht linientreu oder FDJ-Mitglied war, bekam die Beeinträchtigungen in seiner schulischen Laufbahn mit voller Härte zu spüren. Äußerst schwer traf es die Mitglieder der in der DDR verfolgten evangelischen Jugendopposition *Junge Gemeinde*: Die betroffenen Pastorentöchter aus Kirschs Jahrgang wurden zunächst aus dem Schulchor ausgeschlossen und anschließend dazu genötigt, die Schule zu verlassen – eine Ungerechtigkeit, die von

---

[90] Kirsch 2006, S. 98.
[91] Kirsch 2006, S. 102.
[92] Vgl. Kirsch 2006, S. 103–105.
[93] Siehe hierzu Müller 2008.
[94] Kirsch 2006, S. 91.

den Schulkamerad*innen stillschweigend hingenommen wurde.[95] Doch nicht nur solche, die dem Regime ein Dorn im Auge waren, verließen die Schule, sondern auch jene, die mit dem gesamten System der DDR unzufrieden waren und mit ihren Angehörigen über die noch offene Grenze heimlich in den Westen flüchteten. Das plötzliche Verschwinden von Jugendlichen empfand Sarah Kirsch als wahrlich „gespenstisch"[96]: Die, die einen Tag zuvor noch neben einem saßen, fehlten am nächsten Tag und waren für immer weg. Besonders absurd fand Kirsch auch die „popelige[n] Versammlung[en] der FDJ"[97], die „das Langweiligste von der Welt"[98] waren. Bei jenen Treffen, denen ein gewisser sektenartiger Charakter zugrunde lag, wurde für Josef Stalin symbolisch ein Stuhl aufgestellt – die etwa fünfzehn-jährige Dichterin konnte allerdings nur ihren „Kopp schütteln über diese seltsame Religion"[99]. Trotz zahlreicher Störpunkte, die die sozialistische Diktatur mit sich brachte, gesteht Sarah Kirsch in ihrer autobiographischen Erzählung der Schulzeit in der Frühphase der DDR weitgehend eine förderliche Wirkung zu. So schreibt sie: „Die Schulzeit aber, so wie wir sie auf der Oberschule erlebten, ich glaube, sie ist für unsere Seelen heilsam gewesen. Ein bisschen Frechheit und Selbstbewusst-sein ließ die Kriegsängste langsam versinken."[100]

Den schönen Künsten zugewandt

In den frühen fünfziger Jahren genoss Kirsch neben der Schule ein sehr umfang-reiches und vielseitiges Freizeitprogramm. Zum einen förderte sie ihre Liebe zur Natur durch botanische Exkursionen in das Harzgebirge und die Halberstädter Spiegelsberge sowie Wanderungen im Huy. Bei den Ausflügen in jenen „herrli-chen Buchenwald"[101], die Kirsch zusammen mit ihrer Mutter unternahm, amü-sierte sie sich nicht nur „aufs Herrlichste"[102], sondern erweiterte auch wissbegie-rig ihre botanischen Kenntnisse: Mit Hilfe eines illustrierten Pflanzenatlas übte sie sich in der Blumenbestimmung und lernte gleichzeitig die lateinischen Bezeich-nungen der verschiedenen Pflanzen auswendig, „[w]eil der Klang so geheimnis-voll war"[103].

---

[95] Vgl. Kirsch 2006, S. 85–86.

[96] Kirsch 2006, S. 87.

[97] Kirsch 2006, S. 29.

[98] Kirsch 2006, S. 91.

[99] Kirsch 2006, S. 91.

[100] Kirsch 2006, S. 106.

[101] Kirsch 2006, S. 63.

[102] Kirsch 2006, S. 63.

[103] Kirsch 2006, S. 64.

Abb. 2 Jugendbildnis Sarah Kirschs (zweite Reihe, Zweite von rechts) auf einem Tanzstunden-
ball in Halberstadt. (Foto: Friedrich-Wilhelm Schröter)

Zum anderen wandte sich Sarah Kirsch (s. Abb. 2) den schönen Künsten
(Musik, Literatur, Malerei) zu und entwickelte eine rege Begeisterung für diese.
Dank des außerordentlich großen Kulturangebots um 1950 und ihrer Mitglied-
schaft im Kulturbund konnte sie jeden Abend „herrliche[n] Dinge[n]“[104] in Form
von Theater- und Konzertbesuchen beiwohnen. Mittels zahlreicher Opern- und
Oratorienaufführungen ließ sich Kirsch zur (klassischen) Musik hinreißen: Sie er-
freute sich sowohl an den lieblichen Lauten ihrer Schallplatten, die ihr so manch
tristen Tag verschönerten, als auch an dem Singen im schuleigenen Chor. Jener er-
langte durch seine Auftritte regionale Bekanntheit und verlieh seinen Mitgliedern
am Gymnasium ein besonders Prestige. Aus diesem Grund war eine Schulchoran-
gehörigkeit „nahezu das Paradies“[105].

Des Weiteren suchte Kirsch auch täglich die Stadtbibliothek auf, um ihre Lese-
sucht zu befriedigen – schließlich bedeuteten Bücher ihr „so viel wie Glück und
Wahnsinn“[106]. Abgesehen von den Gedichten Goethes, Schillers, Klopstocks oder
Heines, waren es die Werke Adalbert Stifters, die das Mädchen ins Herz schloss.

[104] Kirsch 2006, S. 74.

[105] Kirsch 2006, S. 75.

[106] Kirsch 2006, S. 96.

Jene von Naturdarstellungen und Landschaftsbeschreibungen geprägten Prosatexte des österreichischen Autors beeinflussten auch maßgeblich Sarah Kirschs Entscheidung für ein naturwissenschaftliches Studienfach.[107] Die Liebe zur Literatur ließ die jugendliche Dichterin aber auch selbst zur Feder greifen: Sie besaß ein handgemachtes Buch, in welchem sie einerseits private Gedanken niederschreiben, andererseits „selbstgeschriebene Verse und etliche Flüche verstecken [konnte]".[108]

Zu guter Letzt fühlte sich Kirsch auch zur bildenden Kunst hingezogen. Allerdings bemängelt sie, dass es damals keine großen Möglichkeiten gab, die Vorliebe zur Malerei auszuleben. Die einzige Bildergalerie, die es in Halberstadt gab, war im Gleimhaus ausgestellt, welches dank der Hilfe der ortsansässigen Feuerwehr den Bombenangriff vom 8. April 1945 nahezu unbeschädigt überstanden und seit 1946 den Betrieb als Museum der deutschen Aufklärung wieder aufgenommen hatte.[109] In jenem Gebäude hängt bis heute die größte Portraitgemäldesammlung von Schriftstellern und Schriftstellerinnen des 18. Jahrhunderts, der Kirsch allerdings nichts Spannendes abgewinnen konnte. Sie beurteilt ihre (schulischen) Besuche des Gleimhauses wie folgt: „[L]angweilig dieser Freundschaftstempel, und immer nur Portraits von Puderperücken [...], Kartoffelkäfersuchen war interessanter."[110]

Wenn Arbeiter auf die Barrikaden gehen

Sarah Kirschs Autobiographie endet abrupt mit dem Arbeiteraufstand am 17. Juni 1953. Dessen unmittelbaren Verlauf erlebte Kirsch allerdings nicht mit: Aufgrund eines Wanderurlaubes im Harz mit ihrer besten Freundin kehrte sie erst nach Halberstadt zurück, als der Aufstand bereits beendet war. Das einzige Relikt des Aufruhrs, das sie im Stadtzentrum vorfand, war ein russischer Panzer, der zuvor die protestierenden Menschen zur Räson brachte.[111] Jene Revolte gegen den DDR-Staat fand seinen Beginn am 28. Mai 1953: Die Erhöhung der Arbeitsnorm um zehn Prozent sowie weitere Einschränkungen durch das Zentralkomitee der SED lösten Unzufriedenheit in der Bevölkerung aus, welche eine Rücknahme der Verordnungen sowie freie Wahlen forderte.[112] Motiviert durch den Streik von Berliner Arbeiter*innen auf der Stalinallee am 17. Juni 1953, legten auch die Beschäftigten in den Halberstädter Betrieben ihre Arbeit nieder und beriefen eine Protestversammlung auf dem Fischmarkt ein. Dieser Aufstand wurde jedoch durch

---

[107] Vgl. Stopka 2022, S. 74.

[108] Kirsch 2006, S. 95.

[109] Vgl. hierzu Kluge 2014, S. 74.

[110] Kirsch 2006, S. 101.

[111] Vgl. Kirsch 2006, S. 110.

[112] Vgl. Ortsverein der SPD Halberstadt 2003, S. 12.

schwerbewaffnete sowjetische Truppen niedergeschlagen, die mit Panzern und Mannschaftswagen anrückten und Warnschüsse abfeuerten.[113] Wie überall in der DDR hieß es auch in Halberstadt nach den Protesten, „dass der Aufstand […] von Drahtziehern des westdeutschen Monopolkapitalismus angezettelt worden war“.[114]

4   Schlussbemerkung

Sarah Kirschs autobiographische Erzählung *Kuckuckslichtnelken* ist ein außergewöhnliches Zeitdokument, welches ein umfangreiches Bild der Kriegs- und Nachkriegszeit in Deutschland liefert: Die Dichterin beschreibt sehr eindringlich die Schreckenstage unter dem NS-Regime, die chaotischen Monate nach dem Ende des Zweiten Weltkrieges sowie die weiteren Jahre unter der DDR-Diktatur, und bildet zugleich die Milieu- und Sittenbilder der jeweiligen Zeitabschnitte ab.

Indes verdeutlichen die vorherigen Ausführungen die besonders auffällige affirmative Positionierung Kirschs zu ihren Erlebnissen in Halberstadt, die entgegen einer erwartbaren beklagenden Sicht auf ihre frühe Lebensphase angesichts der erfahrenen Schicksalsschläge größtenteils nicht sonderlich negativ ausfällt. Stattdessen stellt die Autorin ihre Kindheit und Jugend trotz der historischen Unbill in Form von Kriegswirren, Bombardierungen oder DDR-Repressionen äußerst positiv dar. Demgemäß werden die Schilderungen mit Adjektiven wie ‚wunderbar‘, ‚großartig‘ oder ‚schön‘ ausgeschmückt; am häufigsten verwendet Kirsch das Attribut ‚herrlich‘[115] für die Beschreibung ihrer Eindrücke. Durch die Verwendung solcher positiven Ausdrücke schafft Kirsch in ihrer Autobiographie eine „‚O les beaux jours‘-Atmosphäre“[116], in der sie sich sehnsuchtsvoll in die ‚gute alte Zeit‘ träumt bzw. nostalgisch auf die Vergangenheit in Halberstadt zurückblickt. Ungeachtet der Lebensumstände unter dem Nationalsozialismus, der alliierten Besatzung und der DDR erscheinen Kirsch ihre Kindheit und Jugend retrospektiv genauso rosarot wie der Einband des Buches. Somit erhält dieser durch sein markantes Rosa, das als optimistische, positive und angenehme Farbe gilt,[117] eine weitere Bedeutung für den Inhalt des Textes. Auch der Titel kann dahingehend neu gedeutet werden: Der Name der Kuckuckslichtnelke basiert auf einem Sekret, dem sogenannten ‚Kuckucksspeichel‘, das in der frühen Neuzeit dem Kuckuck als Verkörperung des Teufels zugeschrieben wurde.[118] Insofern stehen sich in jener

---

[113]Vgl. Ortsverein der SPD Halberstadt 2003, S. 15–16.

[114]Kirsch 2006, S. 110.

[115]Siehe hierfür Kirsch 2006, S. 9, 13, 25, 40, 42, 44, 51, 63, 74, 78.

[116]Zwernemann 2006.

[117]Vgl. Kaufmann 2006, S. 103.

[118]Vgl. ADAC Naturführer 2006, S. 38. Zur Etymologie des Wortes ‚Kuckuck‘ siehe „Kuckuck“. In: DWDS. Hrsg. von der Berlin-Brandenburgischen Akademie der Wissenschaften, https://www. dwds.de/wb/Kuckuck (13.10.2023).

Pflanzenbezeichnung der Teufel (bzw. das Böse) und das Licht (bzw. das Gute) direkt gegenüber. Kirsch verweist folglich mit ihrem Titel *Kuckuckslichtnelken* symbolisch auf ihr positiv Erlebts inmitten schlimmer Zeiten, auf ihr persönliches Glück, das mit dem äußeren Unglück einherging. Summa summarum lassen sich Kirschs Erinnerungen mit folgendem Leitspruch, der dem Werk *Kuckuckslichtnelken* zugrunde liegt, auf einen Nenner bringen: „Ach ging es uns gut!"[119]

Literaturverzeichnis

ADAC Naturführer: *Blumen einfach und sicher bestimmen*. München 2006.
Eger, Christian: *Sarah Kirsch. Es war einmal ein Kind* (2006), https://www.mz.de/kultur/sarah-kirsch-es-war-einmal-ein-kind-2746585 (14.10.2023).
Fauser, Ellen: *Geschichte des KZ Langenstein-Zwieberge*. In: Zentrum für Antisemitismusforschung der TU Berlin (Hg.): *Verfolgung, Terror und Widerstand in Sachsen-Anhalt 1933–1945*. Berlin 2001, 69–76.
Hartmann, Werner: *Zur Geschichte der Garnison Halberstadt und ihrer Truppenteile 1623–1994*. Bd. 7: *Alliierte Truppen in Halberstadt 1945–1993. Nationale Volksarmee der DDR und Bundeswehr bis 1994*. Halberstadt 2002.
Hartmann, Werner: *Halberstadt brennt. Eine Dokumentation über Halberstadt im Luftkrieg 1944–1945, insbesondere über die Zerstörung der Stadt am 8. April 1945*. Halberstadt 2015.
Kaufmann, Caroline: Zur Semantik der Farbadjektive rosa, pink und rot. Eine korpusbasierte Vergleichsuntersuchung anhand des Farbträgerkonzepts. München 2006.
Kirsch, Sarah: *Schwingrasen. Prosa*. Stuttgart 1991.
Kirsch, Sarah: *Kuckuckslichtnelken*. Mit Zeichnungen von Siegfried Klapper. Göttingen 2006.
Kluge, Alexander: *Der Luftangriff auf Halberstadt am 8. April 1945*. Mit einem Kommentar von Thomas Combrink. Frankfurt a. M. 2014.
Müller, Birgit: *Erinnerungskultur in der DDR* (2008), https://www.bpb.de/themen/erinnerung/ge-schichte-und-erinnerung/39817/erinnerungskultur-in-der-ddr (14.10.2023).
Ortsverein der SPD Halberstadt (Hg.): *Der Arbeiteraufstand in Halberstadt vom 17.–19. Juni 1953. Zeitzeugenbericht eines Sozialdemokraten*. Halberstadt 2003.
Proesmans, Goedele: *Viel Spreu wenig Weizen. Versuch einer Poetologie der Sarah Kirsch anhand von fünf Prosabänden*. Frankfurt a. M. 2000.
Scholke, Horst: *Halberstadt*. Leipzig 1974.
Schulze, Peter: Zur Geschichte der Juden in Halberstadt. In: Adolf Siebrecht (Hg.): *Halberstadt. Vom Bischofssitz zur Hansestadt. Skizzen zur Halberstädter Geschichte mit einem Exkurs zur Halberstädter Münzgeschichte*. Halberstadt 2003, 141–145.
Stopka, Katja: *Präzise Poesie. Spuren naturwissenschaftlichen Wissens in Sarah Kirschs Lyrik und Prosa*. In: Angela Gencarelli (Hg.): *Die DDR-Literatur und die Wissenschaften*. Berlin/Boston 2022, 73–103.
Valantin, Jean-Pierre/Bertrand, Nicolas: *Der Todesmarsch der Häftlinge des Konzentrationslagers Langenstein-Zwieberge*. Halle (Saale) 2018.
Wesenberg, Denise: *Das Ende des Konzentrationslagers „B2" – „Malachit" – „Langenstein-Zwieberge"*. In: Wolfgang Benz/Barbara Distel (Hg.): *Das Ende der Konzentrationslager*. Dachau 2004, 88–98.
Zwernemann, Jens: *La vie en rose. Kuckuckslichtnelken. Sarah Kirschs rosarote Kindheitserinnerungen* (2006), https://literaturkritik.de/id/10236 (15.10.2023).

---

[119] Kirsch 2006, S. 79.